DEIN ONLINE-PLUS   ZUM FiNALE ARBEITSBUCH

FiNALEonline.de ist die digitale Ergänzung zu deinem Arbeitsbuch. Hier findest du eine Vielzahl an Angeboten, die dich zusätzlich bei deiner Prüfungsvorbereitung in Deutsch unterstützen!

Das Plus für deine Prüfungsvorbereitung:

→ das Extra-Training Rechtschreibung

→ Original-Prüfungsaufgaben mit Lösungen (bitte Code von S. 4 eingeben)

→ Tipps zur Prüfungsvorbereitung, die das Lernen erleichtern

Online-Grundlagentraining

Du hast noch Lücken aus den vorherigen Schuljahren? Kein Problem! Das Online-Grundlagentraining auf FiNALEonline.de hilft dir dabei, wichtigen Lernstoff nachzuarbeiten und zu wiederholen. Und so funktioniert es:

Für das Fach Deutsch stehen dir über 100 Aufgaben zu prüfungsrelevanten Grundlagen in kurzen Trainingseinheiten zur Verfügung.

Unser Tipp für Lehrerinnen und Lehrer: Nutzen Sie unsere vielfältigen Arbeitsblätter auch für Ihren Unterricht.

Für Lehrerinnen und Lehrer: Die Lehrerhandreichung für den optimalen Einsatz der Arbeitsbücher im Unterricht zum kostenlosen Download!

Du übst lieber auf Papier? Dann klicke auf „PDF" und drucke dir die gewünschte Trainingseinheit einfach aus.

BUCHEMPFEHLUNG ZUM FiNALE ARBEITSBUCH

FiNALE Grundlagentraining Deutsch

Das FiNALE Grundlagentraining ist die ideale Ergänzung zu diesem Arbeitsbuch. Es bietet eine große Auswahl an Materialien, mit deren Hilfe du prüfungsrelevantes Grundlagenwissen auffrischen und aktiv trainieren kannst.

Folgende Inhalte werden in diesem Band behandelt:

- → Überprüfung des Leseverstehens
- → Analyse und Interpretation literarischer Texte
- → argumentativer Umgang mit Sachthemen
- → Arbeitstechniken und prüfungsrelevante Fachbegriffe
- → grundlegendes Grammatikwissen
- → die wichtigsten Operatoren im Fach Deutsch

Zu jeder Trainingseinheit gibt es anschauliche Lösungen.

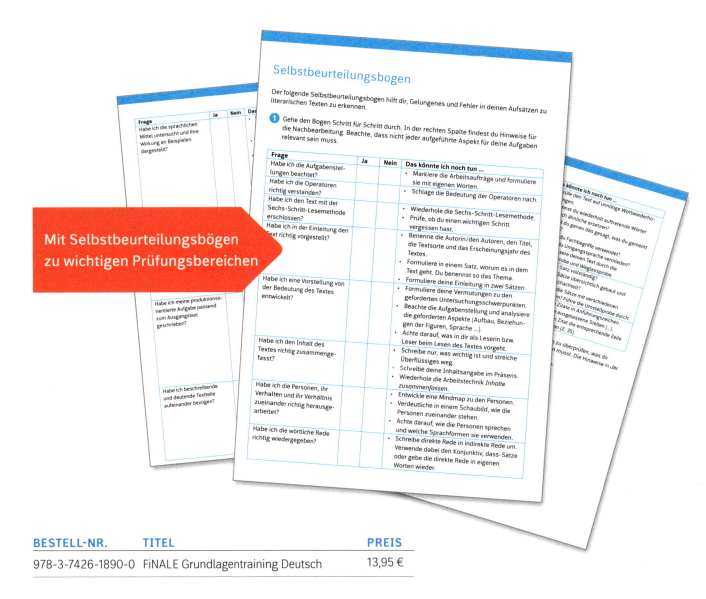

Mit Selbstbeurteilungsbögen zu wichtigen Prüfungsbereichen

BESTELL-NR.	TITEL	PREIS
978-3-7426-1890-0	FiNALE Grundlagentraining Deutsch	13,95 €

FiNALE Grundlagentraining gibt es auch für die Fächer Englisch und Mathematik.

westermann

FiNALE Prüfungstraining

Niedersachsen

**Abschluss 10. Klasse
Integrierte Gesamtschule 2024**

Deutsch · G- und E-Kurs

Jelko Peters
Jutta Siegel
Ines Thomas
Holger Wille

Liebe Schülerin, lieber Schüler,

sobald die Original-Prüfungsaufgaben zur Veröffentlichung freigegeben sind, können sie unter **www.finaleonline.de** zusammen mit ausführlichen Lösungen kostenlos heruntergeladen werden. Gib dazu einfach diesen Code ein:

DE4d6Zr

Einfach mal reinschauen: www.finaleonline.de

Bildquellennachweis:
|Baaske Cartoons, Müllheim: Jan Tomaschoff 110.1. |Bundesverband der Deutschen Volksbanken und Raiffeisenbanken (BVR), Berlin: Internationaler Jugendwettbewerb „jugend creativ" 99.2. |Deutsche Post AG, Bonn: 99.1. |laif, Köln: 54.1. |Langner & Partner Werbeagentur GmbH, Hemmingen: 52.1. |Luft, Thomas, www.cartoonalarm.de, Schwerin: 104.1, 129.1. |Minkus Images Fotodesignagentur, Isernhagen: 103.1. | Peter Wirtz Fotografie, Dormagen: Titel. |Shutterstock.com, New York: Whitevector 13.1. |toonpool.com, Berlin, Castrop-Rauxel: © Karsten Schley 121.1.

© 2023 Westermann Lernwelten GmbH, Georg-Westermann-Allee 66, 38104 Braunschweig
www.westermann.de

Das Werk und seine Teile sind urheberrechtlich geschützt. Jede Nutzung in anderen als den gesetzlich zugelassenen bzw. vertraglich zugestandenen Fällen bedarf der vorherigen schriftlichen Einwilligung des Verlages. Nähere Informationen zur vertraglich gestatteten Anzahl von Kopien finden Sie auf www.schulbuchkopie.de.

Für Verweise (Links) auf Internet-Adressen gilt folgender Haftungshinweis: Trotz sorgfältiger inhaltlicher Kontrolle wird die Haftung für die Inhalte der externen Seiten ausgeschlossen. Für den Inhalt dieser externen Seiten sind ausschließlich deren Betreiber verantwortlich. Sollten Sie daher auf kostenpflichtige, illegale oder anstößige Inhalte treffen, so bedauern wir dies ausdrücklich und bitten Sie, uns umgehend per E-Mail davon in Kenntnis zu setzen, damit beim Nachdruck der Verweis gelöscht wird.

Druck A[1] / Jahr 2023
Alle Drucke der Serie A sind im Unterricht parallel verwendbar.

Redaktion: lüra – Klemt & Mues GbR, Wuppertal
Kontakt: finale@westermanngruppe.de
Layout: LIO Design GmbH, Braunschweig
Umschlaggestaltung: Gingco.Net, Braunschweig
Umschlagfoto: Peter Wirtz, Dormagen
Druck und Bindung: Westermann Druck GmbH, Georg-Westermann-Allee 66, 38104 Braunschweig

ISBN 978-3-07-**172430**-3

Vorwort

Was erwartet dich in diesem Arbeitsbuch?

Du bist in der 10. Klasse und vor dir liegt die Abschlussprüfung, das große Finale. Darauf will dich dieser Prüfungstrainer vorbereiten. Du kannst die drei Inhaltsbereiche erarbeiten, die in der Prüfung vorkommen, und dabei nötiges Grundwissen wiederholen. 2024 sind die Themen:
1. **Epik:** Benedict Wells: Hard Land
2. **Drama:** Ferdinand von Schirach: Terror
3. **Sachtexte:** „Glück"

Außerdem bereitet dich das Arbeitsbuch auf die verschiedenen Anforderungen und Schreibformate vor, die in den Prüfungsaufgaben vorkommen können.

Im Teil A erhältst du Hinweise zum Ablauf der Prüfung.
Im Teil B erschließt du den **Roman „Hard Land" von Benedict Wells** und findest Aufgaben, die dessen Inhalt und zentrale Aspekte sowie (für den E-Kurs) die Themen „Jugendliche zwischen Verwurzelung und Aufbruch" sowie „intertextuelle Bezüge" erschließen.
Im Teil C findest du zahlreiche Informationen und Aufgaben zur Erschließung des **Dramas „Terror" von Ferdinand von Schirach** unter den prüfungsrelevanten Gesichtspunkten (für G- und E-Kurs).
Im Teil D bekommst du Orientierung über unterschiedliche Facetten des **Themenbereichs „Glück"**. Es werden Sachtexte und Schaubilder erschlossen und dazu passende Trainingsaufgaben für die Prüfung angeboten.

Alle Aufgaben sind sowohl für den **E-Kurs** als auch für den **G-Kurs** geeignet. Aufgaben, die vertiefend besonders für den E-Kurs vorgesehen sind, sind durch den Hinweis E gekennzeichnet. Zur Unterscheidung sind einige Aufgaben auch durch ein G gekennzeichnet.

Der Teil E bietet beispielhaft Prüfungen zu den drei Themenbereichen an, damit du dich gezielt auf die Prüfungssituation vorbereiten kannst.

Der Teil F enthält die Original-Prüfungsaufgaben aus dem Jahr 2022. Die Prüfungsarbeit 2023 ist zum Zeitpunkt der Drucklegung dieses Arbeitsbuches noch nicht geschrieben worden. Sobald die Original-Prüfungsaufgaben zur Veröffentlichung freigegeben worden sind, können sie unter **www.finaleonline.de** zusammen mit ausführlichen Lösungen kostenlos heruntergeladen werden (Code auf Seite 4).

Am Schluss des Arbeitsbuches findest du eine **Übersicht sprachlicher Mittel** (S. 143) und ein **Glossar** (S. 141 – 142). Dort kannst du wichtige Begriffe nachschlagen, die dir helfen, literarische Texte und Sachtexte zu erschließen und sprachliche Mittel zu bestimmen. Eine Übersicht über die Operatoren gibt Seite 144.

Natürlich gibt es zum Arbeitsbuch auch ein **Lösungsheft**, mit dem du die Richtigkeit jedes Arbeitsschrittes überprüfen kannst. Du findest dort auch ausformulierte Beispieltexte zu den Aufgaben im Buch und zu den Original-Prüfungsaufgaben.

In diesem Arbeitsbuch findest du Schreibraum für wichtige vorbereitende Notizen. Deinen Text zu Schreibaufgaben musst du allerdings auf einem Extrablatt oder im Heft anfertigen.

Wir hoffen, dass du dich nach der Bearbeitung dieses Arbeitsbuches sicher für das Finale fühlst, und wünschen dir für die Prüfung viel Erfolg: Toi, toi, toi.

Inhaltsverzeichnis

Was erwartet dich in diesem Arbeitsbuch? ... 5

A Der Tag der Abschlussprüfung ... 8

B Themenbereich 1: Benedict Wells: Hard Land (2021) ... 9
- B1 Arbeitsplan und Checkliste für Inhaltsbereich 1: Epik ... 9
- B2 Vor dem Lesen: Hintergrundwissen ... 10
- B3 Der Inhalt des Romans „Hard Land" ... 11
- B4 Sams Freundschaften – die Hauptfiguren und Figurenkonstellation(en) ... 23
- B5 Sams Familie und Freunde ... 25
- B6 Über die Funktion von Film und Musik im Werk ... 28
- B7 Beispielaufgabe zu „Sams Beziehung zu Kirstie" ... 31
- B8 Prüfungsbeispiel zu „Grenzüberschreitungen und Mutproben" (mit thematischem Textvergleich) ... 37
- B9 Prüfungsbeispiel zu „Entwicklung des Protagonisten – Coming-of-Age" ... 42
- B10 Für den **E**-Kurs: Prüfungsbeispiel zu „Jugendliche zwischen Verwurzelung und Aufbruch sowie intertextuelle Bezüge" ... 46

C Themenbereich 2: Ferdinand von Schirach: Terror (2015) ... 50
- C1 Arbeitsplan und Checkliste für den Inhaltsbereich 2: Drama ... 50
- C2 Der Inhalt des Dramas „Terror" ... 51
- C3 Beispielaufgabe: Charakterisierung der Figur Lars Koch ... 58
- C4 Prüfungsbeispiel zum Thema „Gewissen versus Pflichterfüllung" ... 65
- C5 Prüfungsbeispiel zum Thema „Wert eines Menschenlebens" ... 71
- C6 Prüfungsbeispiel zur Funktion des offenen Endes und zur kontroversen Rezeption des Dramas ... 76
- C7 Für den **E**-Kurs: Prüfungsbeispiel zum Thema „Analyse und Vergleich des sprachlichen Handelns von Vorsitzendem, Verteidiger und Staatsanwältin" ... 82

D Themenbereich 3: „Glück" ... 86
- D1 Arbeitsplan und Checkliste für den Inhaltsbereich 3: Umgang mit Sachtexten ... 86
- D2 Beispielaufgabe zum Thema „Vorstellungen von Glück – hier und andernorts" ... 87
- D3 Prüfungsbeispiel zum Thema „Was macht glücklich?" ... 96
- D4 Prüfungsbeispiel zum Thema „Was die Glücksforschung sagt" ... 102
- D5 Prüfungsbeispiel zum Thema „Glück: eine Frage der Lebenseinstellung?" ... 109
- D6 Für den **E**-Kurs: Prüfungsbeispiel zum Thema „Hedonismus als Glückskonzept" ... 118

E Trainingsaufgaben zum selbstständigen Üben — 123
- E1 Prüfungsbeispiel zum Inhaltsbereich „Epik": Benedict Wells: Hard Land — 123
- E2 Prüfungsbeispiel zum Inhaltsbereich „Drama": Ferdinand von Schirach: Terror — 125
- E3 Prüfungsbeispiel zum Inhaltsbereich „Umgang mit Sachtexten" – Thema: „Glück – toxische Positivität" — 128

F Original-Abschlussarbeiten 2022 — 132
E-Kurs-Aufgabenstellung: — 132
  Prüfungsaufgabe 1: Inhaltsbereich Epik – Irmgard Keun: Das kunstseidene Mädchen — 132
  Prüfungsaufgabe 2: Inhaltsbereich Umgang mit Sachtexten – Thema: „Jugend zwischen Freiheitsdrang und Verantwortung" — 134

G-Kurs-Aufgabenstellung: — 138
  Prüfungsaufgabe 1: Inhaltsbereich Epik – Irmgard Keun: Das kunstseidene Mädchen — 138
  Prüfungsaufgabe 2: Inhaltsbereich Umgang mit Sachtexten – Thema: „Jugend zwischen Freiheitsdrang und Verantwortung" — 139

Glossar — 141
Sprachliche Mittel — 143
Operatoren — 144

A Der Tag der Abschlussprüfung

Der Termin für die Abschlussprüfung wird dir frühzeitig von deiner Lehrerin oder deinem Lehrer mitgeteilt. Die Prüfung beginnt zwischen 8:00 und 8:15 Uhr. Der Raum, in dem du deine Prüfung schreibst, wird dir rechtzeitig von der Schule mitgeteilt.

Im Unterricht und mit dem FiNALE-Arbeitsbuch hast du dich auf drei Themenbereiche vorbereitet, nämlich den Roman „Hard Land", das Drama „Terror" und das Sachtext-Thema „Glück". Für die Prüfung werden zwei Bereiche ausgewählt, das heißt, dass du zwischen zwei Prüfungsaufgaben wählen kannst. Die Themen erfährst du erst in der Prüfung. Darum solltest du auf alle drei Bereiche vorbereitet sein. Du hast **15 Minuten** lang Zeit **für die Auswahl einer Aufgabe**. Die nicht bearbeitete Aufgabe musst du wieder abgeben. **Für die Bearbeitung der Aufgabe** stehen **180 Minuten** zur Verfügung.

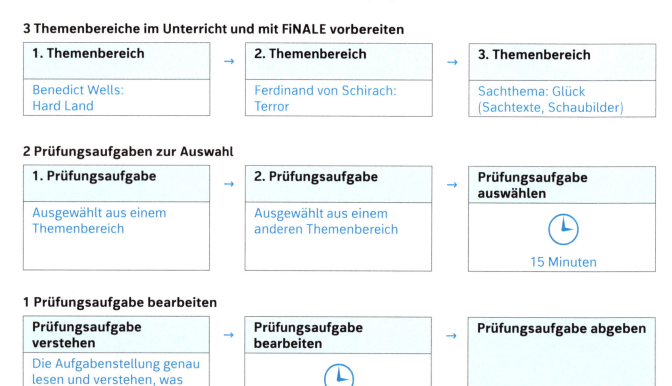

1 Markiere im Schaubild oben die wichtigen Informationen.

2 In der Prüfung wählst du Aufgaben zu einem Themenbereich aus. Erkläre, warum du dich trotzdem auf alle drei Themenbereiche vorbereiten musst.

B Themenbereich 1: Benedict Wells: Hard Land (2021)

B 1 Arbeitsplan und Checkliste für den Inhaltsbereich 1: Epik

Das Lernprotokoll führt alle Aspekte auf, die du zur Vorbereitung für die Prüfung erarbeitet haben musst. Nutze es, um einen Überblick über deine Prüfungsvorbereitung zu gewinnen: Trage für jeden Aspekt ein, wann du ihn bearbeitet hast. Vergleiche zur Selbsteinschätzung deine Ergebnisse mit den Texten im beiliegenden Lösungsheft und notiere, wie gut deine Lösung gelungen ist:

+++ = sehr sicher / vollständig erfüllt
++ = größtenteils sicher / erfüllt
+ = manchmal unsicher / manches nicht erfüllt
0 = oft unsicher / oft nicht erfüllt
– = unsicher / nicht erfüllt.

In der rechten Spalte findest du Seitenverweise zu den Inhalten im FiNALE-Prüfungstrainer.

Lernprotokoll

	Bearbeitet am	Selbsteinschätzung	Seiten in FiNALE
Der Inhalt des Romans			11–21
Figurenkonstellation(en) des Romans			23f.
Hintergrundwissen über den Autor			10
Hintergrundwissen über den Ort der Handlung			10
Zentrale Themen			
Sams Freundschaften – die Hauptfiguren und Figurenkonstellation(en)			23f.
Sams Familie und Freunde			25–27
Sams Beziehung zu Kirstie			31–36
Grenzüberschreitungen und Mutproben			37–41
Entwicklung des Protagonisten – Coming-of-Age			27, 42–45, 123f.
Funktion von Film und Musik im Werk			28–30
Textarten, die in der Prüfung vorkommen können			
Inhaltszusammenfassung mit Texteinordnung			34f., 39f., 123f.
Auseinandersetzung mit verschiedenen Gesichtspunkten eines Sachverhalts/einer Problemstellung			27, 28–30, 42, 44f., 48–48
Tagebucheintrag			35f.
Dialog			27, 123f.
Innerer Monolog			45
Brief			41
thematischer Vergleich von Texten			37–41
E Interpretation			48f.
E Begründung der eigenen Gestaltungsentscheidungen			36, 41
Vertiefend für den E-Kurs			
E Jugendliche zwischen Verwurzelung und Aufbruch			46–49
E Intertextuelle Bezüge			28–30, 46–49

B Themenbereich 1: Benedict Wells: Hard Land (2021)

B 2 Vor dem Lesen: Hintergrundwissen

Hinweis: Als **Textgrundlage** für die Analyse wurde folgende Ausgabe verwendet: Benedict Wells. Hard Land. Diogenes Verlag, Zürich 2021. Alle Seitenangaben in diesem Arbeitsbuch beziehen sich auf die o. g. Ausgabe.

Die in diesem Band abgedruckten Textauszüge werden für die Arbeit mit FiNALE jeweils mit eigenen Zeilenzählern versehen.

1 Informiere dich über den Autor Benedict Wells.

INFO Über den Autor: Benedict Wells

- *1984 in München
- Schulzeit: Aufenthalt in mehreren Internaten, Abitur in München
- Namensänderung nach dem Abitur: statt *von Schirach* (Großvater väterlicherseits = Reichsjugendführer im Dritten Reich, nach Ende des Zweiten Weltkriegs zu 20 Jahren Haft verurteilt) → amtliche Änderung in *Wells* (nach einer Figur aus einem Roman von John Irving)
- Wohnort: nach Berlin viele Jahre Barcelona, jetzt Zürich in der Schweiz
- Beruf: Schriftsteller
- Veröffentlichungen: Romane und Kurzgeschichten, in viele Sprachen übersetzt, vielfache Preise, z. B. 2022 Jugendliteraturpreis für „Hard Land" als bestes Jugendbuch

Vertiefende Informationen, besonders über die Interessen des Autors, gibt die Webseite: https://benedictwells.de/

2 Der Ort der Handlung des Romans liegt mitten in den USA. Lies den INFO-Kasten unten und notiere wichtige Informationen über den Bundesstaat Missouri.

INFO Über den geografischen Rahmen der Handlung: Missouri (USA)

Der Roman spielt in Missouri, einem Bundesstaat der USA. 1985 lebten dort ca. fünf Millionen Menschen, 2022 mehr als sechs Millionen. Missouri liegt im sogenannten „Mittleren Westen", einer Region, die weitgehend von landwirtschaftlichen Nutzflächen und großen Wäldern geprägt ist. Es gibt vorwiegend Kleinstädte und nur wenige große Städte. Die Hauptstadt heißt Jefferson. Der längste Fluss der USA fließt durch diesen Staat: der auch im Roman erwähnte Missouri. Er ist über 4000 km lang (zum Vergleich: der Rhein hat eine Länge von ca. 1200 km, davon fließen durch Deutschland ca. 865 km). Sehr viele Menschen in Missouri haben deutsche, irische oder englische Vorfahren. Weniger als 20 Prozent der Bevölkerung sind People of Colour. Missouri zählt zu den sehr konservativen Bundesstaaten der USA, in denen christliche Religionsgemeinschaften über großen Einfluss verfügen.

Die Entfernungen in den USA sind sehr groß. Im Roman werden die Städte Los Angeles und New York genannt. Von St. Louis aus, der größten Stadt Missouris, sind es ca. 2550 km Luftlinie bis Los Angeles, ca. 1400 km bis New York.

B 3 Der Inhalt des Romans „Hard Land"

Das Buch besteht aus fünf Teilen. Jeder Teil beinhaltet eine unterschiedliche Anzahl von Kapiteln, die durchnummeriert werden. Insgesamt gibt es 49 Kapitel. Die Zahl 49 kommt im Roman mehrfach vor.

1 Die fünf Teile des Romans haben eigene Überschriften, die jeweils auf einer Leerseite stehen. Notiere die Überschriften der fünf Teile und gib die entsprechenden Seitenzahlen an.

Teil 1: Die Wellen (S. 9 – 81)

Teil 2: _____

Teil 3: _____

Teil 4: _____

Teil 5: _____

2 Lies die Inhaltszusammenfassungen und beantworte jeweils die Fragen zu jedem Abschnitt.

Kapitel 1 und 2: Sam Turner – Vorstellung der Hauptfigur (des Protagonisten) (S. 11 – 26)

Der **Ich-Erzähler Sam Turner** ist fast 16 Jahre alt und wohnt mit seinen Eltern in **Grady**, einer fiktiven[1] Stadt in Missouri, USA. Die Handlung spielt vom **Sommer 1985 bis zum Sommer 1986**. Sams ältere Schwester Jean lebt in Kalifornien und ist Drehbuchautorin einer erfolgreichen Serie. Seine Mutter Annie führt eine Buchhandlung. Sie ist krank und wird seit vier Jahren wegen eines Hirntumors behandelt. Der Vater ist arbeitslos. Als die Textilfabrik in der Stadt geschlossen wurde, verlor er seinen Bürojob. Die Familie ist nicht wohlhabend und lebt in einem kleinen Haus mit Blick auf den Friedhof. Sams bester Freund Stevie ist gerade nach Kanada umgezogen, weit fort. Sam gilt als Außenseiter und verbringt die Pausen in der Schule immer allein. In früheren Jahren wurde er wegen seiner Angststörungen und Panikattacken von der Schulpsychologin betreut. Sam ist immer noch sehr still und hat oft Angst, besonders vor neuen Situationen.

Die Sommerferien soll er bei seinen Cousins in Kansas verbringen, was er aber nicht will, da die beiden ihn bei jedem Besuch schikanieren. Sam möchte selbst über sein Leben entscheiden. Eines Tages liest er auf einem Zettel am alten Kino in seiner Heimatstadt, dass eine Aushilfe gesucht wird. Da er ein Mädchen, das auch im Kino arbeitet, interessant findet, nimmt er den Job an. Seine Eltern sind damit einverstanden und hoffen, dass Sam Freunde finden wird. Das Kino gehört Mr. Andretti, dem Vater des Mädchens Kirstie, das Sam kennenlernen möchte. Im Kino, das ausschließlich Filmklassiker zeigt und dementsprechend wenig Zuschauer anzieht, arbeiten neben Kirstie auch Brandon Jameson und Cameron Leithauser. Die jungen Erwachsenen haben die High School[2] bereits abgeschlossen und werden im Herbst an verschiedene Colleges gehen. Sam ist ca. zwei Jahre jünger als die anderen Jugendlichen und wechselt nach den Ferien in den 11. Jahrgang. Brandon (auch Brand genannt) ist Afroamerikaner, sehr groß und erfolgreicher Spieler im Footballteam der Schule. Sein Spitzname ist „Hightower". Über Cameron erfährt man, dass er ebenfalls groß gewachsen ist, lange dunkle Haare hat und homosexuell ist. Sam wird das für die Arbeit im Kino Wichtige erklärt und er tritt seinen Ferienjob an.

[1] **fiktiv:** erfunden, ausgedacht

[2] **High School:** Schulform, die alle Schüler/-innen besuchen (anders als in Deutschland gibt es keine Mehrgliedrigkeit des Schulsystems, also keine Haupt-, Real-, Gesamtschule oder Gymnasium), Abschluss nach 12. Jahrgang (mit ca. 18 Jahren), dann Übergang zu College/University oder ins Berufsleben

3 a) Notiere die Namen (und ggf. Spitznamen) der drei jungen Erwachsenen, mit denen Sam im Kino zusammenarbeitet.

B Themenbereich 1: Benedict Wells: Hard Land (2021)

b) Schreibe die Informationen auf, die du über die Figur Sam erhältst.

_____

_____

_____

> **INFO** Ort der Handlung: Grady, Kleinstadt in Missouri
>
> Grady mit seinen 17 000 Einwohnern ist eine **fiktive Stadt** im US-Bundesstaat Missouri (s. S. 11) und liegt in der Nähe des Missouri-River. In ihrer Umgebung liegt der Lake Virgin. Die weiterführende Schule heißt Grady High (High = Highschool). Es gibt nur ein Kino, das Metropolis, das aber zum Jahresende geschlossen werden soll. Treffpunkt für die Jugendlichen ist der Diner (= einfaches Restaurant) „Larry's", der ziemlich alt und abgewirtschaftet ist. Die in den 1950er-Jahren erbaute Mall (= Einkaufszentrum) ist heruntergekommen. Die Textilfabrik vor Ort ist seit 1983 geschlossen, infolgedessen wurden viele Menschen arbeitslos, sehr viele zogen fort (u. a. die Familie von Sams Freund Stevie). Grady hat fünf Kirchengemeinden verschiedener Religionsgemeinschaften. Die Bevölkerung ist mehrheitlich sehr konservativ eingestellt. Sex ist ein Tabuthema, d. h., man spricht nicht darüber. Bücher, die z. B. Ehebruch thematisieren, dürfen in der Schule nicht gelesen werden.

Kapitel 3 bis 5: Sams soziales Umfeld im Kino und in der Familie (S. 26 – 44)

Kirstie, Brandon und Cameron sind eng befreundet. Sie schließen den neuen, jüngeren Kollegen Sam nicht in ihre Freizeitaktivitäten ein und Kirstie verspottet Sam öfter einmal. Trotzdem fühlt er sich von ihr angezogen, hat allerdings bisher noch keine Erfahrungen mit Mädchen. Eines Abends traut Sam sich, zu den anderen ins Büro zu gehen. Er bleibt schweigsam und beobachtet nur, fühlt sich aber wohl. Zu einer Party nehmen die drei Sam anschließend nicht mit, was ihn enttäuscht.

Zurück zu Hause bekommt Sam mit, dass es seiner Mutter, wie so oft zuvor, körperlich nicht gut geht. Ihm schießen Bilder aus dem Krankenhaus durch den Kopf: seine Mutter ohne Haare und an medizinische Geräte angeschlossen. Sam reagiert wütend und ängstlich zugleich. Um sich zu beruhigen, spielt er lautstark Gitarre. Die Mutter kommt dazu und erklärt, dass sie unter den Nebenwirkungen ihrer Medikamente leide. Dann bittet sie Sam, etwas von ihrem Lieblingssänger Billy Idol zu spielen. Sie erzählt von ihrer Zeit als Sängerin einer Rockband. Sam hat eine enge Beziehung zu seiner Mutter. Ihre seit vier Jahren andauernde Krebserkrankung belastet ihn sehr. Die Mutter tröstet Sam sehr verständnisvoll. Sie wäre gern Psychologin geworden, hat aber früh geheiratet, weil sie mit Sams Schwester Jean schwanger war. Mutter und Sohn trennen sich mit einem Geheimzeichen, bei dem sie ihre kleinen Finger verhaken: Für Sam ein Signal der Hoffnung.

Am nächsten Morgen erfährt Sam, dass seine Mutter doch wieder im Krankenhaus ist und sein Vater in der Buchhandlung einspringen musste. Das Verhältnis zu seinem Vater ist kompliziert, Sam hat das Gefühl, dass dieser ihn gar nicht richtig wahrnimmt. Die Beziehung zwischen Vater und Tochter war immer entspannter. Sam weiß, dass die Prognosen für seine Mutter nicht günstig sind, aber auch, dass sie seinen High-School-Abschluss in zwei Jahren unbedingt noch erleben will.

Als Kirstie Sam später im Kino erneut als „Kleiner" verspottet, verlässt er seinen Arbeitsplatz erbost und spricht eine Kündigung aus. Auf einer Bank auf dem Friedhof findet Kirstie ihn etwas später und bittet um Entschuldigung. Sie wirkt ruhig und nachdenklich. Sam erzählt ihr von der Krankheit seiner Mutter und seiner Angst, sie zu verlieren. Als er zu weinen beginnt, umarmt Kirstie ihn. Verspätet zurück zu Hause, ermahnt der Vater Sam, sich zuverlässiger und erwachsener zu verhalten. Zusammenhalt sei jetzt wichtig für die Familie.

4 Notiere in Stichworten: Was erfährst du über …

Sams Mutter? _____

Sams Vater? _____

B 3 Der Inhalt des Romans „Hard Land"

Kapitel 6 bis 10: Sam findet Freunde – das Festival am See und die Wellen (S. 44 – 81)

Sam beschreibt sich als kleinen schmalen Jungen, noch ohne Bartwuchs. Er fühlt sich überhaupt nicht erwachsen und hält sich für eine „Enttäuschung". Als seine Eltern aus dem Krankenhaus zurückkehren, umarmen sich alle drei ganz fest. Der Vater erzählt, wie er Sams Mutter kennengelernt hat, von ihrer Schwangerschaft mit Jean und über seine Arbeit in Grady.

Später holt Kirstie Sam ab, der doch wieder im Kino arbeiten will. Sam bemerkt, dass Kirstie, die im Kino immer so souverän auftritt, auch schüchtern sein kann, z. B. im Umgang mit Klassenkameradinnen.

Nach zehn Tagen führen Kirstie, Cameron und Brandon ein Aufnahmeritual mit Sam durch. Sie schauen im Kino einen Horrorfilm und Sam muss bei bestimmten Szenen Alkohol[1] trinken. Es stellt sich heraus, dass Sam als Einziger noch keine sexuellen Erfahrungen hat. Vollständig betrunken schläft Sam später auf einer Couch ein. Kirstie begleitet ihn nach Hause und lässt ihn bis zehn herunterzählen. Dann sei er in sie verliebt. Sam ist völlig fasziniert von Kirstie, antwortet aber nicht auf die Frage, ob er jetzt verliebt sei. Seine Eltern reagieren enttäuscht und besorgt auf den Alkoholkonsum. Nach dem Aufnahmeritual[2] gehört Sam zur Kinoclique. Die anderen nehmen ihn mit zu Larry's. Kirstie verhält sich Sam gegenüber freundschaftlich zugewandt. Sie hat einen festen Freund namens Mason, der bereits auswärts studiert.

Sam fühlt sich in seiner Kinderkleidung nicht mehr wohl, weiß aber, dass kaum Geld für Neuanschaffungen vorhanden ist. Er kauft sich günstige Sachen und fühlt sich auf einmal viel erwachsener. Er ist jetzt Teil der Gruppe. Zu seinem Kummer muss Sam immer wieder beobachten, wie Kirstie ihren Freund küsst. Cameron offenbart Sam, dass er homosexuell ist. Brandon, alias „Hightower", sieht sich mit Rassismus[3] konfrontiert. Über Hightower weiß Sam, dass er bei seinem Vater auf einer Farm lebt und diesem bei der Arbeit hilft, nach dem Sommer auf der UCLA (University of California in Los Angeles) mit einem Stipendium Jura studieren und im Footballteam der Universität spielen wird. Brandon glaubt an Gott.

Seine neuen Freunde nehmen Sam mit zum jährlichen Festival am See, wo er zum Tanzen animiert wird, sich betrinkt und Camerons Cousine küsst. Er war schon früher mit seinen Eltern beim Festival, zwischendurch schießen ihm unbeschwerte Erlebnisse durch den Kopf, die er aber zurückdrängt, weil sie ihn traurig machen. Kirsties Freund ist anfangs mit dabei, geht dann aber und lässt Kirstie unglücklich zurück. Am Schluss nimmt Hightower, der keinen Alkohol getrunken hat, die anderen in seinem Wagen mit. Sein Pick-up heißt scherzhaft Bruce-Mobil, weil Brandon darin nur Musik von Bruce Springsteen[4] hört. Sie fahren zu einer Straße, die kurz hintereinander über Hügel führt – „die Wellen" genannt. Dort findet eine Mutprobe statt: Auf der Ladefläche stehend, sich an einem Seil festhaltend, muss jeder bei hoher Geschwindigkeit über die Wellen fahren. Am Steuer sitzt Brandon. Sam verweigert diese Rodeofahrt[5], worin ihn Brandon unterstützt.

1 **Alkohol:** Kauf und Konsum ist in den USA unter 21 verboten, die Abgabe wird streng kontrolliert. Jugendliche versuchen oft, über Ältere an Alkohol zu gelangen.

2 **Ritual:** festgelegter Ablauf, Zeremonie; u.a. bei Aufnahme in eine Gruppe durchgeführt (Aufnahmeritual)

3 **Rassismus:** Theorie, der zufolge bestimmte Menschen weniger wert seien als andere. Rassismus führt in der Regel zu Diskriminierung und Unterdrückung. Hervorzuheben ist, dass es KEINE menschlichen Rassen gibt, weil die Menschheit insgesamt über einen weitgehend identischen Genpool verfügt, mithin ist die Theorie des Rassismus gegenstandslos.

4 **Bruce Springsteen:** US-amerikanischer Rockmusiker, Hits z.B.: The River (1980), Born in the U.S.A. (1984)

5 **Rodeo:** (Zu-)Reiten junger Bullen oder wilder Pferde als Geschicklichkeitsübung. Man wird dabei hin- und hergeworfen bis zum Abwurf, wie bei der Rodeofahrt im Pick-up über die Wellen.

5 a) Beschreibe in kurzen Worten das Aufnahmeritual im Kino, seine Folgen und die Reaktion der drei Freunde bzw. von Sams Eltern darauf.

_____

_____

_____

B Themenbereich 1: Benedict Wells: Hard Land (2021)

b) Erkläre, wie die Mutprobe im Pick-up funktioniert.

_____
_____
_____

Kapitel 11–12: 36 Tage bis zu Sams Geburtstag (S. 85–106)

Sam erzählt rückblickend, was zwischen dem Festivalbesuch und seinem Geburtstag geschehen ist. Er beschreibt einen besonderen Tag mit Kirstie. Sie schauen gemeinsam alte Filme und fahren anschließend mit dem Fahrrad an den Lake Virgin. Kirstie macht Sam mit einem der 49 Geheimnisse von Grady bekannt – den Blaubeer-Muffins einer alten Dame. Am See erzählen beide von ihren Familien. Kirstie ist Einzelkind, ihr Vater hätte gern einen Sohn gehabt. Sam bedauert, mit seiner acht Jahre älteren Schwester Jean kaum Kontakt zu haben. Kirsties Freund hat sie versetzt. Kirstie nimmt statt seiner Sam mit in die verlassene, von ihr mit Kerzen und Wein ausgestattete Textilfabrik. Sam denkt an den Arbeitsplatz seines Vaters und die Krankenhausaufenthalte seiner Mutter. Er mag sich ein Leben ohne seine Mutter nicht vorstellen. Kirstie tröstet ihn. Danach reden sie über Freundschaften und sexuelle Erfahrungen. Kirstie kann Menschen nicht verstehen, für die Sex verpönt ist, Waffen aber zum Leben gehören. Sam erzählt, dass Camerons Cousine Sarah ihm nicht auf seinen Brief geantwortet hat. Kirstie zeigt Sam ein Notizbuch, in das sie Bemerkungen anderer Personen schreibt, um diese nicht zu vergessen, und liest ihm daraus vor. Sie hat sogar ein neues Wort zur Beschreibung der Gefühle Heranwachsender erfunden: *Euphancholie*[1]. Sam glaubt, Kirstie langsam besser zu verstehen: Neben der selbstsicheren hat sie auch eine unsichere und verletzliche Seite.

Sam will sportlicher werden und trainiert mit Hightower. Die beiden joggen, u. a. auch zu einem Steilufer am Lake Virgin, das als Selbstmordklippe bezeichnet wird. Hightower erzählt dabei von sich: Seine Mutter, eine Afroamerikanerin, habe dafür gesorgt, dass er eine gute Schulbildung erhielt. Sein biologischer Vater war weder präsent noch erwünscht. Brandons Mutter heiratete einen weißen Farmer, der Brandon adoptierte und ihm seither die weitere Schulbildung ermöglichte. Brandons Mutter starb, als er zwölf Jahre alt war. Das alles erinnert Sam an seine eigene Situation.

Sams Mutter versucht, ihn auf die Zeit nach ihrem Tod vorzubereiten und ihm Dinge im Haushalt zu erklären. Sam weicht aus. Auch Gespräche über ihre Krankheit versucht er zu umgehen. Er ist nur noch selten zu Hause und hat ein schlechtes Gewissen, weil er merkt, dass es seiner Mutter nicht gut geht. Trotzdem versucht er jetzt, sein eigenes Leben zu leben.

[1] **Euphancholie:** Zusammensetzung aus „Euphorie" (Gefühlsüberschwang, Fröhlichkeit) und „Melancholie" (Traurigkeit, Sehnsucht). Deutsches Sprichwort zur Beschreibung der spannungsvollen Gefühle Heranwachsender: „Himmelhoch jauchzend, zu Tode betrübt."

6 Gib mit eigenen Worten wieder, was du über Kirstie erfahren hast.

_____
_____
_____

7 Notiere stichwortartig Informationen über Brandon/Hightower aus den Inhaltszusammenfassungen der Kapitel 6–10 und 11–12.

_____
_____
_____
_____

B 3 Der Inhalt des Romans „Hard Land"

Kapitel 13-16: Verliebt in Kirstie (S. 106 – 137)

Sam bemerkt, dass Kirstie weiterhin Zeit mit ihrem Freund verbringt. Aus Liebeskummer will er einen Song für sie schreiben. Sam tanzt zu Michael Jacksons „Beat it" halbnackt durchs Wohnzimmer und ruft Kirsties Namen, was seine Mutter amüsiert. Bald darauf trennen sich Mason und Kirstie. Sie überspielt ihren Liebeskummer mit Coolness, freut sich auf ihr Studium der Literatur in New York, weil sie dort niemand kennt, und sagt Sam, dass sie ihn mag, so wie er ist. Obgleich nichts zwischen ihnen geschieht, verliebt sich Sam noch mehr. Sam erfindet eine Abkürzung namens DUWOK, die sein Lebensgefühl beschreibt, wenn Kirstie nicht anwesend ist: **d**epressiv **u**nd **w**ahnsinnig **o**hne **K**irstie.

Sam macht einen Fahrradausflug mit Brandon und Cameron. Abends am Feuer betrinken sie sich und sprechen über ihre Zukunftspläne. Cameron soll nach dem Willen seines Vaters, einem reichen Fabrikanten, in Chicago Wirtschaft studieren, woran er keinerlei Interesse hat. Sam tendiert zu etwas mit Zahlen, denn Mathematik ist sein bestes Schulfach. Auf dem Heimweg vollbringt er eine erste, selbstgewählte Mutprobe: Er fährt freihändig Fahrrad.

Sam darf zwei Wochen vor seinem sechzehnten Geburtstag zum ersten Mal auf eine Verkleidungsparty, obwohl er des Öfteren bekifft und betrunken nach Hause gekommen ist. Sams Vater will Sam besser behandeln als sein eigener Vater ihn. Ihm ist nur wichtig, dass Sam sich mit netten Freunden umgibt und es ihm gut geht. Sam provoziert seinen Vater, indem er ihn nicht mit „Dad" anredet, sondern mit „Vater". Dieser übergeht die Provokation.

Auf der Party gibt es viel Alkohol und Drogen. Sam tanzt eng mit der angetrunkenen Kirstie, sie tauschen intensive Blicke. Dabei bleibt es, denn Hightower kommt mit neuen Gästen, die Drogen dabeihaben. Kirstie verschwindet mit einem der Footballspieler. Sam reagiert trotzig, tanzt und betrinkt sich bis zum Erbrechen.

8 Halte für jede Figur in Stichworten fest, was du über sie erfahren hast.

Kirstie: _____

Sam: _____

Cameron: _____

Kapitel 17-20: Gespräche über Freundschaft und Liebe (S. 137 – 161)

Zwei Tage nach der Party erzählt Cameron Sam, wie er Sexualpartner kennenlerne, u. a. in der Großstadt St. Louis, was allerdings nicht ungefährlich sei. Sam wird klar, dass Camerons Eltern nichts von der Homosexualität ihres Sohnes ahnen. Cameron freut sich auf ein Leben ohne Versteckspiele in Chicago beim Studium. Sam und Cameron sprechen über die Party und Kirstie. Cameron erzählt von Kirsties „Mystery Club", einer Art Detektiv-Club, in dem sie 49 Verbrechen aufklären wollten. Sie seien alle damals sehr vertraut miteinander gewesen. Sam gibt Cameron Einblick in das schwierige Verhältnis zu seinem Vater, weil er glaubt, dass Cameron ihn versteht.

Zu Hause findet Sam seine Mutter weinend vor. Er bemerkt, dass ihr Optimismus verloren gegangen ist. Sie sortiert ihre Sachen, u. a. kleine Holztiere, die sie ihr Leben lang gesammelt hat, und weiß, dass eigentlich niemand nach ihrem Tod dafür Verwendung haben wird. Sam umarmt seine Mutter und fragt sie, ob sie Angst vor dem Tod habe. Sie erklärt, dass sie sich sogar schon ihre Beerdigung vorgestellt habe. Dann sagt sie, dass Sam es mit dieser Situation nicht immer leicht gehabt habe, sie sich aber freue, dass es ihm offensichtlich etwas besser gehe. Ihr gemeinsames Fingerritual folgt.

Kirstie sucht das Gespräch mit Sam, der aber wegen ihres Verhaltens auf der Party sehr ungehalten ist. Sie wolle aktuell keine Beziehung und der Sex auf der Party mit dem Footballer habe keine Bedeutung. Auf Sams Frage, was sie denn bei ihrem engen Tanz empfunden habe, antwortet Kirstie ehrlich, dass sie schon etwas von ihm gewollt habe, er aber einfach zu jung dafür sei. Sie wirft Sam vor, nicht reagiert zu haben, als sie mit dem anderen Jungen geflirtet habe. Sam gesteht, dass er sich nicht getraut habe, und macht deutlich,

B Themenbereich 1: Benedict Wells: Hard Land (2021)

dass er in Kirstie verliebt ist. Sie schließt einen Pakt mit ihm: Sie mag Sam, will aber frei sein, entschuldigt sich für ihr Verhalten und verspricht Sam, mit ihm zu reden, wenn beide älter sind. Aber jetzt könnten sie nur Freunde sein. Er stimmt widerstrebend zu.

Am Abend vor seinem Geburtstag führt er ein längeres Gespräch mit seiner Mutter, die ihn auch bittet, ihr einen selbstgeschriebenen Song vorzuspielen. Gemeinsam arbeiten sie an dem Song. Sie sprechen auch über Sams Verliebtheit in Kirstie. Sams Mutter plant eine letzte Reise nach Rom mit der ganzen Familie und hat sowohl Flug als auch Hotel schon gebucht. Sam freut sich, dass sie in die Zukunft blickt. An demselben Abend erfährt Sam von seiner Mutter viel Neues über seinen Vater. Als sie ihn kennenlernte, war er ein schüchterner und verschlossener junger Mann. Sie dagegen sei mit einer Rockband aufgetreten. Eines Tages habe er ihr von seiner schlimmen Kindheit erzählt und sich als sensibler und liebevoller Mensch gezeigt. Sam gesteht seiner Mutter seine Angst, nach ihrem Tod allein mit dem Vater leben zu müssen. Sie räumt ein, dass der Vater manchmal schwierig sei, man ihn aber aus seiner Lebensgeschichte heraus verstehen müsse. Er liebe Sam, könne das aber nicht immer zeigen. Zum Abschied umarmt Sam seine Mutter und sagt, dass er sie liebhat. Sie antwortet, dass sie ihn auch liebt.

9 Gib mit eigenen Worten wieder, was Sam und Kirstie miteinander besprechen.

_____
_____
_____
_____

10 Schreibe auf, was du über Sams Vater erfährst.

_____
_____
_____

Kapitel 21–22: Sams 16. Geburtstag (S. 165 – 173)

An seinem Geburtstag joggt Sam morgens mit Hightower, der ihm ein Multifunktionsmesser schenkt. Von seiner Schwester Jean bekommt er eine modische Sonnenbrille. Seine Eltern wollen ihn am Abend wie bei jedem Geburtstag in ein Restaurant einladen. Als sein Vater, der zu einem Bewerbungsgespräch aufbricht, ihm den Namen des Restaurants sagt, hört Sam nicht richtig zu. Mit der Akustikgitarre, die einmal seiner Mutter gehört hat, macht er sich auf den Weg zur Autowerkstatt von Kirsties Vater. Die Elektrogitarre, die Sam sich wünscht, können sich die Eltern nicht leisten. In der Autowerkstatt trifft er auf Kirstie, die an Autos herumschraubt. Sie umarmt Sam und nimmt ihm das Versprechen ab, an seinem Geburtstag alles zu machen, was sie verlangt. Cameron treffen sie im Larry's, das im darauffolgenden Herbst geschlossen werden soll, was Kirstie sehr verärgert. Von Cameron bekommt Sam zum Geburtstag zwei Schallplatten. Sam beobachtet im Larry's seine Freunde: den sarkastischen Cameron, der trotz schulischer Probleme zum Studium nach Chicago gehen soll; Brandon, der schon viele Schicksalsschläge hinter sich hat, aber für seine Freunde da ist; Kirstie, die sowohl selbstbewusst als auch unsicher sein kann. Kirsties Geburtstagsgeschenk besteht aus drei Prüfungen, die Sam absolvieren muss.

11 Erkläre kurz, warum Sam Kirsties Geburtstagsgeschenk annehmen muss.

_____
_____

B 3 Der Inhalt des Romans „Hard Land"

Kapitel 23 – 26: Drei Prüfungen (S. 174 – 192)

Vom Larry's aus fahren die Freunde zur Mall in Grady. **Erste Prüfung:** In einem Supermarkt verlangt Kirstie von Sam, etwas zu stehlen. Sam ist das unangenehm und er weigert sich zuerst, aber Kirstie erinnert ihn an sein Versprechen. Er nimmt einen Lippenstift und steckt ihn in die Tasche. Sam wird nicht erwischt, was zu einem rauschhaften Gefühl führt. Die erste Prüfung hat er bestanden.

Die **zweite Prüfung** findet an der Selbstmordklippe statt, von der aus man in den Lake Virgin springen kann. Das haben bisher allerdings nur wenige Menschen gemacht. Kirstie verlangt von Sam, von dieser Klippe zu springen. Sie will erreichen, dass er seine Angst überwindet und sich selbst nicht mehr als Feigling sieht. Darum redet sie intensiv auf Sam ein, der sich zunächst weigert, zu springen. Sie wird allerdings mit ihm springen. Cameron will erst dann springen, wenn die beiden sicher unten im See angekommen sind. Bis auf die Unterwäsche ausgezogen, fordert Kirstie Sam auf, sich mit großer Lautstärke als den größten „Motherfucker" von Grady zu bezeichnen. Sam schreit und fühlt sich gut dabei, dann nimmt er überraschend Kirsties Hand und springt mit ihr. Schmerzhaft unten aufgeschlagen, umarmen sich die beiden im Wasser. Cameron springt auch. Die zweite Prüfung ist geschafft.

Nach dem Konsum von verschiedenen Drogen und einem Picknick fällt Sam am Abend ein, dass er sich ja mit seinen Eltern zum Geburtstagsessen treffen wollte. Leider fällt ihm der Name der Restaurants nicht mehr ein. Er entscheidet sich, bei seinen Freunden zu bleiben und seine Eltern nicht in verschiedenen Restaurants zu suchen[1]. Am nächsten Morgen will er sich entschuldigen.

In Sam reift die Erkenntnis, dass es nicht DIE 49 Geheimnisse in Grady gibt, sondern dass jeder SEINE eigenen (49?) Geheimnisse hat. Die Gruppe fährt zu Camerons Elternhaus, dem man den Reichtum der Familie ansehen kann. Kirstie, Cameron und Brandon schimpfen auf Grady und freuen sich, die Stadt verlassen zu können. Sam stellt fest, dass er noch bis zum High-School-Abschluss dort bleiben muss.

Die **dritte Prüfung** besteht darin, dass Sam auf seiner Gitarre einen Song spielt und vor seinen Freunden dazu singt. Das ist für Sam nicht so schwer wie die Prüfungen vorher. Er ist stolz auf sich und erinnert sich an eine Episode aus seiner Kindheit. Seine Mutter hat vom Ufer aus beobachtet, als er allein im Ozean geschwommen ist. Er konnte seine Angst überwinden, weil seine Mutter in seiner Nähe war.

Sam hat ein schlechtes Gewissen, nicht mit seinen Eltern im Restaurant seinen Geburtstag zu feiern, fühlt sich aber an diesem Abend mit seinen Freunden lebendig und unsterblich.

[1] Die Handlung spielt im Jahr 1985. Damals gab es keine Mobiltelefone. Anrufen konnte man nur von einem Festnetzanschluss aus oder mit öffentlichen Telefonen/Münzfernsprechern.

12 Notiere die drei Prüfungen, die Kirstie Sam zum Geburtstag schenkt: Was muss Sam machen?

Erste Prüfung: _____

Zweite Prüfung: _____

Dritte Prüfung: _____

Kapitel 27 – 28: Der Tod der Mutter (S. 192 – 203)

Am Morgen ist Sam noch ziemlich betrunken, führt aber ein gutes Gespräch mit Kirstie. Sie hat ihn durch die Mutproben motivieren wollen, aus sich herauszukommen und Dinge zu tun, die er sich ohne sein Versprechen nie getraut hätte. Das sei eine wichtige Erfahrung für seine Zukunft. Als Sam sich ihr nähern will, weist Kirstie ihn zurück. Sie erzählt ihm von ihrer ersten sexuellen Erfahrung, die wegen ihres betrunkenen Zustands nicht sehr schön verlaufen sei. Kirstie möchte, dass Sam bessere Erfahrungen machen kann. Sam ist unzufrieden mit Kirsties Erklärung für die Zurückweisung. Er möchte, dass sie ehrlich ist, und er möchte nicht bemitleidet werden. Nach einem Frühstück im Larry's umarmt Kirstie Sam und küsst ihn. Er ist überwältigt, aber sie bezeichnet es als eine Ausnahme.

B Themenbereich 1: Benedict Wells: Hard Land (2021)

Sam macht sich allein auf den weiteren Heimweg. Vor dem Haus seiner Familie steht ein Krankenwagen. Er erfährt, dass seine Mutter nicht mehr lebt. Im Schlafzimmer sieht er sie und beginnt zu schreien. Er ist fassungslos, weil sie genau in der Nacht gestorben ist, in der er nicht zum gemeinsamen Treffen erschienen ist. Sein Vater starrt ihn an. Sam kann nur schreien, nicht weinen.

13 Gib kurz wieder, was am Morgen nach Sams 16. Geburtstag passiert.

_____
_____
_____

Kapitel 29 – 31: Die Tage nach dem Tod der Mutter (S. 207 – 225)

An den folgenden Tagen muss viel organisiert werden. Der Vater telefoniert mit Verwandten und mit dem Priester, Reverend Conners. Mit Sam redet er kaum. Sam will niemanden sehen, auch seine Freunde nicht. Sein Geburtstagsgeschenk liegt verpackt in seinem Zimmer – eine E-Gitarre. Sam hat kein Interesse daran. Der Vater erklärt Sam die genaue Todesursache – die Mutter hatte überraschend einen Hirnschlag nach einem kleinen Gerinnsel im Kopf. Sie sei im Schlaf gestorben. Jean kommt aus Los Angeles nach Grady und unterhält sich mit Sam über die geplante Beerdigung. Beide sind der Meinung, dass deren Planung nicht den Vorstellungen ihrer Mutter entsprechen würde, denn Reverend Conners ist ein sehr konservativer Geistlicher. Ihr Vater ist allerdings sehr vertraut mit ihm und geht jeden Sonntag in den Gottesdienst.

Sam macht sich große Vorwürfe, seine Mutter nicht mehr getroffen, sondern einfach mit seinen Freunden weitergefeiert zu haben. Sein Geburtstagsgeschenk will er seinem Vater mit der Begründung zurückgeben, mit dem Gitarrespielen aufhören zu wollen. Als er die Gitarre zerstören will, geht sein Vater dazwischen. Beide streiten sich und Sam wirft seinem Vater vor, seine Schwester immer mehr geliebt zu haben als ihn und dass seine Frau ihm gleichgültig gewesen sei. Sonst würde er für eine andere Beerdigung sorgen. Sams Vater ohrfeigt ihn. Als Reaktion darauf packt Sam einige Sachen zusammen und verlässt das Haus. Er versteckt sich in einer verlassenen Hütte, die er beim Joggen mit Brandon entdeckt hatte.

Nach einem Tag kommt Kirstie zu ihm in die Hütte. Bei ihr kann er weinen und alles erzählen. Sie übernachtet bei ihm und liest ihm aus seinem Lieblingskinderbuch vor. Beide reden über den Tod und über das, was vielleicht nach ihm folgt. Sam und Kirstie kommen sich wieder ein bisschen näher.

14 Sam bekommt zum Geburtstag die lang ersehnte E-Gitarre. Beschreibe kurz, wie er auf das Geschenk reagiert. Gehe auch auf die Beziehung zwischen Vater und Sohn ein.

_____
_____
_____
_____

Kapitel 32 – 33: Klärende Gespräche zwischen den Geschwistern Jean und Sam (S. 226 – 232)

Am Tag vor der Beerdigung kommt Jean zur Hütte. Kirstie hat ihr den Tipp gegeben. Sam und Jean tauschen sich über ihre unterschiedlichen Erfahrungen mit ihren Eltern aus. Während Jean die Mutter wegen ihrer steten Fragen manchmal als lästig empfand, hat Sam sich bei ihr immer wohlgefühlt, weil er alles fragen konnte. Sam macht Jean Vorwürfe, sich nach ihrem Weggang nach Los Angeles kaum um ihn gekümmert zu haben. Jean bestätigt, selten da gewesen zu sein und die Mutter während der Krankheit kaum besucht

zu haben. Dann fragt sie Sam, ob er über die Kindheit seines Vaters Bescheid wisse. Dessen Vater habe ihn schwer misshandelt und Sams Vater wollte deshalb selbst nie Gewalt anwenden. Trotzdem ist es zu dieser Ohrfeige gekommen, was er unendlich bedauert. Nur Sams Mutter und Reverend Connor waren über die unglückliche Kindheit informiert. Sam hat diesen Großvater kaum kennengelernt, er ist früh gestorben. Die Großmutter hat später einen netten Mann geheiratet. Bei diesen Großeltern war Sam gern.
Jean erzählt auch, dass ihr Vater viel von seinem Sohn Sam spreche, von seinem Gitarrenspiel und seiner Verliebtheit. Er habe durchgesetzt, dass Sam im Sommer so viele Freiheiten hatte, weil man ihm vertrauen könne, und sei stolz auf ihn. Das verwirrt Sam und er bekommt Mitleid mit seinem Vater, der morgens seine tote Frau neben sich aufgefunden hat. Jean und Sam schmieden einen Plan für die Beerdigung. In der Nacht sind Cameron, Hightower und Kirstie bei ihm in der Hütte: Sam ist nicht allein. Am Morgen kehrt er heim.

15 Der Vater sieht Sam ganz anders, als Sam denkt. Beschreibe, was er von seinem Sohn hält.

_____

_____

_____

Kapitel 33 – 36: Der Tag der Beerdigung (S. 232 – 254)
Sam sieht aus seinem Fenster die ersten Gäste zur Beerdigung, auch seinen Vater zusammen mit Reverend Conners. Die Großeltern väterlicherseits sind gekommen, auch die drei Geschwister der Mutter. Conners spricht Sam an, weil dieser in der Kirche ein Lied für seine Mutter spielen will.
Auf dem Weg zur Kirche wird Sam von einem älteren Jugendlichen, Chuck Bannister, belästigt – wie schon einige Male zuvor. Chuck wirft einen Milkshake auf Sams dunklen Anzug, woraufhin Sam wütend den Seitenspiegel von Chucks Autos abtritt. Es entwickelt sich eine Schlägerei, bei der Sam deutlich unterlegen ist. Trotz seiner aufgestauten Wut hat er keine Chance. Das Ergebnis ist eine vernichtende Niederlage: ein zerrissener Anzug, ein blutiges Hemd und schmerzende Stellen am Körper.
So verletzt schleppt Sam sich in die Kirche, wo die Trauerfeier bereits begonnen hat. Er fällt natürlich sofort auf, verneint aber, einen Arzt zu benötigen. Sein Vater fragt nach Jean, die noch nicht anwesend ist. Ein verprügelter Sohn, eine fehlende Tochter – der Vater hat sich die Beerdigung ganz anders vorgestellt. Als Reverend Conners Sam fragt, ob er wirklich für seine tote Mutter singen und Gitarre spielen will, bejaht Sam und holt die E-Gitarre. Er widmet das Lied seiner Mutter Annie und beginnt zu spielen. Allerdings spielt er nicht das mit dem Reverend vereinbarte Kirchenlied, sondern einen Song von Billy Idol, dem Lieblingssänger seiner Mutter: „Dancing With Myself". Der Song ist sehr laut und der Reverend möchte den Auftritt unterbrechen, aber Sams Vater hindert ihn daran. Plötzlich ertönt die Orgel, mit der Jean das Musikstück in voller Lautstärke begleitet. Die Geschwister sind sich sicher, dass der Auftritt ganz im Sinne ihrer Mutter gewesen ist, nämlich laut.
Sam kann sich an die eigentliche Beerdigung kaum erinnern. Seine Schmerzen werden immer stärker und er muss anschließend ins Krankenhaus. Sein Vater will zu Chuck Bannister, aber Sam redet es ihm aus. Eine Forderung wegen des kaputten Spiegels kommt nie.
Wieder daheim entschuldigt sich der Vater noch einmal für die Ohrfeige, die unverzeihlich gewesen sei. Dann erzählen sich die verbliebenen drei Familienmitglieder Geschichten über die Mutter. Der Vater beteuert, dass ihr die Beerdigung gefallen hätte. Jean fährt zurück nach Kalifornien, erwähnt aber in einem Gespräch, wie glücklich sie früher in Grady gewesen sei. Sie habe so viele Träume gehabt, viele seien realisiert worden. Trotzdem sei ihr Leben nie wieder so unbeschwert gewesen wie in der Jugend. Sam und Jean sprechen über ihr Verhältnis zur Mutter. Jean ist traurig, dass sie in den letzten Jahren so wenig Kontakt zu ihr hatte. Sam wird klar, dass er in der Nacht ihres Todes gemacht hat, was die Mutter ihm gewünscht hatte: Er verlebte eine schöne Zeit mit seinen Freunden. Zwangsläufig konnte er nicht zugleich Zeit mit seinen Eltern verbringen.

B Themenbereich 1: Benedict Wells: Hard Land (2021)

16 Gib mit eigenen Worten wieder, was Jean und Sam heimlich für die Trauerfeier verabredet haben.

_____

_____

Kapitel 37 – 38: Abschied – Cameron, Hightower und Kirstie verlassen Grady (S. 254 – 265)

Brandon bringt Sam in seinem Bruce-Mobil das Autofahren bei. Er zeigt Sam ein Foto seiner eigenen, verstorbenen Mutter. Brandon ist dankbar für alles, was seine Mutter ihm ermöglicht hat. Er wechselt voller Zuversicht an die Universität. Brandon erklärt Sam, ihm jederzeit mit Rat und Tat zur Verfügung zu stehen, auch aus der Ferne. Dann bittet er Sam um einen Gefallen: Sam soll den Wagen fahren, denn Brandon will – zum für ihn ersten Mal überhaupt – auf der Ladefläche über die Wellen surfen. Von diesem Erlebnis soll keiner erfahren – das Geheimnis gehört nur ihnen beiden. Sam versteht, dass auch der große, starke Footballspieler Brandon manchmal ängstlich ist.

Beim letzten Gespräch der Freunde kritisieren sie Grady, aber Sam verteidigt seine Heimatstadt. Alle würden die Stadt verlassen und sie so dem Verfall erst preisgeben. Es kommt kurz zum Streit. Anschließend betrachten sie gemeinsam alte Fotos. Es ist das letzte Mal, dass alle vier zusammen sind.

17 Notiere, welches Geheimnis Sam und Brandon verbindet.

_____

Kapitel 39 – 41: Zurück in der Highschool (S. 269 – 286)

Sam kommt nach den Sommerferien in die 11. Klasse der Grady High. Er möchte, dass man ihn in Ruhe lässt, und hat kein Interesse an neuen Freundschaften, sondern vermisst Kirstie, Cameron und Hightower. Als er von einem neuen Lehrer nach einer falschen Antwort verspottet wird, wirft er ein Buch auf ihn. Das führt zu einem Verweis sowie einem kurzzeitigen Ausschluss vom Unterricht. Nur aus Rücksicht auf den Verlust der Mutter wird Sam nicht von der Schule geworfen. Sam ist oftmals sehr wütend und erhält auch im Sportunterricht einen Verweis. Im Literaturunterricht wird in jedem 11. Jahrgang der Gedichtband „Hard Land" von William J. Morris gelesen, zu dem ein Jahresaufsatz geschrieben werden muss. Das Fach Literatur wird seit vielen Jahren immer von demselben Lehrer unterrichtet, nämlich Mr. Parker.

Sams Vater führt die Buchhandlung seiner Frau weiter und beginnt, sich mit Büchern zu beschäftigen. Er benennt den Laden in „Annie's Books" um. Um nicht immer auf den Friedhof schauen zu müssen, schlägt er einen Umzug vor, was Sam sehr freut. Die beiden ziehen in ein kleines Apartment. Die Kisten mit der Holztiersammlung der Mutter nehmen sie mit. In der neuen Wohnung ist der Vater gesprächiger und erzählt von seiner Schulzeit. Außerdem zeigt er Sam Fotos der Mutter als Rocksängerin. Sam erfährt, dass seine Eltern ihm nicht immer die Wahrheit in Bezug auf die Krankheit gesagt haben. Die Mutter wollte Sam einen unbeschwerten Sommer ermöglichen. Sie sei zum Arzt gegangen, wenn Sam nicht zu Hause war, und habe versucht, für ihn stark zu sein.

Sam fühlt sich sehr verlassen und bekommt nachts einen Wutanfall. Sein Vater tröstet ihn und es kommt zu einem ernsthaften Gespräch über die Misshandlungen in der Kindheit des Vaters. Sie hätten dazu geführt, dass er in Bezug auf den Umgang mit seinem Sohn stets unsicher geblieben sei. Auf Jean als Mädchen habe er unbefangener zugehen können. Der Vater ist der Meinung, sein Umgang mit Sam sei ein schlimmer Fehler gewesen, weil Sam sein abweisendes Verhalten zwangsläufig missverstehen musste.

Sam gesteht, ein schlechtes Gewissen zu haben, weil er nicht zu seinem Geburtstagsessen erschienen ist und seine Mutter darum nicht mehr lebend gesehen hat. Der Vater beruhigt ihn. Sie hätten einen schönen Abend verlebt, viel Spaß gehabt und seien glücklich gewesen, dass Sam eine schöne Zeit mit seinen Freunden habe.

B 3 Der Inhalt des Romans „Hard Land"

18 Erkläre, warum Sam nicht von der Schule geworfen wird.

_____
_____

> **INFO** „Hard Land" von William J. Morris
>
> William J. Morris ist ein **fiktiver Dichter**, der früher in Grady gelebt haben soll. Auch Grady ist eine **fiktive Stadt** (s. S. 12). Aus einem Gedicht von ihm stammt der Ausspruch, der am Stadtrand von Grady auf einem Schild steht: „Entdecke die 49 Geheimnisse von Grady." Dabei handelt es sich nicht um genauer bezeichnete Orte und Begebenheiten. Die 49 Geheimnisse soll jeder für sich selbst entdecken.
> Den Gedichtband **„Hard Land"**, der den gleichen Titel hat wie der vorliegende Roman, **gibt es ebenfalls nicht**. Es handelt sich dabei um ein **Werk im Werk**, d. h., der Autor Benedict Wells hat aus einem nicht existierenden Gedichtband zitiert. Das bedeutet natürlich, dass diese Zitate auch von Benedict Wells selbst stammen.
> Der Inhalt des mehr als 30 Jahre alten Gedichtbandes zielt auf die Lebenssituation der Jugendlichen in Grady ab, besonders auf Sam. Jeder Jahrgang muss sich seit Jahrzehnten mit diesem Werk beschäftigen, denn es ist eine Auseinandersetzung mit dem Erwachsenwerden, engl. *Coming of Age*. Und jede Schülerin und jeder Schüler kann es aus seiner jeweiligen Situation heraus individuell interpretieren. Kern des Geschehens ist die „Geschichte des Jungen, der den See überquerte und als Mann wiederkam." (S. 45/46 im Buch)
> Zur weiteren Auseinandersetzung mit dieser Thematik siehe Seite 42 ff. und 46 ff.

Kapitel 42–44: Wie es mit Kirstie, Cameron und Hightower weitergeht (S. 287–307)

Kirstie schreibt zu Beginn ihres Studiums zwei Briefe an Sam. Sie ist zuerst nicht glücklich am College in New York, lebt sich aber ein und der Kontakt zu Sam bricht ab. Cameron hat sich gegen seinen Vater durchgesetzt und studiert nicht in Chicago. Er reist und hält sich fürs Erste in Japan auf. Auch er hält kaum Kontakt zu Sam. Nur Brandon schreibt, aber kurz und bündig. Allerdings hat er vor seiner Abreise Sam den Schlüssel zu seinem Bruce-Mobil gegeben. Hightower hat eine Freundin und spielt Football in der College-Mannschaft. Das Larry's schließt, weitere Geschäfte folgen. Der Kontakt zu den alten Freunden ist kaum mehr vorhanden. Sam ist wieder allein und ganz oft sehr wütend. Einmal demoliert er mit einem Hammer ein altes, abgestelltes Auto. Sam geht täglich auf den Friedhof und erzählt seiner Mutter von seinem Alltag.
In der Schule unterhält er sich manchmal mit seinem Literaturlehrer, der ihm mit einer kleinen Geschichte verdeutlicht, dass alles, auch Kummer und Trauer, irgendwann vorbeigehe. Man müsse weiterleben.
Kurz vor Weihnachten trifft er im Kino auf Cameron, der sich entschuldigt, weil er sich kaum gemeldet hat. Dann schließt das Kino endgültig. Auch Brandon kommt zu Weihnachten nach Grady. Kirstie allerdings ist mit ihrem neuen Freund in London. Sam stellt fest, dass der Sommer schon lange vorbei ist und ihn alles nicht mehr so berührt. Die Freunde organisieren mit den Familien ein gemeinsames Weihnachtsfest im Kino. Sam joggt wieder mit Brandon, der ihm erzählt, dass der Sport ihn nach dem Tod seiner Mutter gerettet habe. Auch Jean ist Weihnachten in Grady. Sam und seine Schwester sprechen viel miteinander. Mit seinem Vater spielt Sam den Winter über Scrabble. Im Literaturunterricht geht es immer noch um „Hard Land".

19 Beschreibe die Gefühle, die Sam durchlebt.

_____
_____
_____
_____

B Themenbereich 1: Benedict Wells: Hard Land (2021)

Kapitel 45–48: Veränderungen (S. 307–326)

Sam meldet sich in einem Boxverein und im Theaterkurs an. Er spielt bei einer Aufführung Gitarre. Cameron übernimmt das Larry's, weil er seinen Vater überzeugen konnte, etwas zur Rettung von Grady beizutragen. Sam wird von Cameron als Aushilfe eingestellt. Da Sam jetzt einen Führerschein hat, kann er mit dem Bruce-Mobil durch die Gegend fahren. Um Mädchen anzusprechen, ist er immer noch zu schüchtern. Mit Kirstie nimmt er wieder Kontakt auf und schickt ihr eine Kassette mit einem Song, den er auf seiner Gitarre gespielt hat. Kirstie antwortet mit einem langen Brief und berichtet von ihren neuen Freundschaften, ihrem Leben in New York und kurz danach von der Trennung von ihrem Freund. Sam gesteht Kirstie, dass es keine Veränderungen in seinem Liebesleben gegeben hat. Er nimmt neue Songs auf, u. a. einen namens „Euphancholia!" sowie einen, der die Geschichte von Kirstie und Sam erzählt. Er gesteht in diesem Song seine Liebe zu ihr. Es kommt allerdings keine Reaktion von Kirstie und Sam ist es im Nachhinein peinlich, sich so offenbart zu haben.

Sam lernt durch seinen Nebenjob bei Cameron das Paar Helen und Xander kennen. Beide sind in seinem Jahrgang auf der Grady High. Mit ihnen fühlt er sich wohl und öffnet sich wieder etwas. Er stellt fest, dass die beiden und viele andere auch vor ihm Respekt haben, z. B. wegen des Auftritts während der Trauerfeier. Mit Cameron hat er durch die Arbeit viel Kontakt. Dieser erzählt von seinen wechselnden Geschlechtspartnern und einer neuen bedrohlichen Krankheit namens AIDS. Sam kann sich sogar auf das neue Schuljahr freuen, da er neue Freunde gewonnen hat. Er ist dabei, auch seine Angst zu besiegen.

20 Beschreibe, auf welche Weise Sam Kirstie seine Liebe gesteht.

_____
_____
_____

Kapitel 49: Kirstie und Sam (S. 327–338)

Kirstie ist für zwei Wochen zu Besuch in Grady. Sie wirkt erwachsener auf Sam. Ein Jahr lang haben die beiden sich nicht gesehen. Es gibt ein Treffen der beiden mit Cameron, allerdings ohne Brandon. Kirstie lädt Sam zu einem Ausflug zum Lake Virgin ein. Sam hat das Gefühl, zwischen ihnen liege eine neue Spannung. Kirstie will unbedingt mit einem Ruderboot auf den See hinausfahren. Sie spricht Sam auf den Jahrgangsaufsatz zu „Hard Land" an und gesteht, dass ihr Aufsatz als einziger jemals mit einer Eins bewertet worden ist. Beide unterhalten sich über den Sinn dieses Gedichtbands und sind sich einig, dass es um das Erwachsenwerden und die Jugend geht. Kirstie glaubt allerdings, es gehe im Buch eigentlich um Sex, was aber nur Andeutungen zu entnehmen sei. Sie kommt Sam auf dem Boot immer näher und lächelt. Wie nah sie sich kommen, bleibt der Fantasie der Leser/-innen überlassen.

21 Gib wieder, wie Sam und Kirstie „Hard Land" interpretieren.

Interpretation von Kirstie: _____
_____
_____

Interpretation von Sam: _____
_____
_____

B 4 Sams Freundschaften – die Hauptfiguren und Figurenkonstellation(en)

1 Vervollständige die Steckbriefe. Nutze dafür die Inhaltszusammenfassungen von Seite 11 – 22.

Steckbrief: Sam

Vorname: Sam
Nachname: Turner
geboren im Jahr: 1969
Geburtsort: Grady
Wohnort: Grady
äußere Merkmale (z. B. Größe, Kleidung): klein und schmal, hat keinen Bartwuchs
Vater: Joseph Turner, Arbeitslos
Mutter: als junge Frau Rocksängerin, dann Buchhändlerin, krebskrank, stirbt am Tag nach Sams Geburtstag
Schwester: Jean, 8 Jahre älter als Sam
Kindheitsfreund: Stevie
Schule: Grady High School
Hobbys: Gitarre spielen
wirtschaftliche Situation der Familie: Wenig Geld

Steckbrief: Kirstie

Vorname: Kirstie
Nachname: Andretti
Alter: ca. 18 Jahre
Wohnort: Grady
äußere Merkmale (z. B. Größe, Kleidung): Kurze blonde Haare, Zahnspange, Größer als Sam
Vater: Geschäftsmann / Kinobesitzer
Mutter: arbeitet mehr als der Vater, kaum Zeit für die Tochter
Geschwister: keine
Hobbys: Bücher lesen
Schule: Grady high school abgeschlossen
Studium: Literatur NYU
wirtschaftliche Situation der Familie: gut abgesichert, Vater besitzt Kino, Eiscafé und Autowerkstatt

Steckbrief: Brandon

Vorname: Brandon
Nachname: Jameson
2 Spitznamen: Brand, Hightower
Alter: ca. 18 Jahre
Wohnort: Grady (außerhalb auf einer Farm)
äußere Merkmale (z. B. Größe, Kleidung): Groß, Afroamerikaner
Vater: biologischer Vater abwesend, adoptiert und großgezogen von einem Stiefvater
Mutter: Deena; stirbt, als Brandon 12 Jahre alt ist
Geschwister: keine Informationen, wahrscheinlich Einzelkind
Schule: Grady High abgeschlossen
Hobbys: Fußball
wirtschaftliche Situation der Familie: besitzen eine eigene Farm
Einstellung zu Religion: Glaubt an Gott / Gläubig

B Themenbereich 1: Benedict Wells: Hard Land (2021)

Steckbrief: Cameron

Vorname: Cameron Nachname: ~~Leithauser~~

Alter: *ca. 18 Jahre* Wohnort: _____

äußere Merkmale (z. B. Größe, Kleidung): Groß, lange dunkle Haare, homosexuell

Vater: lebt mit seinem Vater auf einer Farm

Mutter: *deutlich jünger als der Vater, sehr attraktiv (es gibt ein Foto)*

Geschwister: *keine Informationen, wahrscheinlich Einzelkind*

Schule: Grady High School   Hobbys: Alte Filme schauen

vom Vater gewünschtes Studium: Studium in Chicago (Wirtschaft)

wirtschaftliche Situation der Familie: Vater besitzt eine Farm

tatsächlicher späterer Beruf: *übernimmt den Diner „Larry's", wird also Gastronom*

> **INFO** Eine Figurenkonstellation anlegen
>
> Mit einer Figurenkonstellation lassen sich Beziehungen zwischen den wichtigsten Figuren eines literarischen Werkes veranschaulichen. Durch Pfeile, beschriftete Linien und Symbole kann man die Art der Verbindung verdeutlichen, z. B.:
>
> ↔ Geschwister, ↛ keine Beziehung (nie/kaum kennengelernt), ☺ gute Beziehung, ⚡ Streit, gestörte Beziehung, ♥ Liebe (auch zwischen Familienmitgliedern).

---

2 Erstelle für die unten genannten Gruppen im Heft eine Figurenkonstellation. Gehe dabei so vor:
- Stelle Verbindungen zwischen den Figuren her, die miteinander in Beziehung stehen.
- Beschreibe die Art der Beziehung, indem du die Linien beschriftest und sie, wie oben im INFO-Kasten vorgeschlagen, gegebenenfalls in Pfeile umwandelst und mit Symbolen versiehst.

a) die Familienmitglieder

b) Freunde und Bekannte

B 5 Sams Familie und Freunde

In den Inhaltszusammenfassungen hast du viel über den Ich-Erzähler erfahren. Er beschreibt seine Familiensituation und seine Freundschaften.

1 Notiere in deinem Heft,
a) wer zu Sams engster Familie gehört.
b) die Namen der vier Personen, die Sam zu seinen Freunden zählt.

2 Sam hat ein gutes Verhältnis zu seiner Mutter, ein eher angespanntes zu seinem Vater. Lies die folgenden Textauszüge und erläutere dann mit eigenen Worten Sams Empfindungen gegenüber seinen Eltern. Schreibe in dein Heft.

(1) Eine Weile war es still, dann kuschelte ich mich an sie. Ich wusste, dass ich zu alt dafür war, trotzdem war es schön. Denn so sehr es nervte, wenn Mom mich wie einen kleinen Jungen behandelte – in den vergangenen Jahren hatte es nicht gerade viele „behütete Kindheit"-Momente gegeben. Wenn ich einen entdeckte, stürzte ich mich darauf und gab ihn um nichts in der Welt wieder her. (S. 32)
(2) Das Gute an Gesprächen mit Mom war, dass man sie alles fragen konnte. Nichts wirkte in ihrer Nähe seltsam oder peinlich, […] (S. 33)
(3) Lange hatte ich gehofft, mein Vater würde mal irgendetwas Nettes zu mir sagen oder mich sogar anbrüllen. Hauptsache, er nahm mich richtig wahr. Doch zwischen uns war einfach diese unsichtbare Mauer. (S. 36)
(4) Und die ganze Zeit fragte ich mich, was sein würde, falls sie starb. Ob ich dann allein mit Dad leben musste. Es machte mich ziemlich fertig, […] (S. 38)
(5) Unser uraltes Geheimzeichen. Das hatten wir früher oft gemacht, wenn ich mich als Kind vor etwas gefürchtet hatte und sie mir sagen wollte, dass alles gut würde. (S. 33/34)

Aus: Benedict Wells: Hard Land. S. 32, 33/34, 36, 38

3 Die folgenden Textauszüge geben Einblick in das Verhältnis zwischen den Geschwistern Jean und Sam. Werte sie aus und gib wieder, was sich verändert hat. Schreibe in dein Heft.

Vor dem Tod der Mutter

(1) [Sam über Jean] Jean war viel älter als ich und schon vor Jahren an die Westküste gezogen, und meine Eltern hatten alles unberührt gelassen, falls sie mal zu Besuch kam. Nur tat sie das fast nie. (S. 17)
(2) [Sam im Gespräch mit Kirstie] Ich erzählte, dass sie schon ewig nicht mehr zu Hause war. Kirstie sagte, das mit Mom wäre sicher nicht leicht für sie, und ich dachte: *So kann man „einfach abhauen" natürlich auch beschreiben.* (S. 90)

Nach dem Tod der Mutter

(3) [Jean sagt zu Sam:] „Du hast recht, Sam. Ich kann nicht wissen, wer du jetzt bist oder wie du dich fühlst. Denn du warst hier, als sie krank war, und ich war jahrelang weg … Es tut mir leid." (S. 228)
(4) [Jean sagt zu Sam:] „Sorry, dass ich dich die letzten Jahre so hab hängengelassen." (S. 253)

Aus: Benedict Wells: Hard Land. S. 17, 90, 228, 253

B Themenbereich 1: Benedict Wells: Hard Land (2021)

4 Sams gleichaltriger Schulfreund Stevie ist vor einem Dreivierteljahr nach Kanada umgezogen.
   a) Lies die Textauszüge.
   b) Erkläre, was der Umzug für Sam bedeutet und wie er sich ohne Stevie fühlt. Fülle dazu die Lücken in der Starthilfe und setze sie fort.

> **(1)** Seit Stevies Umzug im Herbst saß ich in der Cafeteria allein am Tisch. Selten hockte sich ein anderer Außenseiter dazu, aber nie für lange. (S. 16/17)
> **(2)** [...] fiel mir Stevies letzter Abend ein. [...] hatte ich erzählt, dass ich die Szenen mit Mom in der Klinik nicht aus dem Kopf bekam. Und Stevie hatte
> 5 mir anvertraut, dass er Schiss hatte, nach Toronto zu ziehen. [...] und uns versprochen, „für immer" Freunde zu bleiben. Inzwischen wusste ich, wie kindisch das alles gewesen war. Auf meine letzten drei Briefe hatte er nicht mehr geantwortet. (S. 23/24)
>
> **Aus:** Benedict Wells: Hard Land. S. 16/17, 23/24

Sam vermisst Stevie. In den Schulpausen fühlt er sich ohne ihn _____. Sam hat Stevie vertraut und fühlte sich von ihm verstanden. Darum hat er ihm Briefe geschrieben, aber _____

_____

_____

5 Sam lernt durch seinen Nebenjob im Kino Kirstie, Cameron und Brandon kennen. Sie sind ca. zwei Jahre älter als er und zeigen ihm eine „neue" Welt.
   a) Lies die Textauszüge.
   b) Notiere mindestens drei Dinge, die Sam mit seinen neuen, etwas älteren Freunden zum ersten Mal macht, und die Empfindungen, die er dabei hat. Schreibe in dein Heft.

> **(1)** Cameron rollte einen Joint. (S. 28)
> Stattdessen drehte sie [Kirstie] einen Joint. Ohne zu überlegen, zog ich auch daran. (S. 99)
> **(2)** Ich trank mein drittes Glas Bourbon und fühlte mich überhaupt nicht
> 5 schlecht, im Gegenteil. „Ich bin noch gar nicht besoffen", sagte ich stolz. Die anderen grinsten, doch ich kapierte nicht, was daran lustig sein sollte. (S. 50)
> **(3)** Als ich später nach Hause kam, warteten meine Eltern im Wohnzimmer. Ich fing einen besorgten Blick von Mom auf, die mich fragte, wo ich gewesen sei und ob ich getrunken habe. (S. 55)
> 10 **(4)** Egal, ich hatte zum ersten Mal geküsst. Ich musste auf einmal lachen und sprang auf die Bank an der Bushaltestelle. Mein Leben lang hatte ich mir so einen Abend gewünscht; mich danach gesehnt, zu einer Gruppe dazuzugehören. (S. 80)
> **(5)** Die Scheinwerfer der [Fahr-]Räder warfen drei Lichtkegel in die Dun-
> 15 kelheit [...] Und als in der Ferne Grady auftauchte, tat ich etwas, was ich in meinem Leben noch nie getan hatte: Ich nahm die Hände vom Lenker [...] und fuhr freihändig in die Stadt hinein. Und auch wenn es keine große Sache war, erfüllte es mich mit Stolz. (S. 118)
> **(6)** Obwohl ich nicht rauchte, nickte ich routiniert. [...] Ich nahm noch einen
> 20 Zug, zwecklos, inzwischen hustete ich so heftig, dass meine Halsschlagader anschwoll. (S. 63)
>
> **Aus:** Benedict Wells: Hard Land. S. 28, 50, 55, 63, 80, 99, 118

B 5 Sams Familie und Freunde

> **INFO** Pubertät
>
> Im biologischen Sinne definiert der Begriff „Pubertät" den Eintritt der Geschlechtsreife. Gesellschaftlich wird der Begriff breiter verwendet. Er umschließt die **Phase der Jugend**. Betroffen sind Heranwachsende etwa zwischen dem 12. und 18. Lebensjahr. Damit verbunden sind hormonelle Umstellungen, die u. a. einen Wachstumsschub, aber auch Veränderungen im Gehirn hervorrufen. Die Folgen sind stete Wechsel der Laune, Entscheidungsschwächen, nicht selten Unberechenbarkeit. In dieser Phase ist das Gehirn verletzlich: Alkohol, Tabak und Drogen schaden jetzt besonders.
> Wichtiger als zuvor die Familie werden nun sogenannte **Peergroups**, also Freundeskreise. Sie beeinflussen die Ausformung des Selbstbilds (Wer bin ICH?). Man könnte sagen, dass sich die **eigene Identität** in einem Wechselspiel zwischen „Abgrenzen" und „Dazugehören" entwickelt.

6 Sams Eltern haben ihn, wie in jedem Jahr, am Geburtstagsabend zum Essen in ein Restaurant eingeladen. Sam entscheidet jedoch, seinen Geburtstag mit seinen neuen Freunden zu verbringen. Weil er vergessen hat, in welchem Restaurant seine Eltern ihn erwarten, meldet sich nicht bei ihnen ab[1].

1 Im Jahr 1985 gab es noch keine Mobiltelefone.

  a) Lies den INFO-Kasten oben zum Thema „Pubertät".
  b) Erläutere kurz, weshalb Sam seine neuen Freunde den Eltern vorzieht.

_____
_____
_____
_____
_____

7 Sams Eltern sind zuerst enttäuscht, als er nicht zum Geburtstagsessen erscheint. Dann aber genießen sie den Abend zu zweit, weil sie wissen, dass es Sam gut geht.
Verfasse einen Dialog zwischen den beiden. Schreibe in dein Heft. So könnte der Dialog beginnen:

Mutter traurig: Wir warten jetzt schon eine halbe Stunde. Glaubst du, dass Sam noch kommt?
Vater: Ich glaube, er hat gar nicht richtig zugehört, als ich ihm den Namen des Restaurants genannt habe.
Mutter: Und ich habe mich so auf sein Gesicht gefreut, wenn er die lang ersehnte E-Gitarre auspackt. Die war so teuer!
Vater: Annie, er kann sich doch morgen auch noch darüber freuen. Sei froh, dass er sich jetzt mit anderen jungen Menschen trifft. Du weißt doch, wie einsam …

> **TIPP** Einen Dialog verfassen
>
> Versetze dich in die Figuren hinein, die sich unterhalten sollen. Stelle dir dabei folgende Fragen und beantworte sie mithilfe deines Wissens aus dem Roman (ggf. mit Zeilenangaben):
> - In welcher Situation befinden sich die Figuren? Wie fühlen sie sich?
> - Wie stehen sie zueinander? (Figurenkonstellation)
> - Welche Anliegen werden im Gespräch verfolgt? Was wollen die Figuren erreichen?
> - Wer beginnt das Gespräch (und wie)?
> - Was sagen die Figuren zueinander? Was verschweigen sie (und warum)?
> - Wie reagieren die Figuren aufeinander? Wer hat größere Redeanteile?
> - Wie sprechen sie miteinander, z. B. Umgangssprache, Standardsprache, mit Respekt?
> - Wie endet der Dialog?

B Themenbereich 1: Benedict Wells: Hard Land (2021)

B 6 Über die Funktion von Film und Musik im Werk

1 Die Handlung des Romans „Hard Land" ist auf vielfältige Weise mit Bands, Musikstücken und Filmen verwoben. Lies die folgenden Texte, in denen der Autor auf solche Bezüge eingeht.

M1 Über die Verleihung des Jugendliteraturpreises

Benedict Wells hat 2022 den Deutschen Jugendliteraturpreis für „Hard Land" bekommen, der als Staatspreis jedes Jahr im Rahmen der Frankfurter Buchmesse vergeben wird. Auf seiner Homepage berichtet der Autor über die Veranstaltung:

Die Verleihung selbst war dann im Stile einer Oscarshow aufgezogen [...]. Ich war gespannt, was sie bei *Hard Land* machen würden. Zu sehen, wie das eigene Buch derart liebevoll und enthusiastisch präsentiert wird, berührte mich sehr, und spätestens, als bei der Schlussszene und dem „Blick" *Space Age Love Song*
5 [aus dem Jahr 1982, Anm. d. A.] kam, hatte ich Tränen in den Augen.
Ich hatte dieses Lied so oft gehört, beim Schreiben oder schon davor, bei den ersten Spatenstichen für diese Geschichte. Mit *Hard Land* hatte ich das Gefühl dieser Musik einfangen wollen [...].

Quelle: https://benedictwells.de/notizen/deutscher-jugendliteraturpreis-2022/ (aufgerufen 11.1.2023)

M2 Back to the 80's

Benedict Wells gibt Tipps für die Bearbeitung seines Buches im Deutschunterricht:

[Aufgabe] Tauche in die 1980er-Jahre ein. Recherchiere Filme und Songs, welche im Buch erwähnt werden. Schau dir auch an, wie die Leute damals ausgesehen haben (Frisuren und Kleidung in Videoclips, Filmposter etc.). Sammle diese Eindrücke (z. B. als Collage) in deinem persönlichen Heft. Vergleiche die ge-
5 sammelten Eindrücke mit Serien, Filmen und Musik von heute. [...]

Quelle: https://sites.google.com/view/hard-land-unterrichtsmaterial/unterrichtsideen/1980er (aufgerufen 11.1.2023)

Auf der Webseite erklärt Wells Schülerinnen und Schülern in Youtube-Videos, welche Funktion Musik und Filme für sein Schreiben im Allgemeinen und das Buch Hard Land *im Besonderen haben, z. B.:*
– Back to the 80's (*über die Pop-Kultur und Filme der 1980er-Jahre*)
– Musik als Schlüssel (*zur Rolle von Musik im kreativen Prozess*)

2 Werte M1 und M2 aus und erkläre, warum Benedict Wells beim Schreiben Musik und Filme einbezieht.

_____
_____
_____
_____
_____

B 6 Über die Funktion von Film und Musik im Werk

Kino und Filme im Roman „Hard Land"

3 Sam jobbt in seinen Sommerferien in einem Kino, das ausschließlich Filmklassiker zeigt, also sehr bekannte, aber alte Filme. Lies den folgenden Textauszug und notiere, welche Erkenntnisse Sam durch das Anschauen von Filmen gewinnt.

Ich dachte an die französischen Filme, die ich nie ganz verstand, deren Lässigkeit mich aber faszinierte. Und dann dämmerte mir, wie wenig ich wusste: nichts von der Liebe, nichts von der Welt. Bis auf einen Besuch bei Jean kannte ich nur unser Kaff und ein paar Ecken von Missouri und Kansas. Nun war mein Kopf vollgestopft mit diesen fremden Orten und Menschen, während Grady   5
wie eine alte Jeans wirkte, aus der ich längst herausgewachsen war.
Aus: Benedict Wells: Hard Land. S. 87

Sam versteht beim Anschauen von französischen Filmen, dass _____

_____

4 In „Hard Land" gibt es einige Bezüge zu dem Science-Fiction-Film „Zurück in die Zukunft" (Regie: Robert Zemecki, Teil 1 erschien 1985, äußerst erfolgreicher Film).
  a) Lies M1 und M2 und erkläre die Funktion des Films: Warum hat der Autor ihn ausgewählt?
  b) Setze die Starthilfe unter dem Material fort: Welche Funktion hat der Film für die Hauptfigur Sam, z. B. Vorbild, Trost, Lebensgefühl?

M1   Oder mit vierzehn, als ich beim Schauen von Zurück in die Zukunft zum ersten Mal das Räderwerk durch diesen seit der Kindheit geliebten Film schimmern sah […]. Damals bedeuteten solche Filme die Welt für mich. Sie trösteten mich über Absagen oder Einsamkeit hinweg, sie weckten in mir die Sehnsucht nach der Ferne und gaben mir das Gefühl, dass ich anders sein   5
konnte: Mutiger, abenteuerlustiger, interessierter, offener.
Quelle: https://benedictwells.de (aufgerufen 2.1.2023)

M2   Ich hatte kaum Erwartungen an den Film, aber was ich nun sah, haute mich um: Ich liebte alles an *Zurück in die Zukunft*. Die Dialoge, die Figuren, die Musik und vor allem die Geschichte.
Die größte Offenbarung war Michael J. Fox. […] Die meisten Schauspieler, Musiker und sonstigen Idole waren immer so anders als ich gewesen, viel   5
größer, muskulöser, cooler, männlicher. Dieser Michael J. Fox dagegen hatte auch keine tiefe Stimme, war schmächtig und wirkte genauso zappelig wie ich. Und das Beste: Die anderen fanden das auch. Kirstie sagte nämlich irgendwann im Film, dass sie Marty McFly heiß fände. Nicht süß, sondern heiß. […]
Aus: Benedict Wells: Hard Land. S. 124 f.

Sam und Benedict Wells sehen den Film „Zurück in die Zukunft" beide zum ersten Mal als Jugendliche. Er vermittelt ihnen _____

_____

_____

_____

B Themenbereich 1: Benedict Wells: Hard Land (2021)

Musik im Roman „Hard Land"

5 Sam und seine Mutter lieben Rockmusik, die Mutter besonders den britischen Punkmusiker Billy Idol, der in den 1980er-Jahren auf dem Höhepunkt seiner Karriere war.
Lies die Inhaltszusammenfassungen zu den Kapiteln 3 bis 5 (S. 12f.) sowie 33 bis 36 (S. 19f.) und notiere, welche Bedeutung die Musik von Billy Idol für Sam und seine Mutter hat.

Sams Mutter war als Studentin die Sängerin einer Rockband. Sie _____

_____

6 Der Pick-up von Brandon heißt Bruce-Mobil. Im Auto darf nur Musik von Bruce Springsteen – also Rockmusik – gehört werden wie z. B. *I'm on fire* (dt.: Feuer und Flamme/total begeistert sein; vgl. S. 72 in „Hard Land"). Stelle dar, wie sich die Gefühle der Freunde auf dem Weg zur Fahrt über die Wellen in dieser Musik spiegeln.

Der Song „I'm on fire" von Bruce Springsteen unterstreicht/spiegelt das Lebensgefühl, das _____

_____

7 In der Kirche spielt Sam während der Trauerfeier für die Mutter kein Kirchenlied, wie mit dem Pfarrer abgesprochen, sondern einen Song von Billy Idol. Jean begleitet ihn auf der Orgel.
Beschreibe, warum genau dieser Auftritt bei der Trauerfeier für Sam sehr wichtig ist.

> Und Moms Tod und die Angst, wie es ohne sie werden würde, waren für ein paar Minuten genauso weit weg wie meine Schmerzen oder der Gedanke, wie es im neuen Schuljahr ohne die anderen werden würde. Am Schluss spielten wir noch mal so laut wir konnten.
>
> **Aus:** Benedict Wells: Hard Land. S. 245

Die laute Rockmusik hilft Sam, _____

_____

8 Für seine dritte Prüfung muss Sam mit der Gitarre auftreten und etwas singen. Er wählt *I'm a joker* von der Steve Miller Band. Vergleiche das ICH in diesem Song mit dem schüchternen Jungen, der Sam zu Beginn des Sommers war. Erkläre, warum der Autor Sam diese Liedzeilen in den Mund legt.

> *I'm a joker* (= Ich bin ein Spaßvogel/Witzbold.)
> *I'm a smoker* (= Ich bin ein Raucher.)
> *I'm a midnight toker* (= Ich bin ein Mitternachtskiffer.)
> *I sure don't want to hurt no one.* (= Ich will sicherlich niemanden verletzen/
> 5 niemandem weh tun.)
>
> **Aus:** Benedict Wells: Hard Land. S. 189

Die Lyrics/Liedzeilen bringen Sams Entwicklung auf eine bildhafte Weise genau auf den Punkt: Während er

zu Beginn des Sommers _____

_____

_____

Der Leser/die Leserin versteht die Aussage ohne weitere Erklärungen.

B 7 Beispielaufgabe zu „Sams Beziehung zu Kirstie"

Die folgende Aufgabenstellung entspricht in etwa einer Aufgabenstellung, wie sie in der Prüfung vorkommen kann. Bearbeite die Aufgabe und gehe schrittweise vor.

Erster Schritt: Die Aufgabenstellung verstehen

1 Lies die Aufgabenstellung.

> **TIPP** zum ersten Schritt
>
> - Lies die Aufgabe genau durch und unterstreiche, was du jeweils tun sollst.
> - Worum geht es? Was ist das Thema?
> - Was verlangen die Aufgaben von dir? Welche Art Text sollst du schreiben?

AUFGABENSTELLUNG

1 Ordne die vorliegenden Textauszüge in den Gesamtzusammenhang des Romans „Hard Land" ein und fasse anschließend ihren Inhalt zusammen.

2 Sam macht sich Gedanken über sein Verhältnis zu Kirstie: Ist es Freundschaft oder Liebe? Verfasse zwei Tagebucheinträge. Berücksichtige dabei auch, dass Sam älter geworden ist.
   a) Tagebucheintrag 1: Ende des Sommers 1985: Orientiere dich an den Textstellen (1) – (7).
   b) Tagebucheintrag 2: Sommer 1986: Orientiere dich an den Textstellen (8) – (9).

Für den E-Kurs:

3 Begründe deine zentralen Entscheidungen für die Gestaltung des Tagebucheintrags.

Zweiter Schritt: Die Textauszüge lesen und in Bezug auf das Thema auswerten

> **TIPP** Texte gründlich lesen und bearbeiten
>
> - Unterstreiche Wichtiges, z. B. *„nicht zu bemitleiden"* (S. 33, Z. 64)
> - Nutze Symbole, z. B. für Wichtiges (!) oder Unklares (?).
> - Erschließe unbekannte Wörter aus dem Zusammenhang.
> - Schlage dir unbekannte Wörter im Wörterbuch nach und notiere die Bedeutung.
> - Markiere Stellen im Text, die dir unverständlich erscheinen. Lies sie mehrfach, bis sich der Sinn für dich erschließt.

2 Das Thema der Aufgabenstellung findet sich hier im zweiten Teil der Aufgabe. Unterstreiche es dort und notiere es hier.

_____

3 Lies die folgenden Textauszüge. Gehe dabei so vor, wie im TIPP-Kasten oben beschrieben.

(1) Sie [= Kirstie] *konnte* nett sein, aber in der Gruppe zog sie mich oft auf. (S. 27)
Kirstie setzte sich trotzdem neben mich. „Tut mir leid, wenn ich heute blöd zu dir war. Ich wollte dich nicht verletzen." Anders als im Kino [...] wirkte sie

5 zurückhaltend und nachdenklich. [...] „Dir ist schon klar, dass ich nicht gehe, bevor du mir nicht erzählt hast, was los ist", murmelte sie irgendwann, ohne mich anzusehen. Ich nickte. Und dann erzählte ich ihr von Moms Krankheit. [...] Und dann umarmte mich Kirstie. Richtig fest [...] Sie nahm mit beiden Händen meinen Kopf, zog ihn ganz nah zu sich heran und blickte mir in die
10 Augen. (S. 41-42)

(2) [Mit Kirstie in der alten Fabrikhalle]
Stattdessen dachte ich dauernd daran, wie sie ihren Freund geküsst hatte. Und an den *Blick*, mit dem sie seine Hand genommen hatte und mit ihm nach unten ins Lager verschwunden war ... (S. 61)
15 Erst freute ich mich, dann begriff ich, dass das alles für Mason [= Kirsties Freund] geplant war, und ich fühlte mich wie ein Eindringling im Traum eines anderen. (S. 95)

(3) [Auf der Party bei Brian D'Amato]
Ich [= Sam] trank aus meinem Pappbecher – Wodka und Sevenup. [...] Ich
20 drehte mich um und stieß beinahe mit Kirstie zusammen. „Ich bin etwas betrunken", informierte sie mich. (S. 128 f.)
Zunächst tanzten wir nur albern, dann brachte sie mir ein paar Schritte bei. Ich war nicht mal so schlecht. [...] Kirstie lachte und wirkte sogar ein bisschen beeindruckt. Ich fasste sie wieder an der Hüfte, aufgepeitscht von diesem
25 Abend. Und plötzlich sah ich, dass in ihren Augen etwas aufflammte: als wäre das alles ein neues aufregendes Spiel für sie. (S. 129 – 131)
Nach dem Song gingen wir nach draußen und teilten uns eine Zigarette. [...] Wir sahen uns an, sagten nichts [...] und wir mussten beide lächeln. (S. 131–132)
[...] blieb sie mit einem der Jungen vor dem Büro stehen. Cool Eddie Thompson.
30 [...] Da entdeckte Kirstie mich. Sie sagte nichts, winkte auch nicht, schaute mich nur einige Sekunden lang an. [...] Sie wandte ihren Blick wieder ab. [...] sah nur noch, wie Kirstie und Eddie Thompson sich küssten. (S. 134 f.)

(4) [Bei einem Spaziergang]
[...] sagte Kirstie, dass ihr das mit der Party leidtue und sie mir einfach keine
35 falschen Hoffnungen machen wolle. Dass sie frei sein wolle und im Moment keine neue Beziehung suche. [...] „Ich meine, du gehst noch zur Schule, hast du gedacht, dass wir jetzt richtig was anfangen?" [...] „Und was war, als wir so eng auf der Party getanzt haben oder nachher draußen standen? Wolltest du da wirklich gar nichts von mir?" [...] „Du bist zu jung, mit deiner bescheuert-
40 niedlichen Unbeholfenheit, es macht alles keinen Sinn. Ich versteh's selbst nicht." [...] „Hör zu, Sam, ich hab mich vielleicht scheiße verhalten, und das tut mir leid. Aber wenn du mich willst, dann sag es, dann mach was, dann steht nicht einfach rum wie ein verdammtes Kind." (S. 149 – 152)
„Bist du wirklich in mich verliebt?" Ich nickte zögerlich, ohne sie anzusehen. [...]
45 „Wir schließen jetzt einen Pakt [...] Drei Regeln", sagte sie. „Erstens: Ich find dich süß, und mit sechzehn hätte ich mir wahrscheinlich genau jemanden wie dich gewünscht. Aber ich bin nicht mehr sechzehn und will am College frei sein. Zweitens: Ich entschuldige mich dafür, dass ich bei der Party mit dir geflirtet habe, denn das hab ich. Drittens: Wir reden noch mal über alles,
50 wenn wir älter sind, aber bis dahin sind wir nur Freunde." [...] Trotzdem schlug ich ein. (S. 151 – 152)

(5) [Unterhaltung zwischen Kirstie und Sam am Tag nach Sams Geburtstag, beide sind betrunken]
„Weißt du, wie mein erstes Mal war?" Ich schüttelte den Kopf. „Ich [= Kirstie] war auf einer Party und ziemlich besoffen ... [...] Ich wünschte jedenfalls, es wäre mit jemandem gewesen, der nicht abhaut und mich zurücklässt. Am meisten hat mich aber geärgert, dass ich dabei besoffen war." [...] „Aber ich will nicht, dass dir das Gleiche passiert ..." (S. 195)
„Wenn ich [= Sam] in dich verliebt bin, dann ist das meine Sache. Ich bin nicht blöd, ich weiß, dass ich nicht wie die anderen Jungen bin, mit denen du was gehabt hast. Wenn du mich also nicht willst, dann tut das vielleicht weh, aber es ist in Ordnung. Nur: Dann sag's einfach, und tu nicht so, als würdest du Rücksicht auf mich oder meine Situation nehmen, denn das brauchst du nicht, und du brauchst mich auch nicht zu bemitleiden, okay?" (S. 197)

(6) [Nach dem Frühstück]
Also ging ich einfach auf sie zu und umarmte sie lange. Ich wollte schon von ihr ablassen, da hielt sie mich fest. Und dann ... küsste sie mich! [...] Kirstie küsste ganz anders als Camerons Cousine, viel leidenschaftlicher und gleichzeitig sanfter. *Das passiert gerade*, dachte ich, *das passiert gerade wirklich, mitten auf der Straße.* [...] Als wir voneinander abließen, schaute sie mich verlegen an. „Das war eine Ausnahme, okay?" [...] „Du hast recht, du bist nicht wie die anderen Jungen ..." [...] Das ist *immer* was Gutes." (S. 198–199)

(7) [Nach dem Tod von Sams Mutter findet Kirstie ihn in der Hütte]
Kirstie kam zu mir und nahm mich in den Arm. [...] Stattdessen saß Kirstie einfach nur da und hörte mir zu. Und als ich ihren Blick sah, wusste ich, dass sie mich verstand." (S. 221)
Sie küsste mich auf die Schläfe, auf die Wange und umarmte mich fester. Ihr Atem ging schneller, sie roch so gut, und ich fühlte ihren ganzen Körper dicht an meinem. So verharrten wir ein paar Sekunden, eng umschlungen im Dunkeln. Dann brach die Welle plötzlich in sich zusammen und wir ließen voneinander ab und schliefen ein. (S. 225)

(8) Kirstie tat sich anfangs schwer am College, sie schrieb mir zwei längere Briefe über ihren Alltag ... [...] Doch als sie neue Leute kennenlernte, hörte ich nichts mehr von ihr. Ich war enttäuscht, aber ich hatte sie eben auch nur elf Wochen gekannt. (S. 276)
„Sie ist mit einem Engländer zusammen und fliegt über Weihnachten nach London." (S. 295) [...]
Zu Kirstie hatte ich seit Weihnachten keinen Kontakt mehr gehabt. [...] Ich schickte das Tape an Kirstie und schrieb, dass ich sie vermisste. [...] dann erhielt ich den längsten Brief, den ich je von ihr bekommen hatte! [...] sie habe noch nie eine Beziehung gehabt wie die jetzige mit ihrem englischen Kommilitonen [...] dass sie mich auch vermisse und sich immer über meine Briefe freue. (S. 311–312)
[...] dass sie sich getrennt hatten. [...] Von da an schrieben wir uns jede Woche. (S. 318)

(9) Schließlich schlug sie vor zu telefonieren. Am verabredeten Abend saß ich vor dem Telefon und war so nervös, dass ich fast in die Luft sprang, als

B Themenbereich 1: Benedict Wells: Hard Land (2021)

es wirklich klingelte. Kirsties Stimme reichte schon, um mich zum Lächeln zu bringen, trotzdem war die Vertrautheit aus den Briefen erst einmal weg.
100 Wir stellten nur verlegene Fragen. [...] (S. 318–319)
Irgendwann erkundigte sich Kirstie, was bei mir mit Mädchen sei. Ich überlegte, ob ich etwas erfinden solle. Dann gestand ich, dass nichts lief [...] (S. 319)
Und da lachte sie nur. Am Ende des Gesprächs meinte sie dann, dass sie gern ein ganzes Tape von mir hätte, am liebsten mit gecoverten und selbstgeschriebenen
105 Liedern. Noch in der Nacht machte ich mich an die Arbeit. Der erste Song hieß Euphancholia! und erzählte von dem schier endlosen Sommer [...] (S. 319)
Vor allem erzählte das Lied unsere Geschichte [...] Und dass ich sie einfach nicht vergessen könne [...] und ich noch immer in sie verliebt sei. (S. 320)

Aus: Benedict Wells: Hard Land. S. 27, 41–42, 61, 95, 128–132, 134–135, 149–152, 195, 197, 198–199, 221, 225, 276, 295, 311–312, 318–319, 320

Dritter Schritt: Die Inhaltszusammenfassung vorbereiten

> **TIPP** Den Inhalt zusammenfassen
>
> **W-Fragen** helfen dir, den Inhalt zu erfassen: *Wer? Wo? Wann? Was geschieht?* usw. Notiere sie in der Randspalte und unterstreiche im Text die Informationen dazu, z. B.: „Ich versteh's selbst nicht." (S. 150) → Kirstie ist sich unsicher, was ihre Gefühle für Sam angeht.
> Gleichzeitig sammelst du so wichtige Informationen für deine Inhaltsangabe.

4 Fasse stichwortartig zusammen, wie die Beziehung zwischen Sam und Kirstie in den Textauszügen dargestellt wird.

zuerst Spott für Sam, aber Interesse an ihm → Trost; bei Party Annäherungen unter Alkoholeinfluss, dann aber

_____

_____

_____

5 Es ist für das Verständnis der Textauszüge wichtig zu erklären, welcher „Stelle" des Gesamtgeschehens sie entnommen sind. Erkläre dies für jeden Textauszug.
Hinweis: Die Inhaltszusammenfassung auf den Seiten 11 bis 22 können dir dabei helfen.

Textauszug 1: *Beginn des Romans; Sam kennt Kirstie noch nicht gut, denn er ist neu im Kino*

Textauszug 2: _____

Textauszug 3: _____

Textauszug 4: _____

Textauszug 5: _____

Textauszug 6: _____

Textauszug 7: _____

Textauszug 8: _____

Textauszug 9: _____

B 7 Beispielaufgabe zu „Sams Beziehung zu Kirstie"

TIPP Eine Einleitung schreiben und Textauszüge einordnen

Zu einer Inhaltsangabe gehört einleitend eine **Vorstellung des Textes**, der zusammengefasst wird. In einer Einleitung notierst du **Titel**, **Autor**, **Textart** und **Thema**, z. B. so:
In dem Roman … von … geht es um den fast sechzehnjährigen Sam und seine Erlebnisse während der elfwöchigen Sommerferien. – Der Roman „Hard Land" von … handelt vom Erwachsenwerden des Protagonisten Sam … - Der 2021 erschienene …. – Im Roman … aus dem Jahr …

Formulierungshilfen, um Textauszüge einzuordnen:
In den Textauszügen geht es um die Veränderungen in der Beziehung zwischen Kirstie und Sam. Während sie ihn anfangs oftmals noch verspottet, ist er … / Es wird in den vorliegenden Textauszügen deutlich, wie Sam sich immer mehr in Kirstie verliebt. … / Die vorliegenden Textauszüge zeigen Sams wachsende Verliebtheit und …

---

6 Stelle in einem Einleitungssatz den Roman vor und bette dann die Textauszüge von Seite 31 bis 34 in den Gesamtzusammenhang der Handlung ein. Schreibe in dein Heft.

7 Gib im Heft den Inhalt der Textauszüge zusammenfassend wieder. Formulierungsbeispiele findest du im nachfolgenden TIPP-Kasten.

TIPP Inhalte wiedergeben

Formulierungsbeispiele für die **Überleitung zur Inhaltszusammenfassung**:
In den vorliegenden Textauszügen wird beschrieben … / In den vorliegenden Textauszügen geht es um … / Die vorliegenden Auszüge aus dem Roman behandeln nun …
Gib die Handlung strukturiert wieder: Gliedere den Textauszug in Sinnabschnitte und fasse diese mit eigenen Worten zusammen. Notiere jeweils die Seiten- und Zeilenangaben.
Schreibe deine Inhaltswiedergabe im **Präsens**.

Gib ggf. direkte Rede als **indirekte Rede** wieder, z. B. so:
Wörtliche Rede: *„Wenn ich in dich verliebt bin, dann ist das meine Sache." (S. 33, Z. 59)*
Indirekte Rede mit Konjunktiv: *Sam sagte, es sei seine Sache, wenn er in Kirstie verliebt sei.*
Dass-Satz: *Er antwortet Kirstie, dass es seine Sache ist, wenn er sich in sie verliebt.*
Paraphrase (mit eigenen Worten wiedergeben): *Sam findet den Mut und erklärt Kirstie, dass er allein für seine Gefühle verantwortlich ist.*

Vierter Schritt: Die Tagebucheinträge vorbereiten

8 Im ersten Tagebucheintrag kannst du dich auf den Vorschlag beziehen, den Kirstie Sam vor ihrer Abreise ans College nach New York macht. Lies den Textauszug und ergänze im Heft stichwortartig weitere Ideen für den Tagebucheintrag.

„Wir schließen jetzt einen Pakt […] Drei Regeln", sagte sie. „Erstens: […, ich]
will am College frei sein. Zweitens: Ich entschuldige mich dafür, dass ich bei
der Party mit dir geflirtet habe, […] Drittens: Wir reden noch mal über alles,
wenn wir älter sind, aber bis dahin sind wir nur Freunde."
Aus: Benedict Wells: Hard Land. S. 151

ohne Widerrede zugestimmt: warum bloß? / wir können nur Freunde sein / Gespräche über alles Erlebte sind erst in der Zukunft möglich / …

> B Themenbereich 1: Benedict Wells: Hard Land (2021)

9 Greife im zweiten Tagebucheintrag auf, was du über die Kontakte zwischen Sam (in Grady) und Kirstie (am College) weißt (vgl. auch Zusammenfassung S. 21–22). Notiere Stichworte.

zu Beginn Briefe, dann keine Nachrichten mehr, _____

_____

Fünfter Schritt: Die Tagebucheinträge verfassen

> **TIPP** Aus Sicht einer Figur einen Tagebucheintrag verfassen

Ein Tagebuch dient der eigenen Erinnerung, aber auch der Reflexion (= Nachdenken) über sich selbst und Erlebtes: Es können **Gefühle** und **Gedanken** festgehalten werden. **Versetze dich in die Figur hinein**, aus deren Sicht du schreiben sollst. Schreibe in der **Ich-Form**.

10 Verfasse die Tagebucheinträge. Führe die Textanfänge in deinem Heft fort. (vgl. TIPP oben)

Immer noch 1985, der Sommer geht zu Ende:
Was will sie eigentlich von mir? Was bedeutet sie mir? Sie hatte mich doch geküsst – sie hat angefangen! Wieso sollte das jetzt eine Ausnahme sein? Meine Gefühle fahren Achterbahn! Warum habe ich nur diesem Pakt zugestimmt? Ich weiß, ich bin erst 16. Sind diese zwei Jahre so entscheidend? Wir verstehen uns …

Jetzt ist schon ein ganzes Jahr vergangen und ich liebe sie noch immer. Kein Mädchen spielt in meinem Leben eine Rolle wie Kirstie …

Für den **E**-Kurs:
11 Begründe deine zentralen Entscheidungen für die Gestaltung der Tagebucheinträge.

Sechster Schritt: Deine Texte überarbeiten

12 Überarbeite deine Texte. Nutze dazu die Checkliste unten und vergleiche deine Ausarbeitungen mit den Beispiellösungen im Lösungsheft.

> **CHECKLISTE** zur Überarbeitung des Textes

Den Text inhaltlich überarbeiten. Hast du …
- ☑ alle Arbeitsaufträge der **Aufgabenstellung** berücksichtigt?
- ☑ die **Merkmale** der verlangten **Textarten** beachtet [wie (1) Inhaltswiedergabe, (2) z. B. Darstellung zu einem bestimmten Thema, Analyse, Stellungnahme]?
- ☑ durch **Absätze** gegliedert und lesbar geschrieben?
- ☑ deine **Aussagen** bei (2) **am Text belegt** (mit Zeilenangaben)?

Den Text sprachlich überarbeiten. Hast du …
- ☑ das richtige **Tempus** gewählt (passend zur Textart)?
- ☑ wörtliche Rede im Konjunktiv, in eigenen Worten oder als dass-Sätze wiedergegeben?
- ☑ Wiederholungen vermieden (Weglassprobe) und abwechslungsreiche Satzanfänge gewählt?
- ☑ **vollständige Sätze geschrieben**, die grammatischen Bezüge richtig hergestellt, Satzgefüge verwendet, die Nebensätze mit den Hauptsätzen verknüpft, zu lange Sätze aufgelöst (Punkt setzen)?

Rechtschreibung und Zeichensetzung überprüfen
Alle wichtigen Rechtschreibregeln findest du im Internet auf **www.finaleonline.de**. Dort kannst du das kostenlose „Extra-Training Rechtschreibung" herunterladen.

B 8 Prüfungsbeispiel zu „Grenzüberschreitungen und Mutproben"

Die folgende Aufgabenstellung, die einen thematischen Textvergleich beinhaltet, entspricht in etwa einer Aufgabenstellung, wie sie in deiner Prüfung vorkommen kann. Bearbeite sie und gehe dabei schrittweise vor.

Erster Schritt: Die Aufgabenstellung verstehen

1 Lies die Aufgabenstellung und unterstreiche, was du tun sollst. (s. TIPP S. 31)

AUFGABENSTELLUNG

1 a) Lies die Romanauszüge M1 und M2 und fasse sie mit eigenen Worten zusammen. Ordne den Auszug aus „Hard Land" in den Gesamtzusammenhang des Romans ein.
   b) Vergleiche die in beiden Texten dargestellten Mutproben und gehe auch auf die Funktion ein, die sie für die Romanfiguren haben.

2 Stell dir vor, Sam liest in der Zeitung einen Bericht über die Mutprobe auf der Autobahnbrücke. Er ist mittlerweile Mitte Zwanzig und beschließt, einen Brief an den 18-jährigen Johann zu schreiben. Verfasse diesen Brief und berücksichtige dabei das Alter der Jugendlichen zur Zeit der Mutprobe.

Für den E-Kurs:

3 Begründe deine zentralen Entscheidungen für die Gestaltung des Briefes.

Zweiter Schritt: Die Texte lesen und in Bezug auf das Thema vergleichend auswerten

2 Lies die Textauszüge.

M1 Sams Mutprobe am Lake Virgin

Ich grinste und trat zur Klippe. Der Horizont mit den vertrauten Bergketten kam mir immer vor wie das Ende der Welt. Dann sah ich nach unten, in das dunkle Blau des Lake Virgin. Von hier aus konnte man direkt in den See springen, aber das taten nur Lebensmüde, und beim Blick in die Tiefe wurde mir schwindelig. (S. 102)

[An Sams Geburtstag finden drei Prüfungen statt. Eine davon ist ein Sprung von einem hohen Felsen in den Lake Virgin.]
Ungläubig trat ich an den Abgrund und blickte […] hinab. […] Mich schauderte. Das waren nicht zehn Meter, eher fünfzehn. Deshalb hatte die Klippe ja auch ihren Namen: Weil jeder zwar mal überlegte, ob es machbar wäre – und dann doch nur dieselben drei Wörter dachte: *Das ist Selbstmord.*
Okay, um fair zu sein: Natürlich waren schon mal Leute von hier aus ins Wasser gesprungen. Es gab Geschichten und Legenden. Aber in meinem Jahrgang hatte es sich niemand getraut, nicht mal die Mutigsten. […] Es war einfach verrückt.
„Kirstie …", sagte ich. „Du weißt, ich würde echt alles machen. Aber das hier geht nicht. Bitte lass mich mein Versprechen zurücknehmen."
Sie schüttelte nur den Kopf. […]
„Sam, weißt du noch, wie du mir bei den Schaukeln von deiner Angst erzählt hast? Dass du dich für einen Feigling hältst und dich vor fast allem fürchtest?" […]

M1

20 Sie griff nach meiner Hand. „Sam!", sagte sie leise. „Du weißt, dass du es tun musst, oder? Dass du jetzt springen musst? Du *weißt* es."
Meine Augen wurden feucht, denn ich begriff mit einem Mal, dass sie recht hatte. Ich wusste nicht, wieso, aber, ja, ich spürte, dass ich es tun musste. [...]
Ich nickte langsam. Kirstie umarmte mich. Dann sagte sie, dass ich da nicht
25 allein durchmüsse, sondern dass sie mit mir springen werde. (S. 178–179)
Und in dieser Sekunde packte ich einfach Kirsties Hand und rannte mit ihr über die Klippe. Ich hörte noch, wie sie überrascht kreischte. Dann sprangen wir ins Nichts.
In der Luft lösten wir uns voneinander. Ich starrte auf das Dunkelblau des
30 Sees, auf das ich mit fast lächerlich großer Geschwindigkeit zuraste. Der Sprung kam aus solcher Höhe, dass ich tatsächlich noch die Zeit hatte, mir zu überlegen, ob das jetzt weh oder *verdammt* weh tun würde, wenn ich gleich da unten aufprallte.
Es tat verdammt weh.
35 [...] Als ich schließlich den Kopf aus dem Wasser streckte und Kirstie neben mir auftauchte, umarmten wir uns wie zwei Schiffbrüchige. (S. 181–182)
Was – für – ein – Tag! Auch wenn mehrere Stellen meines Körpers schmerzten, war ich überwältigt davon, gesprungen zu sein.
Und egal, was die letzte Prüfung sein würde, ich fühlte mich bereit. (S. 183–184)

Aus: Benedict Wells: Hard Land. S. 102, S. 178–179, 181–182, 183–184

Der folgende Textauszug stammt aus dem **Roman „Zweier ohne"** von Dirk Kurbjuweit, erschienen im Jahr 2001 im KIWI Verlag, Köln. Die beiden Freunde Ludwig und Johann sind fast 18 Jahre alt. Ludwig ist der Selbstbewusstere von beiden und gibt den Ton an.

M2 Johanns Mutprobe auf der Autobahnbrücke

Die Handlung spielt auf einer hohen Autobahnbrücke über ein Flusstal in Deutschland: Von dort springen häufig Selbstmörder in den Tod. Ludwig, dessen Elternhaus unter der Brücke steht, findet eines Tages einen Toten im Garten und meldet den Vorfall nicht der Polizei. Die Jungen verstecken die Leiche zuerst, später „beerdigen" sie diese, indem sie sie in den Fluss werfen. Anschließend klettern sie auf die Brücke.

Ich war sehr verdutzt, als Ludwig plötzlich das Gitter hinaufkletterte. Zu meinem Schrecken zog er ein Bein hinüber, setzte sich auf die Kante und holte das andere Bein nach. Seine Hände hielten sich rechts und links neben dem Gesäß am Gitter fest. Was machst du, fragte ich, komm da runter. Komm du
5 herauf, sagte er, dann siehst du, was der Hausmeister[1] zuletzt gesehen hat. Ich wollte nicht, aber ich konnte auch nicht hier unten stehen, während Ludwig da oben saß und auf mich wartete. Ich kletterte das Gitter hinauf, zog ein Bein über die Kante, dann das andere. Ich schloss die Augen, ich öffnete sie. Huh, was für ein Blick. Das Tal ohne Gitter zu sehen, den Fluss direkt unter
10 mir, die Lichter des Städtchens, es war großartig, und gleichzeitig habe ich in meinem Leben noch nie so viel Angst gehabt. Ein Windhauch, dachte ich, ein Windhauch und du fliegst, wie der Hausmeister geflogen ist. Ich wollte das nicht. Ich hatte Ludwig, ich war nicht allein. Ich hatte auch Vera[2]. Gib mir deine linke Hand, sagte Ludwig. Ich kann doch nicht das Gitter loslassen, sagte

ich. Gib sie mir, sagte er. Seine rechte Hand löste sich langsam vom Gitter. Ich
schwitzte. Wir sind Zwillinge, sagte er. Ich löste meine Hand, und er ergriff
sie. Wir schwankten ein wenig, dann saßen wir ruhig. Ich schwitzte noch
mehr. Lös jetzt deine andere Hand, sagte Ludwig. Spinnst du, sagte ich. Lass
los, schrie er, wir müssen es gemeinsam tun, ich zähl bis drei. Eins. Niemals
würde ich das Gitter loslassen. Zwei. Es war kalt, plötzlich spürte ich Kälte.
Der Herbst, dachte ich, jetzt kommt der Herbst. Drei. Ich löste meine Hand.
Ich sah zu Ludwig hinüber, vorsichtig, nur keine Drehung des Kopfes, nicht
bewegen, auf keinen Fall. Auch er hatte keine Hand mehr am Gitter. Wir halten
uns gegenseitig, sagte er, wir sind Zwillinge, nur du und ich. Ich weiß nicht,
wie lange wir dort saßen. Lange, glaube ich, aber in solchen Situationen kann
man das nicht wissen. Lange genug jedenfalls, um meine Angst zu verlieren.
Wir saßen auf der Kante und schauten in unser Tal. Da waren das Städtchen,
der Stausee mit dem Bootshaus, das Haus von Ludwigs Eltern, die Werkstatt
mit unserer Triumph[3], der Fluss und auf dem Grund des Flusses in einem
Teppich unser Hausmeister. (S. 107–109)

[1] **Hausmeister:** ein ausgedachter Name, den die Jungen dem aufgefundenen Toten gegeben haben.
[2] **Vera:** Ludwigs Schwester, mit der Johann eine sexuelle Beziehung hat.
[3] **Triumph:** Motorradmarke.

Aus: Dirk Kurbjuweit: Zweier ohne. S. 107–109

Dritter Schritt: Den Inhalt zusammenfassen

3 Beantworte zur Vorbereitung der beiden Inhaltszusammenfassungen die folgenden W-Fragen zu den Textauszügen (vgl. TIPP-Kasten auf S. 34).

A Wer entscheidet über die Art der Mutprobe bei Sam bzw. Johann? _Kirstie (Sam) / Ludwig (Johann)_

B Aus wessen Sicht werden die Mutproben erzählt? _Ich-Erzähler: Sam / Ich-Erzähler: Johann_

C Warum will Kirstie, dass Sam von der Klippe in den See springt? _____

D Was bietet Kirstie Sam an, damit er die Mutprobe durchführt? _____

E Wie reagiert Sam darauf? _____

F Welche Gefühle hat Sam nach dem Sprung? _____
_____

G Mit welcher Begründung fordert Ludwig seinen Freund Johann auf, das Brückengeländer loszulassen?
_____

H Welche Gefühle hat Johann auf der Brücke nach der Mutprobe? _____

4 Schreibe einen Einleitungssatz in dein Heft.

TIPP Formulierungshilfen für eine Einleitung mit Textvergleich

In den Textauszügen aus den Romanen „Hard Land" von … und „Zweier ohne" … geht es um … – Die Materialien M1 und M2 sind den Romanen … und … entnommen. – Beide Romane handeln von Jugendlichen, die … – In den Textauszügen berichten die Ich-Erzähler Sam und Johann über … – Die Texte stammen aus den Romanen …

B Themenbereich 1: Benedict Wells: Hard Land (2021)

5 Fasse den Inhalt der beiden Textauszüge mit eigenen Worten im Heft zusammen.

TIPP Formulierungshilfen für eine Inhaltszusammenfassung mit Textvergleich

In M1 wird die zweite Prüfung an Sams Geburtstag … – Sam muss die zweite Prüfung an seinem Geburtstag an … – Die sogenannte Selbstmordklippe ist der Schauplatz für die zweite Prüfung … – In gleicher Weise geht es / Auch in M2 geht es um eine Mutprobe in großer Höhe, die auf … – Der Ich-Erzähler Johann beschreibt in M2 … – Ähnlich wie / Anders als in M1 aber …

Vierter Schritt: Den Text in Bezug auf das Thema auswerten

6 Lege in deinem Heft eine Tabelle nach folgendem Muster an und werte die Textauszüge aus beiden Romanen mit Blick auf die dargestellten Mutproben aus.

	Sam	**Johann**
A Alter	*16 Jahre alt*	*fast 18*
B Ort	*hohe Klippe an einem See*	…
C Grund für die Mutprobe	…	…
D Beteiligte Personen	…	…
E Sinn der Mutprobe	…	…
F Gefahren/Risiko	…	…
G Gefühle nach Mutprobe	…	…

TIPP Richtig zitieren

Direktes Zitat: Zitate immer kenntlich machen → Anführungszeichen!
Beispiel: „*Und egal, was die letzte Prüfung sein würde, ich fühlte mich bereit.*" (M1, Z. 39)
Auslassungen mitten im Zitat musst du mit [...] kennzeichnen: „*Das Tal ohne Gitter zu sehen [...], es war großartig, und gleichzeitig habe ich [...] noch nie so viel Angst gehabt.*" (M2, Z. 9 f.)
Indirektes Zitat (vgl. dazu auch TIPP-Kasten S. 35 in diesem Arbeitsbuch):
Sam bittet Kirstie, sein Versprechen zurückziehen zu dürfen. (vgl. Z. 16) (vgl. = vergleiche)
Zeilenangabe: In Klammern gibst du die Zeile im Text an, z. B. (Z. 1).
Bei mehreren Zeilen (Z. 1–2) oder (Z. 1 f., f = folgende), statt (Z. 1–3) kannst du auch (Z. 1 ff.) verwenden.
Mit ff. sind mindestens zwei Folgezeilen gemeint.
Die zitierte Textstelle muss original wiedergegeben werden.

7 Stelle die Ergebnisse deines Vergleichs zusammenhängend dar und gehe dabei auch auf die Funktion der Mutproben ein. Belege deine Aussagen am Text (s. TIPP oben und auf S. 35).

TIPP Formulierungshilfen für den Vergleich von Texten

Gemeinsamkeiten: *Es sind Gemeinsamkeiten zu beobachten/festzustellen/zu bemerken, wie z. B. … – Ähnlich wie bei … wird auch … – Gemeinsam ist … – Sowohl … als auch …*
Unterschiede: *Im Gegensatz zu … – Der größte Unterschied zwischen … – Unterschiede werden deutlich, wenn man … betrachtet.*

B 8 Prüfungsbeispiel zu „Grenzüberschreitungen und Mutproben"

So könnte dein Text beginnen:
Sowohl Sam als auch Johann müssen ihren Mut beweisen. Sam, der im Vergleich zu Johann ca. zwei Jahre jünger ist, muss an seinem Geburtstag drei Prüfungen, die sich seine Freundin Kirstie ausgedacht hat, durchführen. Johann dagegen wird von seinem dominanten Freund Ludwig dazu aufgefordert, auf das Geländer der Autobahnbrücke über das Tal zu klettern. Die Begründung von Kirstie ist, dass Sam seine Angst verlieren soll. Im Gegensatz dazu ist Ludwigs Motivation: „Wir sind Zwillinge, nur du und ich." (M2, Z. 24)

___

___

___

___

___

___

___

Fünfter Schritt: Den Brief verfassen

8 Verfasse den Brief von Sam an Johann. Gehe auf die Aspekte „Alter", „Freunde", „Angst" und „Grenzüberschreitungen" ein.
Du kannst auch dein Wissen über den Roman „Hard Land" (z. B. weitere Mutproben) nutzen.
Schreibe den vollständigen Brief in dein Heft. So könnte dein Brief beginnen:

*Lieber Johann,
mein Name ist Sam Turner, ich bin 25 Jahre alt und ich lebe in den USA. Sicher bist du überrascht, dass ich dir schreibe. In der Zeitung habe ich von eurer Mutprobe auf der Autobahnbrücke gelesen. Ich habe einmal eine ähnlich gefährliche Mutprobe abgelegt und würde mich gern mit dir über diese Erfahrung austauschen. Zuerst will ich dir erzählen, was mir passiert ist: Als ich 16 Jahre alt war, hat mich eine gute Freundin herausgefordert. Ich sollte von einer sehr hohen Klippe hinab in einen See springen. Das hört sich so gefährlich an, wie es tatsächlich auch war. Ich hatte wirklich Angst und ...*

TIPP Einen Brief schreiben

Überlege vor dem Schreiben:
- In welcher **Situation** befindet sich der/die Verfasser/-in zum Zeitpunkt des Schreibens?
- In welcher **Beziehung** steht er/sie zum Empfänger, z. B. Freund, Familie, Gegner?
- Warum schreibt er/sie? Welche **Absicht** liegt vor, z. B. sich austauschen, etwas erbitten?
- In welcher **Zeit** lebt der Briefschreiber (hier: Sam)? Beziehe dich auf die Handlung und die Sprache des Romans, nicht auf deine eigene Lebenswelt.

Für den E-Kurs:

9 Begründe deine zentralen Entscheidungen für die Gestaltung des Briefs:
- Welche Inhalte hast du dafür ausgesucht und warum?
- Warum hast du welche Gestaltungsmittel (Wortwahl, Satzbau) ausgewählt?

Sechster Schritt: Deine Texte überarbeiten

10 Überarbeite deine Texte. Nutze dazu die Checkliste auf S. 36 und vergleiche deine Ausarbeitungen mit den Beispiellösungen im Lösungsheft.

B Themenbereich 1: Benedict Wells: Hard Land (2021)

B 9 Prüfungsbeispiel zu „Entwicklung des Protagonisten – Coming-of-Age"

Die folgende Aufgabenstellung entspricht in etwa einer Aufgabenstellung, wie sie in deiner Prüfung vorkommen kann. Bearbeite sie und gehe dabei schrittweise vor.

Erster Schritt: Die Aufgabenstellung verstehen

1 Lies die Aufgabenstellung. (s. TIPP-Kasten S. 31)

AUFGABENSTELLUNG

1 Die folgenden Textauszüge gehen auf die persönliche Entwicklung der Hauptfigur Sam ein. Fasse für jeden Gesichtspunkt den Inhalt zusammen und beschreibe die Entwicklung der Hauptfigur (des Protagonisten).

2 Sam spricht von „neuen Augen", die er in diesem Sommer bekommen hat, und einem „Ball in der Luft". Erkläre diese sprachlichen Bilder (Metaphern) in Bezug auf Sams Entwicklung vom Jugendlichen zum jungen Erwachsenen. Belege deine Aussagen mit geeigneten Textstellen.

Für den E-Kurs:

3 a) Verfasse einen inneren Monolog, in dem Sam nach den Ferien rückblickend darüber nachdenkt, welche neuen Erfahrungen er gemacht hat und ob er sich dadurch verändert hat.
b) Begründe deine zentralen Entscheidungen für die Gestaltung des inneren Monologs.

Zweiter Schritt: Die Textauszüge lesen und in Bezug auf das Thema auswerten

INFO Das Thema „Coming-of-Age"

„Coming-of-Age" bedeutet übertragen ins Deutsche „volljährig bzw. mündig werden". Der Begriff bezieht sich auf die Entwicklung eines Menschen von der Kindheit bis zum Erwachsensein. Diese Entwicklung wird durch unterschiedliche Erfahrungen getrieben, z. B. der ersten Liebe, neuen Freundschaften (Peergroup) und dem Loslösen vom Elternhaus. Heranwachsende sind auf der Suche nach ihrer eigenen Identität. Ihre Persönlichkeit bilden sie in Wechselbeziehung mit ihrem sozialen Umfeld aus, zentral bestimmt von Familie und Schule. Zum Genre „Coming-of-Age" zählen viele Kinofilme wie „American Graffiti" oder „Tschick" sowie zahlreiche Serien in den Streaming-Portalen. In der Literatur werden Romane mit dieser Thematik als Entwicklungsromane bezeichnet (s. auch Abschnitt B 10 auf S. 46–49).

In „Hard Land" beschreibt der Lehrer den Prozess des „Coming-of-Age" folgendermaßen:
„Nun, bei einem Blick in die Literaturgeschichte fällt auf, dass der klassische Held oft auf einer inneren oder äußeren Reise ist. Ausgelöst in der Regel durch ein einschneidendes Erlebnis wie Verlust oder Liebe, oder auch durch eine erste Konfrontation mit den großen menschlichen Fragen. Das alles zwingt den Helden, sich zu verändern, zu reifen und seinem alten Leben zu entwachsen. Kurz: Coming of Age."
Aus: Benedict Wells: Hard Land. S. 306

---

2 Werte den INFO-Kasten aus und beschreibe mit eigenen Worten, was „Coming-of-Age" bedeutet, indem du die Starthilfe fortsetzt.

Als „Coming-of-Age" bezeichnet man den Prozess des Erwachsenwerdens. Jugendliche sammeln in dieser Zeit neue Erfahrungen, z. B. _____

_____

3 Lies die folgenden Textauszüge, die nach unterschiedlichen Gesichtspunkten zusammengestellt sind. Gehe dabei vor, wie im TIPP-Kasten auf Seite 31 beschrieben.

(1) Ärger mit den Eltern
- In diesen Ferien hatten sich ein paar Dinge fast über Nacht geändert, wie wenn man überrascht feststellt, dass man ein Stück gewachsen ist. Mich überkam öfter aus dem Nichts eine seltsame Wut, und ich stellte mir Fragen, die ich mir früher nie gestellt hatte. (S. 11)
- Ich war fast sechzehn, und sie behandelten mich wie ein Kind. (S. 12)
- Ich würde sie mit meinen überlegenen Argumenten überzeugen, […] dass ich jetzt alt genug war und fortan mein eigenes Ding machte. „Ihr könnt mich mal!", rief ich und stapfte nach oben. (S. 13)

(2) Die Krankheit und der Verlust der Mutter
- Überhaupt hatte ich das Gefühl, ein Paar neue Augen verpasst bekommen zu haben. Weil, ich musste die Jahre davor ja blind gewesen sein. Natürlich hatte ich gewusst, dass Mütter sterben und Freundschaften zerbrechen, aber ich hatte diese Dinge nie richtig gesehen. Nun *sah* ich die Selbstzweifel meines Dads, wenn er Stellenanzeigen durchging. Und ich *sah* die Angst meiner Mom, wenn sie mich mit einem Lächeln trösten wollte. Und keine Ahnung, ob das wirklich besser war. (S. 24)
- Dann schlug ich auf mein Kopfkissen ein und brüllte hinein. Ich dachte: *Es ändert sich nie, nie, nie etwas in diesem Scheißleben*, und dann schrie ich noch mehr. Der Summton in meinem Kopf schwoll an. Und es machte mir Angst, wie wütend ich nun auf mich selbst wurde, dabei konnte ich nicht einmal genau sagen, wieso. Die Wut fing da an, wo meine Gedanken aufhörten. (S. 30)
- „Glaubst du, man kann sich *wirklich* ändern", fragte ich irgendwann. „Also mutiger werden und nicht immer so still oder schüchtern sein?" (S. 33)
- Und da bekam ich so viel Sehnsucht danach, ein anderer zu sein und alles hinter mir zu lassen, dass es mich fast zerriss. (S. 34)
- […] aber als ich in meinen neuen Klamotten vor dem Spiegel stand, fühlte ich mich wie ein anderer Mensch. (S.60 f.)
- Letztlich hatte ich nur getan, was sie [Sams Mutter] immer gewollt hatte: Ich hatte meinen Geburtstagsabend und die Wochen davor mit meinen Freunden verbracht und eine gute Zeit gehabt. Und der Preis dafür war nun mal, dass ich diese Zeit nicht mit ihr und Dad verbringen konnte. Das tat weh, aber es war unvermeidlich. Der ganze verdammte Schmerz: unvermeidlich. (S. 251)
- „[…] – sie [Sams Mutter] hatte mir [Sams Vater] im Restaurant von einem Gespräch mit dir erzählt und dass du langsam erwachsen wirst und einen richtig schönen Song geschrieben hast. Und mit diesem Gefühl ist sie gegangen."
Das alles zu hören war, als hätte jemand an einem dunklen Ort in mir ein Streichholz angezündet. Ich ließ es in diesem Moment auf mich wirken, ich lasse es jetzt auf mich wirken, und ich glaube, ich werde es noch mein ganzes Leben auf mich wirken lassen. (S. 282)

(3) Sams Lebensgefühl verändert sich
- Normalerweise fürchtete ich mich vor Geschwindigkeit wie vor Höhe, doch hier, neben den anderen, machte es mir nichts mehr aus. […]

B Themenbereich 1: Benedict Wells: Hard Land (2021)

45 Ich schloss die Augen. *So muss es sein*, dachte ich, *an diesem Abend bist du endlich mal richtig da.* (S. 72f.)

- Ich war benommen und dachte an früher, als die Tage entweder gut oder schlecht gewesen waren. Jetzt war alles zu groß, um es sofort zu verstehen. (S. 80)
50 - Und dann dämmerte mir, wie wenig ich wusste: nichts von der Liebe, nichts von der Welt. (S. 87)
- […] da vergaß ich die Zeit und ließ mich mitreißen, und ich fühlte mich so, wie ich mich schon mein ganzes Leben lang fühlen wollte: übermütig und wach und mittendrin und unsterblich. (S. 192)
55 - Ich trat an die Klippe, streckte die Arme aus und ließ mich vom Sommer durchströmen. Der Horizont war mir immer wie das Ende der Welt vorgekommen. Nun spürte ich, dass mir dieser Blick eines Tages nicht mehr weit genug sein würde. (S. 331 f.)

(4) Kirstie: Über den Aufruhr der Gefühle

60 „Es sollte echt ein Wort für dieses Gefühl geben", sagte sie [Kirstie]. „So was wie *Euphancholie*. Einerseits zerreißt's dich vor Glück, gleichzeitig bist du so schwermütig, weil du weißt, dass du was verlierst oder dieser Augenblick mal vorbei sein wird. Dass alles mal vorbei sein wird." Sie packte ihr Notizbuch weg. „Na ja, vermutlich ist die ganze scheiß Jugend Euphancholie." (S. 99)

65 (5) Aus der Klassenlektüre: „Hard Land"

Sie [Kirstie] las vor [aus Hard Land]:
[…] Kind sein ist wie einen Ball hochwerfen,
Erwachsenwerden ist, wenn er wieder herunterfällt.
„Und was soll das heißen?", fragte ich.
70 […] „Das heißt, dass du den Ball so hoch wie möglich werfen musst", sagte sie. „Dann bleibt er länger in der Luft." (S. 123)

Denn mir wurde bewusst, dass *mein* Ball schon längst wieder herunterfiel, und ich fragte mich, ob ich ihn zuvor, speziell im letzten Sommer, wirklich hoch genug geworfen hatte. (S. 307)

Aus: Benedict Wells: Hard Land. 11, 12, 13, 24, 30, 33, 34, 60f., 72-73, 80, 87, 99, 123, 192, 251, 282, 307, 331 f.

Dritter Schritt: Die Entwicklung der Hauptperson beschreiben

4 Fasse die Gesichtspunkte 1 bis 3 aus den Textauszügen stichwortartig so zusammen:
Trage in der ersten Zeile kurz ein, worum es geht. Schreibe in dein Heft.
Notiere dann zusammenfassend: Was erfährt man über Sams Erfahrungen und Gefühle?
Wie beschreibt Sam seine Entwicklung?

Gesichtspunkt 1: *Loslösen von den Eltern*
Gefühle: „aus dem Nichts" häufig Wut, neue Fragen treten auf → Sam will nicht mehr wie ein Kind behandelt, sondern von seinen Eltern ernstgenommen und gleichberechtigt behandelt werden
Gesichtspunkt 2: *schlimme, belastende Erfahrungen*
…

Gesichtspunkt 3: …
…

B 9 Prüfungsbeispiel zu „Entwicklung des Protagonisten – Coming-of-Age"

5 Beschreibe in deinem Heft die Entwicklung des Protagonisten Sam. Orientiere dich dabei an den Notizen von Aufgabe 4. Du kannst die folgenden Formulierungsbeispiele verwenden.

Zu Beginn der Sommerferien 1985 fühlt sich Sam einsam. Dann findet er einen Ferienjob im Kino … / Während der elfwöchigen Sommerferien findet bei Sam eine Entwicklung statt, … / Die elfwöchigen Sommerferien verändern Sam. Er …

Vierter Schritt: Die Metaphern und ihre Bedeutung im Textzusammenhang erklären

6 a) Kreise in den Textauszügen auf Seite 43 bis 44 alle Wörter oder Wendungen ein, die etwas mit „sehen" bzw. „wahrnehmen" zu tun haben und die du in Bezug auf die Interpretation der Metapher „neue Augen" wichtig findest (vgl. Beispiele in Z. 11–12).
b) Erkläre (= deute, interpretiere) die Metapher „neue Augen" in deinem Heft. Beziehe dich dabei auf deine Umkreisungen im Text auf Seite 43f.. Du kannst die Formulierungshilfen unten verwenden.
Hinweis: Informationen zu sprachlichen Mitteln findest du auf Seite 143 in diesem Arbeitsbuch.

Eine Metapher ist … / Sam verwendet die Metapher „neue Augen", um auf bildhafte Weise zu verdeutlichen, dass … / Ein Beispiel dafür lässt sich aus dem Verb „sehen" ableiten. Die Wiederholung „ich sah" (Z. 14, Z. 15) belegt sein neues Verständnis für seine Umwelt und für andere Menschen, genauer: für seine Eltern. Er konzentriert sich nicht länger auf kindliche Weise nur auf sich selbst, sondern …

7 a) In Textauszug 5 heißt es, dass „Kindsein ist wie einen Ball hochwerfen" (Z. 67). Beschreibe die Assoziationen, die dieser Vergleich weckt, indem du weitere Beispiele ergänzt.

spielerische Aktivität, sorglos, ausprobieren, _____

b) Der Vergleich wird mit einem Gegensatz fortgesetzt: „Erwachsenwerden ist, wenn er [der Ball] wieder herunterfällt." (Z. 68) Beschreibe unter Bezug auf deine Ergebnisse von Aufgabe 6, was dieser Vergleich ausdrückt. Schreibe in dein Heft.

Für den E-Kurs: Fünfter Schritt: Den inneren Monolog verfassen

8 Verfasse im Heft einen inneren Monolog. Dein Text könnte so beginnen:

Was für ein Sommer! So viel Schmerz, so viele neue Gefühle. Ich bin aus meinem Kinderleben, auch aus meinen Kinderklamotten, rausgewachsen. Ich sehe die Welt mit anderen Augen. Ich habe Freunde. Ich …

> **TIPP** Einen inneren Monolog verfassen
> - Beim inneren Monolog (= Selbstgespräch) geht es um die **Gedanken und Gefühle einer Figur**, nicht um eine reine Nacherzählung des Geschehens aus ihrer Sicht.
> - Verwende die **ICH-Form** und schreibe im **Präsens**, wenn du über die aktuelle Situation sprichst. Gedanken zur Vergangenheit formulierst du im Präteritum, Perfekt oder auch Plusquamperfekt, zur Zukunft im Futur.
> - Die **Sprache**, die du verwendest, muss zur Figur passen (Standardsprache oder Umgangssprache).

9 Begründe deine zentralen Entscheidungen für die Gestaltung des Monologs: Welche Inhalte hast du dafür ausgesucht und warum? Warum hast du welche Gestaltungsmittel (Wortwahl, Satzbau) ausgewählt?

Sechster Schritt: Deine Texte überarbeiten

10 Überarbeite deine Texte. Nutze dazu die Checkliste auf Seite 36 und vergleiche deine Ausarbeitungen mit den Beispiellösungen im Lösungsheft.

B Themenbereich 1: Benedict Wells: Hard Land (2021)

B 10 Für den E-Kurs: Prüfungsbeispiel zu „Jugendliche zwischen Verwurzelung und Aufbruch sowie intertextuelle Bezüge"

Die folgende Aufgabenstellung entspricht in etwa einer Aufgabenstellung, wie sie in deiner Prüfungsaufgabe vorkommen kann. Bearbeite sie und gehe dabei schrittweise vor.

Erster Schritt: Die Aufgabenstellung verstehen

1 Lies die Aufgabenstellung. (s. TIPP S. 31)

AUFGABENSTELLUNG

1 Die Textauszüge 1 bis 3 geben Äußerungen von Sam und Kirstie wieder. Stelle dar, wie sich die beiden mit Verwurzelung und Aufbruch auseinandersetzen. Belege deine Aussagen mit geeigneten Textstellen.

2 Interpretiere die Textauszüge 4 (a) bis (c)
– in Bezug auf die Ergebnisse von Teilaufgabe 1. Stelle dabei insbesondere die Metapher des Bootes heraus.
– mit Blick auf die Bedeutung des Langgedichts „Hard Land" für die Handlung des Romans.

Zweiter Schritt: Die Textauszüge lesen und in Bezug auf das Thema auswerten

2 Lies die folgenden Textauszüge, die nach unterschiedlichen Gesichtspunkten zusammengestellt sind. Gehe dabei vor, wie im TIPP-Kasten auf Seite 31 beschrieben.

(1) Sam: Abgrenzung von den Eltern

Bald stand ihre [Sams Mutter] Untersuchung bei dem Spezialisten an, und ich spürte, dass sie mit mir darüber reden wollte. Aber ich hatte keine Lust, mich schon wieder von dem Thema runterziehen zu lassen. Immer, wenn die Krankheit akut war, waren wir alle in Alarmbereitschaft, alles andere spielte keine Rolle mehr. Nur war dieses „alles andere" mein Leben. Also stand ich einfach auf und ließ Mom auf der Schaukel zurück. Schon im Haus bereute ich es, und ich fragte mich, wie man das alles immer gleichzeitig fühlen konnte. (S. 106)
Ich hatte meinen Geburtstagsabend und die Wochen davor mit meinen Freunden verbracht und eine gute Zeit gehabt. Und der Preis dafür war nun mal, dass ich diese Zeit nicht mit ihr und Dad verbringen konnte. Das tat weh, aber es war unvermeidlich. (S. 251)

(2) Sam: Abschied von der Kindheit

Und da bekam ich so viel Sehnsucht danach, ein anderer zu sein und alles hinter mir zu lassen, dass es mich fast zerriss. (S. 34)
Aus der Küche holte ich eine Mülltüte und schmiss kindische Sachen aus meinem Zimmer hinein. (S. 45)
Mit Stevie hatte ich oft über Sex und Mädchen geredet, aber ich glaube, insgeheim fanden wir es beide nicht schlimm, dass das alles noch weit weg war. Jetzt sehnte ich mich wie verrückt danach und stellte mich auf die Zehenspitzen – wäre ich nur schon so groß! (S. 61)
Ich war benommen und dachte an früher, als die Tage entweder gut oder schlecht gewesen waren. Jetzt war alles zu groß, um es sofort zu verstehen. (S. 80)

Und ich weiß nicht, was ich mir je von einem Sommer erhofft hatte, aber nachts mit Kirstie Andretti in eine Fabrik einzusteigen und zuzuhören, wie sie mir bei Kerzenschein solche Sachen vorlas, war bestimmt nah dran. (S. 98)

(3) Freunde: Trennung von Grady

Kirstie wurde rot und sagte schnell, es gehe um ein Gefühl, das sie immer habe, wenn sie sich auf die Zukunft freue, aber Grady dabei schon jetzt vermisse. (S. 98f)

[Kirstie] „Literatur. [...] ich kann's kaum erwarten. Dort kennt mich niemand, da kann ich endlich jemand anderes sein ... Aber wenn ich ehrlich bin, hab ich manchmal auch Schiss." (S. 110)

[...] und so redeten die anderen [Kirstie, Brandon, Cameron] lieber darüber, wie sehr sie sich aufs Großstadtleben und die Collegeparty freuten. Und wie froh sie waren, aus diesem „beschissenen Kaff" rauszukommen. „Auf das wir's endlich hinter uns haben", fügte sie [Kirstie] noch mit einem Lächeln in meine Richtung hinzu. [...] „Grady ist nicht beschissen", sagte ich [Sam]. [...] Und ich will einfach nicht mehr so tun, als wär's das Tollste, wenn ich in zwei Jahren den Abschluss habe und endlich woanders hingehe. Jeder Idiot kann eine Großstadt toll finden, aber Grady ist was Besonders. Und es stirbt nur aus, weil es im Stich gelassen wird. Von allen, die es schlechtreden. Von allen, die in den letzten Jahren gegangen sind ... und von euch." (S. 260)

„Er hat aber recht", unterbrach Cameron. [...] „Es stimmt, es liegt nur an uns, wenn Grady irgendwann verreckt. Ich wollte nie weg." (S. 261)

(4) Hard Land als „Werk im Werk": Verwurzelung und Aufbruch

Hinweis: *Die kursiv gedruckten Textstellen entstammen dem in den Roman eingefügten Langgedicht.*

(a) *... Fort mit dem Traum!*
Fort mit dem Idyll!
Jugend überdeckte die Risse, doch nun sehe ich die
Lügen meiner Eltern.
Die Lügen meiner Freunde.
Die Lügen meiner Stadt. (S. 46)

(b) *Entschlossen steige ich in das Boot.*
Kein Zoll mehr in mir, der sich fürchtet. Denn ich
weiß die Stadt in meinem Rücken und bin nicht allein.
Und so rege ich die Ruder, stets zum Neuen vor und zurück ...
Bis hinaus über die Zeit, denn zurückkehren kann ich nur als Mann. (S. 316)

(c) [*Sommer 1986, Kirstie und Sam unterhalten sich im Ruderboot auf dem Lake Virgin*]
„[...] Worum geht es bei Hard Land?"
„Ums Erwachsenwerden." [...]
„Für ihn [den Autor Morris] war das ganze Erwachsenwerden selbst ein Ort, verstehst du? Grady ist im Gedicht das Grady, das wir kennen, aber es ist auch die Jugend *an sich* – die er dann am Schluss verlässt. [...]"
„Und was ist jetzt die Pointe? Worum geht es am Ende in dem Gedicht?"
Sie beugte sich zu mir vor. „Um Sex."

> [...] „Du machst Witze", sagte ich nur, „Niemals."
> „Doch. Es geht schon um alle Facetten des Erwachsenwerdens, aber vor allem
> 70 geht's um Sex. [...]"
> „[...] Die Jugend selbst ist ein hartes Land, und der Text handelt ja auch von den schwierigen Seiten des Aufwachsens: Die düstere Fabrik symbolisiert für ihn Tod und Leid, es gibt den Zwist mit den Eltern und andere Probleme. Aber daneben geht's in einer Jugend eben immer auch ums Erwachen von Liebe
> 75 und Sexualität, alles andere wäre verlogen. [...]" (S. 335-337)
>
> **Aus:** Benedict Wells: Hard Land. 34, 45, 46, 61, 80, 98 – 99, 106, 110, 251, 260 – 261, 316, 335 – 337

3 Lies die Texte erneut und arbeite heraus, was die Jugendlichen über „Verwurzelung und Aufbruch" denken bzw. äußern. Notiere deine Ergebnisse.

Textauszug 1: *Sam will sein eigenes Leben, er sitzt „zwischen den Stühlen": Mitgefühl für Mutter, aber zugleich Wunsch nach Unbeschwertheit von ihren Sorgen*

Textauszug 2: _____

Textauszug 3: _____

_____

Textauszug 4: _____

_____

Dritter Schritt: Ergebnisse im Zusammenhang darstellen

4 Stelle anhand der Textauszüge (1) bis (3) dar, wie Sam und seine Freunde am Ende des Sommers über ihr Leben in Grady nachdenken. Gehe auf die Unterschiede in ihren Einstellungen ein. Schreibe in dein Heft und belege deine Aussagen am Text. Du kannst die folgenden Formulierungshilfen verwenden.

Während Sam ..., sind seine Freunde Kirstie, Brandon und Cameron ... / Sam ist noch sehr in seiner Heimat verwurzelt und fühlt sich dort ... / Kirstie und Cameron wenden sich von der Heimat ab und ihrer Zukunft zu, weil ... Das bedeutet für sie, dass ... / Für alle jungen Leute bedeutet diese Lebensphase, dass ...

Vierter Schritt: Die intertextuelle Interpretation vorbereiten

5 Lies den INFO-Kasten auf Seite 49 oben und beschreibe mit eigenen Worten, welche Funktion die intertextuellen Bezüge im Roman „Hard Land" haben.

B 10 Für den E-Kurs: Prüfungsbeispiel zu „Jugendliche zwischen Verwurzelung und Aufbruch ..."

> **INFO** Intertextuelle Bezüge
>
> **Intertextualität** meint, dass ein Text Bezug auf einen anderen Text nimmt. Der Roman „Hard Land" von Benedict Wells bezieht sich mehrfach auf einen anderen Text gleichen Titels, nämlich das Langgedicht „Hard Land" von William J. Morris: Die Romanfiguren zitieren daraus und diskutieren seinen Inhalt. So entsteht eine **zusätzliche Bedeutungsebene**.
> In diesem Fall ist der Autor beider Texte derselbe, nämlich Benedict Wells, denn William J. Morris ist nur fiktiv (= erfunden). In anderen Büchern kann sich ein Text jedoch auch auf Texte anderer Autoren/Autorinnen beziehen, so, wie sich der Roman „Hard Land" häufig auch auf real gegebene Filme oder Musikstücke bezieht, indem er sie anspricht oder daraus zitiert.
> **Funktion:** Der Rückgriff auf das Langgedicht in Sams Unterricht und in Gesprächen mit Kirstie regt sowohl die Figuren im Roman selbst als auch die Lesenden zur Reflexion (zum Nachdenken) über das Handlungsgeschehen im Roman an.

6 Arbeite heraus, auf welche Weise das Langgedicht „Hard Land", Textauszüge 4 (a) bis (c), auf Verwurzelung und Aufbruch eingeht. Markiere in den Texten entsprechende Stellen und notiere deine Beobachtungen in der Randspalte.
Hinweis: Die markierten Stellen kannst du in deiner Ausarbeitung für Textbelege verwenden.

7 Erläutere unter Bezug auf deine Ergebnisse von Aufgabe 5 (S. 48), inwieweit das „Werk im Werk" die Aspekte „Aufbruch und Verwurzelung" nur spiegelt oder sie auch erweitert. Schreibe in dein Heft.

8 In Textauszug 4 (b) aus dem Langgedicht „Hard Land" steigt der Protagonist in ein Boot. Erkläre, warum das Boot als Metapher zu verstehen ist („Sprachliche Mittel" s. S. 143 in diesem Arbeitsbuch). Setze den Textanfang fort.

Das „Boot" in Textauszug 4 (b) steht bildhaft für den Aufbruch. Das erkennt man daran, dass _____
_____
_____
_____
_____

9 Erläutere unter Verwendung des Textauszugs 4 (c) die Bedeutung des Langgedichts „Hard Land" für die Handlung des Romans. Setze den Textanfang fort.

Kirstie erklärt Sam, dass das Langgedicht „Hard Land" eine Metapher ist. Sie steht für _____
_____
_____
_____
_____

Fünfter Schritt: Die Interpretationen ausarbeiten

10 Verfasse eine zusammenhängende Interpretation. Nutze deine Arbeitsergebnisse von den Aufgaben 6 bis 9. Schreibe in dein Heft.

Sechster Schritt: Deine Texte überarbeiten

11 Überarbeite deine Texte. Nutze dazu die Checkliste auf Seite 36 und vergleiche deine Ausarbeitungen mit den Beispiellösungen im Lösungsheft.

C Themenbereich 2: Ferdinand von Schirach: Terror

C 1 Arbeitsplan und Checkliste für den Inhaltsbereich 2: Drama

Das Lernprotokoll führt auf, was du zur Vorbereitung auf die Prüfung erarbeiten musst. Trage für jeden Aspekt ein, wann du ihn bearbeitet hast. Vergleiche zur Selbsteinschätzung deine Ergebnisse mit den Lösungen im beiliegenden Lösungsheft und notiere, wie gut deine Lösung gelungen ist:

+++ = sehr sicher / vollständig erfüllt

++ = größtenteils sicher / erfüllt

+ = manchmal unsicher / manches nicht erfüllt

0 = oft unsicher / oft nicht erfüllt

– = unsicher / nicht erfüllt.

Wenn du nicht zufrieden bist, schau dir die Aufgabe noch einmal genau an und versuche zu verstehen, was in den Lösungen im Prüfungstrainer anders gemacht wurde.
In der rechten Spalte findest du Seitenverweise zu den Inhalten im FiNALE-Prüfungstrainer.

Lernprotokoll

	Bearbeitet am	Selbsteinschätzung	Seiten in FiNALE
Inhaltswiedergabe			51–57
Charakterisierung der Figur Lars Koch			58–64
Die Funktion des offenen Endes			57, 76–81
Nutzung von Filmausschnitten			64
Hintergrundwissen zu einer Gerichtsverhandlung			51 f.
Zentrale Themen			
Gewissen versus Pflichterfüllung			65–70
Der Wert eines Menschenlebens			71–75, 125 f.
Textarten, die in der Prüfung vorkommen können			
Inhaltszusammenfassung und Einordnung in den Text			61–62, 69 f., 76–79, 82–84, 125 f.
Charakterisierung			58–64
Textanalyse			71–75, 82–85
Produktionsorientierte, gestaltende Aufgabe (z. B. innerer Monolog)			70, 125
Kommentar (Stellungnahme)			75, 81
Textvergleich			76–79
Vertiefend für den E-Kurs			
E Analyse und Vergleich des sprachlichen Handelns von Vorsitzendem, Verteidiger und Staatsanwältin			82–85, 125
E Kontroverse Rezeption des Dramas			76–81

C 2 Der Inhalt des Dramas „Terror"

> **Hinweis:** Als Textgrundlage für die Analyse wurde folgende Ausgabe verwendet:
> Ferdinand von Schirach: Terror. Ernst Klett Sprachen, Stuttgart 1. Aufl. 2019 [1. Aufl. 2016]
>
> **Wichtig:** Alle Seiten- und Zeilenangaben bzgl. des Originaltextes beziehen sich auf die o. g. Ausgabe. Die im Arbeitsbuch abgedruckten Textauszüge werden für die Arbeit mit FINALE jeweils mit eigenen Zeilenzählern versehen. Die Aufgaben dazu beziehen sich auf diese Zeilenzähler.

Das Drama „Terror" behandelt einen Gerichtsprozess, in dem sich der Bundeswehrpilot Lars Koch für sein Handeln in einer schwierigen Ausnahmesituation verantworten muss.
Der Autor des Dramas, Ferdinand von Schirach, ist Jurist. Er schrieb dieses Stück mit der Frage, ob es Situationen geben kann, in denen es richtig, vernünftig oder klug ist, andere Menschen zu töten.
„Terror" wurde in vielen Städten als Theaterstück aufgeführt und erschien auch als Film. Das Besondere an diesem Stück ist, dass das Publikum am Schluss selbst über das Urteil entscheiden muss.

1 Notiere, welche Erwartungen und Vorstellungen der Titel „Terror" weckt.

_____
_____
_____
_____

Vor Gericht
Ferdinand von Schirach ist Jurist. Er kennt den Ablauf von Gerichtsverhandlungen. Der Handlungsverlauf im Drama „Terror" zeigt einen Prozess vor einem Strafgericht. Es gibt auch noch andere Gerichte: Vor einem Zivilgericht kann man z. B. jemanden auf Ersatz einer beschädigten Sache verklagen, vor einem Verwaltungsgericht eine Entscheidung z. B. des Bauamts prüfen lassen usw.

Ein **Strafgericht** verhandelt sogenannte „Straftaten". So nennt man ein Verhalten oder eine Tat, für das oder die das Gesetz eine Strafe vorsieht. Ziel des Strafrechts ist unter anderem der Schutz wichtiger Güter oder Interessen als elementare Werte des Gemeinschaftslebens, z. B. für jeden Einzelnen Leben, Gesundheit und Eigentum oder für den Staat z. B. seine Sicherheit oder bestimmte Werte. Als Folge einer Verurteilung werden in Deutschland Geldstrafen oder Freiheitsstrafen verhängt. Freiheitsstrafen muss man in einem Gefängnis abbüßen.

Im **Strafgesetzbuch** sind strafbare Handlungsweisen beschrieben. Ein Gericht muss genau prüfen, welcher Sachverhalt im Einzelfall gegeben ist. Dann klärt es, ob das Verhalten des/der Angeklagten dem im Gesetz als strafbar beschriebenen Verhalten entspricht. Je nachdem, welche Umstände vorliegen, kann z. B. die Tötung eines Menschen als Mord oder als Totschlag gewertet werden, mit jeweils völlig unterschiedlichen Folgen (anderen Verjährungsfristen oder anderem Strafmaß).

Ebenfalls festgelegt ist im Gesetzbuch, wie ein Gericht besetzt sein soll und wie ein **Verfahren** ablaufen soll. Die Schwere einer Tat entscheidet mit darüber, welche Ebene den Prozess führen wird: ein Amtsgericht, ein Landgericht oder ein höheres Gericht. Davon hängt z. B. auch ab, wie viele Richter/-innen und gegebenenfalls Schöffen oder Schöffinnen dem Gericht angehören. Der Vorsitz einer Verhandlung liegt bei einem Berufsrichter.
Die Übersicht auf Seite 52 zeigt, welche Personen an einem Schöffengericht teilnehmen und welche Reihenfolge die Verhandlung nimmt.

C Themenbereich 2: Ferdinand von Schirach: Terror

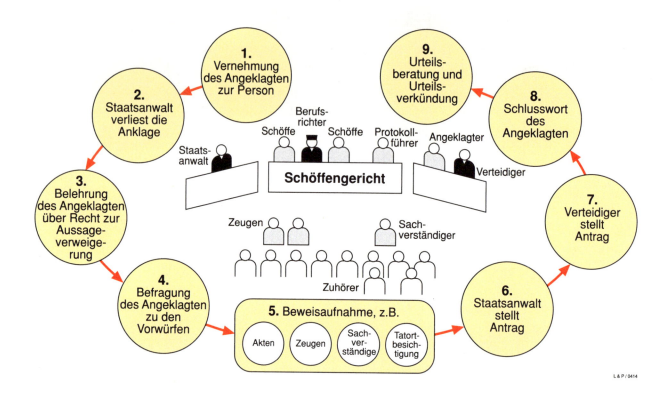

2 Werte den Text auf Seite 51 und das Schaubild oben aus. Trage bei jeder hier genannten Personen den Buchstaben der dazu passenden Erklärung (Buchstaben unten) ein.

1 Richter/-in F
2 Schöffe/Schöffin C
3 Staatsanwalt/-anwältin A

4 Verteidiger/-in D
5 Angeklagte/-er B
6 Zeuge/Zeugin E

A bei Strafsachen Vertreter/-in der Anklage (= des Staates), **Aufgaben:** Einleitung und Leitung von strafrechtlichen Ermittlungsverfahren (Ausführung: Polizei), rechtliche Einordnung von Sachverhalten, ggf. Erhebung einer Anklage/Beantragung eines Strafbefehls, vor Gericht: verliest die Anklage, Mitwirkung an Beweisaufnahme (Was genau ist passiert? Welchen Anteil hatte der/die Angeklagte daran? o. Ä.), abschließend: Plädoyer (= Schlussvortrag).

B Person, die sich vor Gericht für eine Straftat verantworten muss.

C ehrenamtliche/-er Richter/-in (ohne juristische Ausbildung), **Aufgabe:** lebensnahe Rechtsprechung (Urteile werden „im Namen des Volkes" gesprochen, darum ist „das Volk" auf diese Weise daran beteiligt). Schöffen haben das gleiche Stimmrecht wie der Berufsrichter.

D Rechtanwalt, **Aufgabe:** vertritt vor Gericht die Interessen einer angeklagten Person.

E Person, die vor Gericht Aussagen zu einem bestimmten Sachverhalt oder Geschehen machen muss. Meist handelt es sich um eigene Wahrnehmungen, wenn jemand bei der Tat vor Ort war. Zeugen sind verpflichtet, wahrheitsgemäß auszusagen und dürfen ihre Aussage nur ausnahmsweise verweigern. Angeklagte oder anderweitig Prozessbeteiligte können keine Zeugen sein.

F auch: Vorsitzender eines Gerichts, **Aufgabe:** Rechtsprechung, d. h. Bewertung eines Sachverhalts in Bezug auf den gesetzlichen Rahmen und Ausspruch eines Urteils in Übereinstimmung mit dem Gesetz (im Strafrecht = Verurteilung oder Freispruch des/der Angeklagten). Richter/-innen sind unabhängig (nicht weisungsgebunden).

C 2 Der Inhalt des Dramas „Terror"

> **INFO** Zum Aufbau eines Dramas
>
> Ein Drama ist ein **Theaterstück**, geschrieben also für die **Aufführung** auf einer Bühne oder in einem Film. Es treten verschiedene Figuren auf, die miteinander sprechen. Darum ist der **Dialog** (= Rede und Gegenrede der Figuren) das wichtigste Gestaltungsmittel des Dramas. In der Regel wird eine **Handlung** dargestellt, in der es um einen wichtigen **Konflikt** zwischen den Figuren geht.
>
> Die Handlung eines Stückes kann abgeschlossen sein oder ein offenes Ende haben. Sie gliedert sich in
> - **Akte** (= Hauptabschnitte der Handlung),
> - **Szenen** (= Handlungsabschnitte innerhalb eines Aktes, verbunden z. B. mit Ortswechseln oder dem Auftritt oder Abgang von Figuren),
> - **Auftritte** (= Erscheinen einer Figur innerhalb einer Szene, Auftritt endet mit ihrem Abgang).
>
> **Regieanweisungen** sind meist in kursiver Schrift in den Text eingefügt. Sie geben Anregungen, wie das Geschehen auf der Bühne umgesetzt werden kann, wie z. B. die Figuren von den Schauspielenden darzustellen sind oder auf welche Weise sie sprechen sollen.

3 a) Lies hier und auf den folgenden Seiten die Inhaltsangaben zu den Szenen der Akte 1 und 2.
b) Fasse für jeden Abschnitt in einer Überschrift zusammen, worum es geht (Thema), und schreibe diese Überschrift über den Abschnitt, wie in den folgenden Beispielen gezeigt.

Erster Akt

Prolog[1] (S. 7 – 9, Z. 17): *Richter führt Publikum ins Stück ein*
Das Gerichtsverfahren, um das es in diesem Drama geht, leitet ein Richter. Er wird im Stück nur „Vorsitzender" genannt. Vor Beginn der eigentlichen Handlung tritt der Richter vor den geschlossenen Vorhang und wendet sich direkt an die Zuschauerinnen und Zuschauer.
Er trägt einen dunklen Anzug, ein weißes Hemd und eine weiße Krawatte, seine Robe[2] hat er über den Arm gelegt. Der Vorsitzende begrüßt das Publikum und beruft alle Zuschauenden als Schöffen[3]. Er kündigt an, dass die Zuschauenden am Schluss das Urteil über den Angeklagten fällen[4] müssen. Danach geht der Richter ab und streift sich die Robe über.

[1] **Prolog:** einleitender Teil z. B. eines Dramas, Vorrede, Vorwort.
[2] **Robe:** Amtstracht von Juristen vor Gericht.
[3] **Schöffen:** Laienrichter, die gleichberechtigt neben dem Berufsrichter an der Urteilsfindung mitwirken.
[4] **ein Urteil fällen:** entscheiden, ob jemand schuldig ist oder nicht schuldig.

c) Die Handlung des Dramas folgt den Phasen eines Gerichtsverfahrens, wie sie die Grafik auf Seite 52 zeigt.
Notiere im Anschluss an jede Zusammenfassung eines Textabschnitts mit eigenen Worten, was darin geschieht. Die Hilfsfragen helfen dir dabei. Setze Starthilfen in deinem Heft fort.

Hilfsfragen: Ort? Wer tritt auf? Was sagt der Vorsitzende? Zu wem spricht er?
Der Vorsitzende tritt vor Beginn des Theaterstücks vor den noch geschlossenen Vorhang. Er spricht zum ...

S. 9, Z. 18 – S. 15, Z. 22: *Situation im Gericht, Vernehmung zur Person, Verlesung der Anklageschrift*
Die Regieanweisungen[1] geben an, welche **Figuren** – neben dem vorsitzenden Richter – auf der Bühne sind: Protokollführerin[2], Staatsanwältin, Nebenklägerin[3], Verteidiger, Wachtmeister. Die Anordnung von Möbeln und Personen entspricht dem Schaubild auf Seite 52. Alle sind formell gekleidet. Der Vorsitzende tritt auf.

C Themenbereich 2: Ferdinand von Schirach: Terror

Er eröffnet die Sitzung und nimmt Platz. Anschließend tritt der Angeklagte auf und wird vom Wachtmeister zu seinem Platz begleitet. Der Angeklagte trägt eine Luftwaffenuniform. Sein Verteidiger, der neben ihm sitzt, trägt keine Robe.
Der Vorsitzende **vernimmt den Angeklagten zur Person**: Lars Koch ist 31 Jahre alt, Major der Luftwaffe, verheiratet und wohnt mit seiner Frau und einem zweijährigen Sohn in Berlin.
Im Folgenden verliest die Staatsanwältin die **Anklageschrift**: Lars Koch hat als Pilot am 26. Mai 2013 eine Passagiermaschine abgeschossen und 164 Menschen getötet. Er wird des Mordes[4] angeklagt.

1 **Regieanweisungen**: s. INFO-Kasten S. xx.
2 **Protokollführerin**: Person, die eine Mitschrift des Geschehens anfertigt.
3 **Nebenklägerin**: In bestimmten Rechtsfällen können Personen, die durch eine Straftat verletzt wurden, als Nebenkläger auftreten (selbst odervertreten durch einen Anwalt). Dies können auch nahe Angehörige von Opfern einer Straftat sein.
4 **Mord im juristischen Sinne**: Mörder ist, wer aus Mordlust […] oder sonst aus niedrigen Beweggründen, heimtückisch oder grausam oder mit gemeingefährlichen Mitteln […] einen Menschen tötet. Der Mörder wird mit lebenslanger Freiheitsstrafe bestraft. (§211 Strafgesetzbuch)

<u>Hilfsfragen</u>: Ort? Wer tritt auf? Wer steht im Mittelpunkt? Was geschieht? Wie lautet die Anklage?

Die Szene spielt in einem Gerichtssaal. Anwesend sind …

S. 15, Z. 23 – S. 22 unten: *Befragung von Lars Koch (Angeklagter)*

Der **Vorsitzende belehrt** den Angeklagten (Lars Koch) über sein **Recht zur Aussageverweigerung**. Der Angeklagte, der bereits im Ermittlungsverfahren[1] ein umfassendes Geständnis abgelegt hat, bestätigt, dass er die Belehrung verstanden hat. Er will während der **Befragung** zunächst aussagen, wird aber von seinem Verteidiger, Herrn Biegler, zurückgehalten. Stattdessen gibt Biegler eine Erklärung ab: Er bestätigt das Tatgeschehen, wie es das Ermittlungsverfahren ergeben hat und währenddessen auch vom Angeklagten bestätigt wurde. Aber er trägt eine andere rechtliche Bewertung vor als die Anklage: Der Verteidiger erinnert an den 11. September 2001, als Terroristen zwei gekaperte Flugzeuge in das World-Trade-Center in New York flogen und die beiden Türme zum Einsturz brachten. Biegler weist darauf hin, dass 2005 in Deutschland unter dem Eindruck der Terroranschläge in New York ein Luftsicherheitsgesetz beschlossen wurde, das es dem Verteidigungsminister erlauben sollte, in Extremfällen den Abschuss von Passagierflugzeugen zu befehlen, wenn dadurch ein größeres Unglück verhindert werden könnte. Dieses Gesetz wurde ein Jahr später vom Bundesverfassungsgericht mit der Begründung wieder aufgehoben, das Urteil widerspreche dem Grundgesetz, dem zufolge die Würde des Menschen[2] unantastbar sei. Biegler folgert, der Angeklagte habe sich in einer Dilemma-Situation[3] befunden: Sollte er 164 Menschen töten, um 70 000 Leben zu retten, obwohl man doch keinen Menschen töten darf?

Terroranschlag in New York, 11.9.2001

1 **Ermittlungsverfahren**: vorgerichtliches Verfahren zur Klärung eines Sachverhalts, hier: Wie ist es zum Abschuss der Verkehrsmaschine gekommen?
2 **Grundgesetz §1.1**: „Die **Würde des Menschen** ist unantastbar. Sie zu achten und zu schützen ist Verpflichtung aller staatlichen Gewalt." Folgerung: Kein Mensch darf getötet werden, um einen andern zu schützen.
3 **Dilemma**, auch: Zwickmühle, ausweglose Situation: Situation mit zwei Wahlmöglichkeiten, die beide gleichermaßen unerwünschte Ergebnisse hervorbringen (vgl. INFO-Kasten auf S. XX in diesem Arbeitsbuch).

<u>Hilfsfragen</u>: Welche Figuren sprechen? Wie beschreibt der Verteidiger Biegler die Situation, in der sich Lars Koch befand?

Der Angeklagte, Lars Koch, wird vom Vorsitzenden gefragt, ob er eine Aussage machen möchte. Der Verteidiger hält Koch davon zurück und spricht selbst. Er erinnert an …

C 2 Der Inhalt des Dramas „Terror"

S. 23 oben – S. 63, Z. 2:

Zur **Beweisaufnahme** wird der **Zeuge Christian Lauterbach** aufgerufen und befragt. Lauterbach war zum Zeitpunkt des Abschusses der Hauptverantwortliche für die Flugüberwachung (= Duty Controller). Der Zeuge erklärt seine Funktion und die rechtlichen Zuständigkeiten für die Luftraumüberwachung. Danach schildert er die Abläufe vom 26. Mai 2013: Um 19:32 Uhr habe die Überwachung einen Funkspruch des Piloten der besagten Lufthansa-Maschine erhalten, die sich zu diesem Zeitpunkt auf dem Weg von Berlin-Tegel nach München befunden habe. Der Pilot gab an, dass seine Maschine von islamistischen[1] Terroristen entführt worden sei und dass jene das Flugzeug auf das Fußball-Stadion in München stürzen lassen wollten. Zu diesem Zeitpunkt war das Stadion mit 70 000 Menschen gefüllt. Nach der Meldung schickte Lauterbach zwei Kampfflugzeuge los, eines steuerte der Angeklagte. Die beiden Kampfflieger versuchten ohne Erfolg, das Passagierflugzeug durch Warnschüsse und Manöver vom Kurs auf das Stadion abzubringen. Lauterbach habe dann auf weitere Befehle von Vorgesetzten gewartet, die aber nicht kamen. Kurz vor Erreichen des Stadions habe der Angeklagte Lars Koch eine Rakete auf das Verkehrsflugzeug abfeuert und es zum Absturz gebracht. Die Maschine schlug um 20:21 Uhr auf einem Acker auf. Er, Lauterbach, habe nur auf Befehl seines Vorgesetzten gehandelt und keinen Befehl zum Abschuss gegeben.

Gegen Ende der Anhörung fragt die Staatsanwältin den Zeugen Lauterbach, warum der Krisenstab, dem er angehörte, das Stadion nicht habe räumen lassen. Das sei zeitlich möglich gewesen, denn zwischen dem ersten Funkspruch und dem Abschuss seien 52 Minuten vergangen. Eine Räumung des Stadions hätte 15 Minuten gedauert. Sie äußert die Vermutung, dass das Verteidigungsministerium nur Piloten für solche Einsätze auswählen würde, von denen es wisse, dass sie im Zweifel unangenehme Entscheidungen selbst treffen würden, wie im gegebenen Fall zum Abschuss der Passagiermaschine zugunsten der Sicherheit des Stadions. Lauterbach bestätigt dies, woraufhin sie unterstellt[2], er würde den Abschuss des Verkehrsflugzeugs insgeheim billigen. Die Staatsanwältin beendet ihre Befragung, der Verteidiger übernimmt und stellt richtig, dass Lauterbach nicht dafür zuständig war, über die Räumung des Stadions zu entscheiden.

1 **islamistisch:** dem radikal-islamischen Fundamentalismus zugehörig, in Abgrenzung zur Religion „Islam" bezeichnet der Begriff „Islamismus" eine religiös eingebettete Form des politischen Extremismus. Unter Berufung auf den Islam zielt der Islamismus auf die teilweise oder vollständige Abschaffung freiheitlich-demokratischer Grundordnungen ab.

2 **unterstellen:** etwas vermuten, jemandem etwas (fälschlich) zur Last legen.

<u>Hilfsfragen:</u> Welche Figuren sprechen? Welche Fakten nennt der Zeuge? Warum treten Spannungen zwischen dem Zeugen und der Staatsanwältin auf? Was betont der Verteidiger am Schluss?

S. 63, Z. 3 – S. 98, Z. 3:

Erneut wird der **Angeklagte befragt**, zuerst vom Vorsitzenden. Lars Koch gibt Auskunft über seine Person: Er hat eine jüngere Schwester, sein Vater war Stabsoffizier bei der Bundeswehr, seine Mutter Hausfrau. Er schloss sein Abitur mit der Note 1,0 ab und war sportlich sehr aktiv. Koch ging nach der Schule als Kampfpilot zur Bundeswehr. Dann wird er über die Vorgänge vor dem Abschuss befragt. Koch gibt an, dass er zunächst versucht habe, die Maschine mit Warnschüssen und Abdrängen zur Kurskorrektur zu bewegen. Er sagt aus, den Nicht-Abschuss-Befehl seiner Vorgesetzten hinterfragt zu haben, als er wusste, dass die Maschine in wenigen Minuten das Stadion erreichen würde. Koch berichtet, dass man zur Vorbereitung auf Extremsituationen wie z. B. Flugzeugentführungen unter Kollegen diskutiert habe, welches Verhalten richtig sei. Zivilisten in einem Passagierflugzeug müsse man als Soldat schützen, keinesfalls gefährden. Als die Situation sich zuspitzte, habe er überlegt, ob er gegen einen Befehl verstoße, wenn er die Passagiere des Flugzeugs für den Schutz von Zehntausenden opfern würde. Er habe im Moment der Entscheidung an seine Familie und den eigenen Tod gedacht. Dann habe er die Rakete abgeschossen. Dass er dabei ins Mikrofon geschrien habe, sei ihm erst bewusst geworden, als sein Anwalt ihm die Funk-Aufnahmen vorspielte. Koch erklärt, dass ihm nach dem Abschuss klar war, dass er Menschen getötet hatte.

Anschließend übernimmt die Staatsanwältin die weitere Befragung. Koch gibt er an, keine Kenntnis von den Vorgängen im Verkehrsflugzeug gehabt zu haben. Der Verteidiger unterbricht die Staatsanwältin, als sie weiter nach dem Geschehen im Passagierflugzeug fragt, das aber niemand genau kennt. Koch räumt ein, dass er die Entscheidung des Bundesverfassungsgerichts, das Luftsicherheitsgesetz aufzuheben, für falsch

55

C Themenbereich 2: Ferdinand von Schirach: Terror

halte. Man müsse in vergleichbaren Extremsituationen das Leben weniger gegen das Leben vieler abwägen dürfen. Die Gemeinschaft müsse in derartigen Fällen Vorrang vor dem Einzelnen haben. Auf die Einwände der Staatsanwältin entgegnet Koch, seine Entscheidung, das Flugzeug abzuschießen, sei richtig gewesen. Er würde es wieder tun.

Hinweis: Einmal tritt der Vorsitzende aus der Spielszene heraus (Buch, S. 80 f.). Er wendet sich direkt ans Publikum und erklärt ihm, dass er – anders als üblich – zulassen wird, dass die Staatsanwältin mit dem Angeklagten über dessen rechtliche Auffassungen diskutiert. Ziel sei es, zu verstehen, aus welchen Gründen Lars Koch sich gegen das Gesetz stellte. Nur dann könne man sein Verhalten beurteilen.

<u>Hilfsfragen</u>: Welche Figuren sprechen? Welche Fakten nennt der Angeklagte? Warum treten Spannungen zwischen der Staatsanwältin und dem Verteidiger auf?

S. 98, Z. 4 – S. 111:

Zur **Beweisaufnahme** wird als **Nebenklägerin**[1] **und Zeugin Franziska Meiser** aufgerufen. Frau Meisers Mann saß in der abgeschossenen Maschine. Sie schildert, wie sie ihren Mann vom Flughafen abholen wollte, als von ihm eine SMS kam, in der stand, dass das Flugzeug entführt worden sei. Er schrieb, dass er mit anderen versuchen wolle, ins Cockpit zu gelangen. Danach, berichtet sie, habe sie einen Polizisten am Flughafen über die SMS informiert und gewartet. Irgendwann sei die Nachricht vom Tod ihres Mannes gekommen. Nach der Aussage von Frau Meiser endet die Beweisaufnahme. Staatsanwältin und Verteidiger bekommen 20 Minuten Zeit, um ihre Plädoyers vorzubereiten, der Vorsitzende verlässt den Saal.

1 **Nebenklägerin:** Strafverfolgung ist Sache des Staates, vertreten durch die Staatsanwaltschaft. Aber Geschädigte oder Angehörige von Geschädigten können sich einer Klage anschließen. Als Nebenkläger hat man die Möglichkeit, aktiver am Prozess teilzunehmen. Man kann z. B. auch selbst Fragen stellen.

<u>Hilfsfragen</u>: Welche Figuren sprechen? Welche Fakten nennt die Zeugin/Nebenklägerin?

Zweiter Akt

Der zweite Akt ist sehr kurz. Er enthält die Schlussvorträge (Plädoyers) der Staatsanwältin und des Verteidigers, die beide auch einen Antrag auf Freispruch oder ein bestimmtes Strafmaß stellen. Auch der Angeklagte bekommt Gelegenheit zu einem Schlusswort. Anschließend zieht sich das Gericht zur Beratung zurück, bevor ein Urteil verkündet wird.

Im Prolog hat der Vorsitzende die Zuschauer/-innen bzw. Leser/-innen zu Schöffen berufen: Sie sind jetzt aufgefordert, über Freispruch oder Verurteilung zu entscheiden.

4 Schreibe für jeden Schlussvortrag das wichtigste Argument und den Antrag für das Urteil auf.

S. 114 – S. 123: *Schlussvortrag der Staatsanwaltschaft*

Die **Staatsanwältin** trägt ihr **Plädoyer** vor. Einleitend macht sie deutlich, dass Lars Koch kein Krimineller sei, sondern bislang ein tadelloses Leben geführt habe. Und dass er in der Lage sei, Recht von Unrecht zu unterscheiden. Im gegebenen Fall sei die Frage, ob man Unschuldige töten dürfe, um andere Unschuldige zu retten. Ihrer Meinung nach habe der Angeklagte die Frage falsch beantwortet. Er hätte sich an das Urteil des Bundesverfassungsgerichts halten müssen, demzufolge die Würde des Menschen, und zwar eines jeden Menschen, unantastbar sei. Insofern durfte Koch niemanden töten, selbst wenn dadurch eine weitaus größere Zahl an Menschen geschützt wurde. Sie betont, dass das Gesetz sei eine Sammlung von Prinzipien[1] sei, die über allen anderen Vorstellungen von Moral[2] und Gewissen[3] stünden. Die Staatsanwältin beantragt, den Angeklagten wegen Mordes in 164 Fällen zu verurteilen.

1 **Prinzip** (pl. Prinzipien): feste, allgemeingültige Regel, die über anderen Regeln steht.

2 **Moral:** verbindliche Regeln bzw. Werte einer Gesellschaft, die das zwischenmenschliche Zusammenleben formen.

3 **Gewissen:** Fähigkeit des Einzelnen, eigenes Verhalten moralisch zu beurteilen.

Wichtigstes Argument: _____

Antrag für das Urteil: _____

S. 124 – S. 132: *Schlussvortrag der Verteidigung*
Der **Verteidiger** hält sein **Plädoyer**. Er weist auf andere Dilemma-Fälle hin, die zugunsten des Angeklagten entschieden wurden, z. B. den eines Matrosen, der 1841 auf einem Rettungsboot mehrere Menschen über Bord warf, damit das Boot nicht sank, was deutlich mehr Menschen das Leben gekostet hätte. Bei dem Abschuss des entführten Passagierflugzeugs habe es sich um eine Situation gehandelt, für die es keine passende gesetzliche Regelung gebe. Der Angeklagte habe sich in einer ausweglosen Situation zugunsten der größeren Gruppe von Menschen für das kleinere Übel entschieden, um die Zahl der Todesopfer so gering wie möglich zu halten. Der Verteidiger beantragt Freispruch. Der Angeklagte schließt sich dem Antrag seines Verteidigers an.

Wichtigstes Argument: _____

Antrag für das Urteil: _____

Urteile
Die Urteilsberatung erfolgt außerhalb des Dramas, weil sie das Publikum einbezieht.
Für die Urteilsverkündung sind im Drama „Terror" zwei gegenläufige Argumentationen vorgegeben. Insofern hat das Theaterstück ein **offenes Ende**. Das bedeutet, dass man nicht weiß, wie es ausgeht. Ein offenes Ende fordert das Publikum bzw. die Leser/-innen heraus, sich selbst eine Meinung zu bilden.
Zentrales Argument für die Verurteilung: Der Angeklagte steht nicht über dem Gesetz. Das Prinzip der unantastbaren Menschenwürde hätte es geboten, niemandes Tod in Erwägung zu ziehen.
Zentrales Argument für den Freispruch: Gesetze können nicht alle moralischen Probleme widerspruchsfrei lösen. Es gibt Ausnahmesituationen, in denen man seinem Gewissen folgen muss, weil das Recht nicht weiterhilft. Lars Koch hat objektiv das kleinere Übel gewählt.

5 Überlege, welchem Urteil du folgen möchtest, und begründe deine Entscheidung.

_____
_____
_____
_____
_____
_____
_____
_____
_____
_____

C Themenbereich 2: Ferdinand von Schirach: Terror

C 3 Beispielaufgabe: Charakterisierung der Figur Lars Koch

Was für einen Text du schreiben sollst, gibt dir die Aufgabenstellung vor. Deine Prüfungsaufgabe könnte so ähnlich aussehen, wie die Beispielaufgabe und die Prüfungsbeispiele auf den nächsten Seiten. Es könnte eine Charakterisierung des Angeklagten Lars Koch vorkommen. Darum solltest du die Figur gut kennen. Bearbeite die Aufgabe Schritt für Schritt, wie auf den Seiten 58 bis 64 erklärt.

Erster Schritt: Die Aufgabenstellung verstehen

1 Lies die Aufgabenstellung genau.

TIPP zum ersten Schritt

Lies die Aufgabe genau durch und unterstreiche, was du jeweils tun sollst:
– Worum geht es? Was ist das **Thema** der Aufgabenstellung?
– Was verlangen die **Teilaufgaben** von dir?
– Welche **Art Text** sollst du schreiben?

AUFGABENSTELLUNG

1 Fasse den Inhalt der vorliegenden Textauszüge mit eigenen Worten zusammen und ordne sie in den Gesamtzusammenhang des Dramas „Terror" ein.

2 Charakterisiere Lars Koch und gehe auch auf den Konflikt ein, in dem er sich zum Zeitpunkt seiner Tat befand. Belege deine Ausführungen am Text.

Zweiter Schritt: Die Textauszüge lesen und in Bezug auf das Thema auswerten

TIPP Texte gründlich lesen und bearbeiten

– Unterstreiche Wichtiges, z. B.: Informationen zur Figur Lars Koch, „glücklich" (S. 59, Z. 40).
– Nutze Symbole, z. B. für Wichtiges (!) oder Unklares (?).
– Erschließe unbekannte Wörter aus dem Zusammenhang.
– Schlage dir unbekannte Wörter im Wörterbuch nach und notiere die Bedeutung.
– Markiere Stellen im Text, die dir unverständlich erscheinen. Lies sie mehrfach, bis sich der Sinn für dich erschließt.

2 Lies die folgenden Textauszüge. Gehe dabei vor, wie im TIPP-Kasten oben beschrieben.

Auszug (1) aus der Vernehmung des Angeklagten zur Person
Ein Gerichtssaal. [...] Der Angeklagte ist in Luftwaffenuniform erschienen.

Vorsitzender
Zum Angeklagten.
Guten Tag, Herr Koch. Ich werde nun Ihre Personalien aufnehmen. Wie heißen
5 Sie bitte mit Vornamen?
Angeklagter: Lars.
Vorsitzender: Wann sind Sie geboren?

C 3 Beispielaufgabe: Charakterisierung der Figur Lars Koch

Angeklagter: Am 14. März 1982. Ich bin 31 Jahre alt.
Vorsitzender: Sind Sie verheiratet?
Angeklagter: Ja.
Vorsitzender: Haben Sie eheliche oder uneheliche Kinder?
Angeklagter: Einen Jungen. Boris. Er ist zwei Jahre alt. Keine unehelichen Kinder.
Vorsitzender: Sie wohnen in Berlin?
Angeklagter: Amselweg 56 in Steglitz.
Vorsitzender: Herr Koch, Sie sind Major der Luftwaffe. [...]

Auszug (2) aus der Befragung des Angeklagten zu den Vorwürfen
Vorsitzender: Wir werden mit Ihrem Lebensweg beginnen, Herr Koch. Sie sind als erstes Kind Ihrer Eltern geboren?
Angeklagter: Ja, ich habe noch eine drei Jahre jüngere Schwester.
Vorsitzender: Welchen Beruf haben Ihre Eltern?
Angeklagter: Mein Vater ist ebenfalls bei der Bundeswehr gewesen. Nach der Wiedervereinigung ist er Stabsoffizier in der Presseabteilung des Verteidigungsministeriums geworden. Meine Mutter ist Buchhändlerin. Nach meiner Geburt ist sie zu Hause geblieben. Also Hausfrau und Mutter.
Vorsitzender: Sie sind in Freiburg geboren und dort auch zur Schule gegangen?
Angeklagter: Ja. Kindergarten, Grundschule und Gymnasium in Freiburg.
Vorsitzender: Mir liegt Ihr Abiturzeugnis vor. Sie haben einen Notendurchschnitt von 1,0. Ihr Klassenlehrer merkte an, dass Sie in Mathematik sogar das beste Abitur Baden-Württembergs absolviert haben.
Angeklagter: Das stimmt.
Vorsitzender: Wofür haben Sie sich außerhalb der Schule interessiert?
Angeklagter: Für Physik. Ich habe jedes Jahr an „Jugend forscht" teilgenommen.
Vorsitzender: Und Sie haben sogar einen zweiten Preis gewonnen.
Angeklagter: Ja. Außerdem habe ich sehr viel Sport gemacht, vor allem Fußball und Leichtathletik.
Vorsitzender: Kann man also sagen, dass Ihnen Schule und Lernen leichtfielen?
Angeklagter: Ja.
Vorsitzender: Ihre Kindheit und Jugend verliefen ungestört?
Angeklagter: Ich würde sagen: glücklich. Ja. [...]
[Der Vorsitzende befragt Koch zu seinem beruflichen Werdegang.]
Ich habe immer zur Luftwaffe gewollt. Schon als Kind wollte ich Kampfpilot werden. Es hat für mich nichts anderes gegeben. In meinem Jugendzimmer hatte ich schon Flugzeugposter. [...]
Vorsitzender: Mir liegt Ihre Bundeswehrpersonalakte vor. Sie haben überall die besten Beurteilungen bekommen, und Sie sind jedes Mal, wie es heißt, ich zitiere: „uneingeschränkt zur Beförderung vorgeschlagen" worden.
Angeklagter: Sie müssen sich das in etwa so vorstellen: Das Verhältnis von der ersten Bewerbung bei der Luftwaffe bis zum Platz im Cockpit eines Kampfjets liegt bei 1:10 000. Selbst von den ausgebildeten Piloten wird am Ende nur jeder Zehnte den Eurofighter fliegen.

Aus: Ferdinand von Schirach, Terror. Auszug (1): S. 11, Z. 20 – S. 12, Z. 14; Auszug (2): S. 63, Z. 17 – S. 68, Z. 21

C Themenbereich 2: Ferdinand von Schirach: Terror

3 Trage die Informationen, die die Textauszüge über die Figur Lars Koch geben, in den Steckbrief ein.

Steckbrief: Lars Koch

Name: _____ Alter: _____

Kleidung: _____ Familienstand: _____

Wohnort: _____

Beruf: _____

Herkunftsfamilie: _____

Angaben über Schul- und Jugendzeit: _____
_____

Angaben zum Beruf: Ausbildung, Beurteilung: _____
_____

4 Die folgenden Textauszüge gehen auf die Entscheidungssituation ein, in der Lars Koch sich vor Abschuss der Verkehrsmaschine befand. Lies den Text und werte ihn aus (vgl. Tipp S. 58 Mitte).

Auszug (3) aus der Befragung des Angeklagten zu den Vorwürfen

Angeklagter: Und als wir neben der Lufthansa-Maschine geflogen sind, ist die schlimmste Situation eingetreten, auf die wir uns in Friedenszeiten einstellen. Ich weiß, dass jeder von uns Hunderte Male darüber nachgedacht hat. [...] Natürlich hofft jeder Pilot, dass er sich nie in dieser Situation wiederfindet.

5 **Vorsitzender:** Es ist ja ein Kampfeinsatz.

Angeklagter: Eben. Die Menschen in der Lufthansa-Maschine sind Zivilisten, die wir eigentlich schützen sollen.

Vorsitzender: Aber was haben Sie gedacht?

Angeklagter: Ich habe überlegt, ob ich gegen einen Befehl verstoße. Zehn-
10 tausende Menschen retten und dafür Hunderte töten. Wenn Sie mich also fragen, woran ich in dieser Situation gedacht habe ...

Vorsitzender: Ja?

Angeklagter: Ich habe an meine Frau und meinen Sohn gedacht. Innereien eben.

15 **Vorsitzender:** Innereien?

Angeklagter: So nenne ich das, ja.

Vorsitzender: Aha.

Angeklagter: Also, ich habe an den Tod gedacht. Dass sich jetzt alles in meinem Leben verändert ... Das habe ich gedacht. [...]

20 **Vorsitzender:** [...] War Ihnen klar, dass Ihr Schuss die Maschine zerstören und die Passagiere töten würde?

Angeklagter: Natürlich. [...]

Vorsitzender: Ja, was passierte mit der Maschine?

Angeklagter: Der Infrarotsuchkopf der Sidewinder[1] hat das rechte Triebwerk
25 der Zivilmaschine erfasst. Das Geschoss ist dort eingeschlagen. Präzise. Das Kerosin in der Tragfläche ist explodiert. [...]

Vorsitzender: Gut. Sie haben gegen den ausdrücklichen Befehl Ihres Vorgesetzten gehandelt.

C 3 Beispielaufgabe: Charakterisierung der Figur Lars Koch

Angeklagter: Ja, das habe ich.
Vorsitzender: Warum?
Angeklagter: Weil ich es für richtig gehalten habe. Ich habe es nicht fertiggebracht, 70 000 Menschen sterben zu lassen.

Auszug (4) aus der Beweisaufnahme, Aussage des Zeugen Lauterbach über den Moment des Abschusses der Rakete auf das Verkehrsflugzeug
Lauterbach: Nein. Dann hat Major Koch in das Mikrofon geschrien.
Vorsitzender: Er schrie?
Lauterbach: Ja.
Vorsitzender: Und was?
Lauterbach: „Wenn ich jetzt nicht schieße, werden Zehntausende sterben."
Vorsitzender: War das genau der Wortlaut?
Lauterbach: Ja.

1 **Sidewinder:** Rakete des Kampfflugzeugs „Eurofighter"
Aus: Ferdinand von Schirach, Terror. Auszüge (3): S. 71, Z. 9 – S. 72, Z. 13; S. 73, Z. 9 – S. 73, Z. 18; S. 76, Z. 7 – 13; Auszug (4): S. 47, Z. 4 – 13

5 Beschreibe mit eigenen Worten den Konflikt, in dem sich Lars Koch befand. Notiere auch, warum ihm seine Entscheidung sehr schwerfiel. Setze die Starthilfen fort.

Lars Koch musste entscheiden, ob _____

Die Entscheidung fiel ihm schwer, weil _____

Dass ihm die Entscheidung schwerfiel, merkt man besonders daran, dass _____

_____

Dritter Schritt: Die Inhaltszusammenfassung vorbereiten

TIPP Den Inhalt zusammenfassen

W-Fragen helfen dir, den Inhalt zu erfassen: *Wer? Wo? Wann? Was geschieht?* usw. Notiere sie in der Randspalte und unterstreiche im Text die Informationen dazu. So gewinnst du einen Überblick über die Handlung.

6 Fasse den Inhalt der Texte (Auszüge aus dem Drama) stichwortartig zusammen.

(1) Angeklagter: Lars Koch, 31 Jahre alt, wohnhaft in Berlin, einen Sohn, Major bei der Luftwaffe

(2) Hat eine jüngere Schwester, sein Vater war auch beim Militär, Angeklagter war gut in der Schule, Ausbildung als Kampfpilot

(3) Hat sich gegen den Befehl gestellt, Wunsch von Lars Koch, wenig Opfer wie möglich zu bringen

(4) Lars Koch schrie ins Mikrofon, dass 10.000 ster-

C Themenbereich 2: Ferdinand von Schirach: Terror

7 Es ist für das Verständnis wichtig zu klären, welcher „Stelle" des Gesamtgeschehens die Textauszüge entnommen sind. Notiere deine Ergebnisse.

_____
_____
_____
_____
_____

> **TIPP** Eine Einleitung schreiben
>
> Zu einer Inhaltsangabe gehört einleitend eine **Vorstellung des Textes**, der zusammengefasst wird. In einer Einleitung notierst du **Titel**, **Autor/-in**, **Textart** und **Thema**, z. B. so:
> *In dem Drama ... von ... geht es um ein Gerichtsverfahren. – Das Drama „Terror" von ... handelt von ... – Das 2015 zuerst erschienene Theaterstück ... – In dem Theaterstück „Terror" aus dem Jahr ...*

8 Stelle in einem Einleitungssatz das Drama vor und bette dann die Textauszüge in dessen Gesamtzusammenhang ein.

_____
_____
_____
_____
_____

9 Fasse für Teilaufgabe 1 im Heft den Inhalt der Textauszüge zusammen. Formulierungshilfen findest du im nachfolgenden TIPP-Kasten.

> **TIPP** Inhalte wiedergeben
>
> Formulierungsbeispiele für die **Überleitung zur Inhaltszusammenfassung**: *In dem vorliegenden Textauszug wird beschrieben ... – In dem vorliegenden Textauszug geht es um ... – Der vorliegende Auszug aus dem Drama behandelt ...*
>
> **Die Handlung/das Geschehen erfassen:**
> Gliedere den Textauszug in Sinnabschnitte und fasse deren Inhalt in eigenen Worten zusammen. Notiere zu den Sinnabschnitten die entsprechenden Zeilenangaben.
>
> **Den Inhalt zusammenfassen:**
> – Schreibe deine Inhaltswiedergabe im Präsens.
> – Gib direkte Rede als **indirekte Rede** im Konjunktiv, mit dass-Sätzen oder in eigenen Worten wieder.
>   Beispiel wörtliche (direkte) Rede: *Der Zeuge Lauterbach sagt aus: „Dann hat Major Koch in das Mikrofon geschrien." (Z. 33)* → Wiedergabe als:
>   - **Indirekte Rede** mit Konjunktiv: *Major Koch habe ins Mikrofon geschrieben, sagt der Zeuge Lauterbach aus. (vgl. Z.33)*
>   - **Dass-Satz:** *Der Zeuge Lauterbach sagt aus, dass Koch in Mikrofon schrie. (vgl. Z.33)*
>   - **Paraphrase** (mit eigenen Worten wiedergeben): *Dem Zeugen Lauterbach zufolge schrie Koch im Moment des Abschusses ins Mikrofon. (vgl. Z.33)*

C 3 Beispielaufgabe: Charakterisierung der Figur Lars Koch

Vierter Schritt: Die Charakterisierung vorbereiten

Die **direkten Informationen**, die der Text über die Figur Lars Koch bereitstellt, hast du schon im Steckbrief bei Aufgabe 3, S. 60, zusammengestellt.
Für eine Charakterisierung musst du auch **indirekte Informationen** über Eigenschaften und Verhalten erschließen, denn du sollst beschreiben, **wie eine Figur spricht, fühlt, denkt oder handelt**.

10 Analysiere, auf welche Weise sich Lars Koch sprachlich ausdrückt. Gehe so vor:
  a) Prüfe die Textauszüge unter den nachfolgenden Fragestellungen und unterstreiche im Text mit unterschiedlichen Farben, was du zu den Fragen findest.
  b) Notiere zu jeder Frage deine Ergebnisse und dazu passende Textbelege (vgl. INFO-Kasten S. 40).

1 Verwendet Lars Koch Umgangssprache? Oder drückt er sich gewählt (in Standardsprache) aus?

2 Ist seine Wortwahl fachlich oder eher alltagssprachlich?

3 Formuliert er in Parataxen (= Hauptsätzen)? Gibt es Hypotaxen (Sätze mit Nebensätzen)?

4 Spricht er sachlich und gefasst oder eher gefühlsbetont?

5 Gibt es Textabschnitte, in denen Gefühle deutlich werden? Woran erkennst du das?

11 Kreuze für jede der folgenden Aussagen an, ob sie das Verhalten von Lars Koch zutreffend beschreibt oder nicht.
Hinweis: Falls du bei einer Aussage unsicher bist, lies den Text noch einmal und achte gezielt auf diesen Gesichtspunkt.

Aussage	Trifft zu	Trifft nicht zu
1 Lars Koch trägt das Geschehen emotional sehr aufgeladen vor.		☒
2 Lars Koch beschreibt seinen Einsatz sachlich und nüchtern.	☒	
3 Lars Koch ist eine Person, die Entscheidungen besonnen trifft.	☒	
4 Lars Koch hat die Entscheidung zum Abschuss der Maschine nicht lange abgewogen, sondern spontan gehandelt.		☒
5 Lars Koch bereut den Abschuss der Verkehrsmaschine sehr.		☒
6 Lars Koch steht zu seiner Entscheidung, das Flugzeug abgeschossen zu haben, weil er sie immer noch richtig findet.	☒	

12 Mit Adjektiven kannst du eine Figur genauer beschreiben. Umkreise im TIPP-Kasten Adjektive, die du in deiner Charakterisierung von Lars Koch verwenden möchtest.

> **TIPP** Adjektive helfen, eine Figur zu charakterisieren
>
> klug – dumm – hochintelligent – unüberlegt – erfolgreich – nachdenklich – zögerlich – entschlusskräftig – hektisch – ruhig – aufgeregt - gelassen – ängstlich – mutig - besonnen – bedächtig – sachlich – problembewusst – abgewogen – vorsichtig – unüberlegt – überzeugt – erschüttert – entspannt – angespannt – zornig – umsichtig – aufmerksam

C Themenbereich 2: Ferdinand von Schirach: Terror

Fünfter Schritt: Die Charakterisierung verfassen

13 Arbeite für die zweite Teilaufgabe mit Hilfe deiner Ergebnisse von den Aufgaben 5 (S. 61) sowie 10–12 (S. 63) die Charakterisierung der Figur Lars Koch aus.

Hinweis: Das Drama „Terror" liegt auch als Film vor. Im Videoportal „Youtube" findest du bei Eingabe des Titels in das Suchfeld den Trailer zum Film. Schau ihn dir an: Der Trailer vermittelt einen bildlichen Eindruck der Figur Lars Koch, die deine Einschätzung unterstützen kann.

INFO Eine literarische Figur charakterisieren

Beschreibe die äußeren Merkmale und inneren Eigenschaften der Figur, die du dem Text entnommen hast, in einer **sinnvollen Reihenfolge**:

Beginne mit den **äußeren Informationen** zur Person und zum Aussehen: Name, Alter, Beruf, Familienstand, Herkunft, Wohnort, Aussehen (z. B. Körperbau, Augen-, Haarfarbe, Kleidung), Besonderheiten der Sprache, Verhalten, Beziehung zu anderen Figuren (Figurenkonstellation).

Beschreibe dann die Persönlichkeit, also die **inneren Merkmale**, z. B.: Gedanken, Gefühle, Eigenschaften (intelligent, kontrolliert, besonnen/reflektiert usw.).

Arbeite auch die **Einstellungen und Beweggründe** der Figur heraus, die ihr Denken und Handeln bestimmen: Zeigt sie z. B. ein besonderes Verhalten? Gibt es einen **Konflikt**? Wie geht die Figur mit dem Konflikt um? Weicht sie aus oder sucht sie eine Lösung?

Abschließend kannst du die **Figur bewerten** oder dich kritisch mit ihr auseinandersetzen: Verhält sie sich z. B. angemessen, seltsam oder auffällig? Wirkt sie sympathisch oder nicht?

Schreibe im **Präsens**. Nenne zu deinen Aussagen über die Figur **Textbelege** (vgl. TIPPs S. 35, 40, 62).

Sechster Schritt: Die Texte überarbeiten

14 Überarbeite am Schluss deine Texte zur Aufgabenstellung. Nutze dazu die Checkliste.

CHECKLISTE zur Überarbeitung einer Gedichtinterpretation

Den Text inhaltlich überarbeiten:

Hast du …
- ☑ alle Arbeitsaufträge der **Aufgabenstellung** berücksichtigt?
- ☑ die **Merkmale** der verlangten **Textart(en)** beachtet [wie (1) Inhaltszusammenfassung, (2) charakterisierende, erläuternde bzw. einordnende Darstellung, ggf. (3) produktiver Schreibauftrag]?
- ☑ durch **Absätze** gegliedert und lesbar geschrieben?
- ☑ deine Aussagen bei (2) **am Text belegt** (mit Zeilenangaben)?

Den Text sprachlich überarbeiten:

Hast du …
- ☑ das richtige **Tempus** gewählt (passend zur Textart)?
- ☑ direkte/wörtliche Rede im Konjunktiv, in eigenen Worten oder mit dass-Sätzen wiedergegeben?
- ☑ bei (3) das richtige Tempus gewählt (passend zur Textart)?
- ☑ Wiederholungen vermieden (Weglassprobe) und abwechslungsreiche Satzanfänge gewählt?
- ☑ **vollständige Sätze** geschrieben, die grammatischen Bezüge richtig hergestellt, Satzgefüge verwendet, die Nebensätze mit den Hauptsätzen verknüpft, zu lange Sätze aufgelöst (Punkt setzen)?

Rechtschreibung und Zeichensetzung überprüfen:

Alle wichtigen Rechtschreibregeln findest du im Internet auf **www.finaleonline.de**. Dort kannst du das kostenlose „Extra-Training Rechtschreibung" herunterladen.

C 4 Prüfungsbeispiel zum Thema „Gewissen versus[1] Pflichterfüllung"

[1] **versus** (Abk. vs.): im Gegensatz zu, gegenüber.

Die Aufgabenstellung in der Prüfung könnte auf die Beweggründe (Motive) eingehen, die der Entscheidung des Angeklagten Lars Koch zugrunde lagen: Was leitete seine Entscheidung zum Abschuss der Passagiermaschine? Bearbeite die Aufgabe Schritt für Schritt.

Erster Schritt: Die Aufgabenstellung verstehen

1 Lies die Aufgabenstellung genau und unterstreiche, was du tun sollst (vgl. TIPP S. 58).

AUFGABENSTELLUNG

1 a) Ordne die vorliegenden Textauszüge in den Gesamtzusammenhang des Dramas „Terror" ein. Fasse ihren Inhalt mit eigenen Worten zusammen.
   b) Stelle abschließend dar, welche Gesichtspunkte Lars Koch bei seiner Entscheidung abwägen musste. Beziehe auch das Verhalten des Zeugen Lauterbach mit ein.

2 Verfasse einen inneren Monolog der Figur Lars Koch, in dem er sich nach seiner Verhaftung rückblickend auf die Gedanken und Gefühle eingeht, die ihn im Moment der Entscheidung zum Abschuss der Passagiermaschine bewegten.

Für den E-Kurs:

3 Begründe deine zentralen Entscheidungen für die Gestaltung des inneren Monologs.

Zweiter Schritt: Den Textauszug lesen und in Bezug auf das Thema auswerten

2 Lies die Textauszüge und die eingefügten Zusatzinformationen.

INFO Vorgehen bei einer Flugzeugentführung

Wenn Terroristen ein Flugzeug entführen, um es für terroristische Zwecke einzusetzen, spricht man von einem „Renegade" (engl., Abtrünniger). Für die Abwehr eines Renegades ist das Land verantwortlich, in dessen Luftraum sich das Flugzeug befindet. Dafür wurde in Deutschland im Jahr 2003 ein Uedem (Nordrhein-Westfalen) das „Nationale Lage- und Führungszentrum für Sicherheit im Luftraum" eingerichtet.
Im Falle eines Renegades wird von hier aus nun der Befehl gegeben, dass eine sogenannte Alarmrotte innerhalb von 15 Minuten in die Luft aufsteigt. Die Alarmrotten bestehen aus Eurofighter-Kampfflugzeugen und sind in Neuburg (Bayern) und Wittmund (Ostfriesland) stationiert. In der Luft sollen die Kampfflugzeige das verdächtige Verkehrsflugzeug zunächst durch Sichtkontakt identifizieren und dann Funkkontakt aufnehmen. Wenn darauf nicht reagiert wird, sollen sie das verdächtige Flugzeug abdrängen und zur Landung zwingen. Eine letzte Warnung ist der Einsatz der Bordkanone für einen Warnschuss.

Auszug (1) aus der Aussage des Zeugen Lauterbach

Der Zeuge Lauterbach war beim Abschuss als Oberstleutnant der Verantwortliche im „Nationalen Lage- und Führungszentrum für Sicherheit im Luftraum". Er meldete den „Renegade" an einen General (in diesem Fall General Radtke), der wiederrum mit dem Verteidigungsminister telefonierte. Der Verteidigungsminister war in diesem Fall die oberste Stelle. Neben den Berichten an den General meldete Lauterbach auch die Befehle, die von er von General Radtke bekam, an den Angeklagten Major Koch weiter.

C Themenbereich 2: Ferdinand von Schirach: Terror

Lauterbach: Ich habe General Radtke Bericht erstattet.
Vorsitzender: Und weiter?
Lauterbach: General Radtke hat sich nach ein paar Minuten zurückgemeldet. Er hat in der Zwischenzeit dem Verteidigungsminister den Vorschlag gemacht,
5 die Lufthansa-Maschine abzuschießen.
Vorsitzender: Und?
Lauterbach: Das ist der letzte mögliche Schritt. Der Verteidigungsminister hat es aber abgelehnt.
Vorsitzender: Woher wissen Sie das?
10 **Lauterbach:** Der General hat es mir gesagt.
Vorsitzender: Kommentierte Radtke die Entscheidung des Ministers?
Lauterbach: Wie meinen Sie das?
Vorsitzender: Na ja, sagte er zum Beispiel: Leider hat er es abgelehnt. Oder etwas Ähnliches?
15 **Lauterbach:** Nein.
Vorsitzender: Hatten Sie die Entscheidung des Ministers so erwartet?
Lauterbach: Ja. Wir alle kennen die Ansicht des Bundesverfassungsgerichts.
Vorsitzender: Meinen Sie den Beschluss, womit ein Teil des Luftsicherungsgesetzes für verfassungswidrig erklärt wurde?

INFO Abschuss von entführten Flugzeugen unzulässig

Das im Jahr 2005 erlassene Luftsicherungsgesetz soll die Sicherheit des zivilen Luftverkehrs insbesondere bei Flugzeugentführungen, Sabotageakten und terroristischen Anschlägen gewährleisten. 2006 entschied das Bundesverfassungsgericht, das die im Luftsicherungsgesetz enthaltene Ermächtigung des Verteidigungsministers zum gezielten **Abschuss eines gekaperten Zivilflugzeugs verfassungswidrig** und darum nichtig sei. Das gilt auch, wenn das gekaperte Flugzeug als Waffe eingesetzt werden soll. Die Folge: Ein von Selbstmordattentätern entführtes Passagierflugzeug **darf auch im äußersten Notfall nicht abgeschossen werden**.

20 **Lauterbach:** Ja. Das wurde damals überall in der Truppe diskutiert.
Vorsitzender: Ja, gut. Sie gaben das also an die Piloten weiter.
Lauterbach: Was?
Vorsitzender: Dass nicht geschossen werden darf.
Lauterbach: Ja, natürlich.
25 [...]
Vorsitzender: Hinterfragten Sie den Befehl des Generals, oder gaben Sie ihn einfach nur an die Alarmrotte weiter?
Lauterbach: Es ist nicht meine Aufgabe, Befehle zu hinterfragen.
[...]

INFO Pflichten und Rechte von Soldaten (Auszug)

Aus dem Gesetz über die Rechtsstellung der Soldaten (Soldatengesetz) von 1956:

§7 Grundpflichten des Soldaten
Der Soldat hat die Pflicht, der Bundesrepublik Deutschland treu zu dienen und das Recht und die Freiheit des deutschen Volkes tapfer zu verteidigen.

C 4 Prüfungsbeispiel zum Thema „Gewissen versus Pflichterfüllung"

§8 Eintreten für die demokratische Grundordnung
Der Soldat muss die freiheitliche Grundordnung im Sinne des Grundgesetzes anerkennen und durch sein gesamtes Verhalten für ihre Erhaltung eintreten.

§11 Gehorsam
Der Soldat muss seinen Vorgesetzten gehorchen. Er hat ihre Befehle nach besten Kräften vollständig, gewissenhaft und unverzüglich auszuführen. Ungehorsam liegt nicht vor, wenn ein Befehl nicht befolgt wird, der die Menschenwürde verletzt […]

Quelle: Webseite des Bundesministeriums der Justiz: www.gesetze-im-internet.de

---

Vorsitzender: Und dann?
Lauterbach: Major Koch …
Vorsitzender: Der Angeklagte?
Lauterbach: Er hat zweimal nachgefragt, ob er alles richtig verstanden hat.
Vorsitzender: Den Befehl, dass nicht geschossen werden darf?
Lauterbach: Richtig. Der Abschussbefehl heißt „engage". Ich habe ihm beide Male bestätigt, dass kein solcher Befehl erteilt worden ist.
Vorsitzender: War die Verbindung klar? Konnte der Angeklagte Sie verstehen?
Lauterbach: Er hat es selbst wiederholt, ja.
[…]
Vorsitzender: Wie weit waren die Flugzeuge vom Stadion entfernt?
Lauterbach: Etwa 25 Kilometer.
Vorsitzender: Hatte die Lufthansa-Maschine in der gesamten Zeit Ihren Kurs einmal gewechselt?
Lauterbach: Nein. Dann hat Major Koch in das Mikrofon geschrien.
Vorsitzender: Er schrie?
Lauterbach: Ja.
Vorsitzender: „Wenn ich jetzt nicht schieße, werden Zehntausende sterben."
Vorsitzender: War das der genaue Wortlaut?
Lauterbach: Ja.
Vorsitzender: Und dann?
Lauterbach: Ich habe auf meinem Bildschirm gesehen, dass Major Koch die Sidewinder auslöst.

Aus: Ferdinand von Schirach, Terror. S. 42, Z. 2 – S. 47, Z. 15.

Auszug (2) aus der Vernehmung des Angeklagten

Vorsitzender: Gut. Würden Sie uns die Minuten vor dem Abschuss der Lufthansa-Maschine noch einmal schildern? Aus Ihrer persönlichen Sicht, bitte.
Angeklagter: Auf das Abdrängen und den Warnschuss hat der Kapitän der Lufthansa-Maschine nicht reagiert […] Ein paar Minuten später haben wir den Befehl vom DC bekommen, nicht zu schießen. […]
Ich habe zweimal im Führungszentrum nachgefragt, ob nicht doch der Abschussbefehl kommen wird. Ich habe ja gewusst, dass die Lufthansa-Maschine in wenigen Minuten das Stadion erreichen wird.
Vorsitzender: Was dachten Sie in diesem Moment?
Angeklagter: Das ist schwer zu erklären.
Vorsitzender: Wir haben Zeit, versuchen Sie es bitte.
[…]

C Themenbereich 2: Ferdinand von Schirach: Terror

    65 **Vorsitzender:** Es ist ja kein Kampfeinsatz.
       Angeklagter: Eben. Die Menschen in der Lufthansa-Maschine sind Zivilisten, die wir eigentlich schützen müssen.
       [...]
       Angeklagter: Ich habe überlegt, ob ich gegen einen Befehl verstoße. Zehn-
    70 tausende Menschen retten und dafür Hunderte töten. [...] Ich habe an meine Frau und meinen Sohn gedacht. [...] Also, ich habe an den Tod gedacht. Das sich jetzt alles in meinem Leben verändert ...
       [...]

       Vorsitzender: Gut. Sie haben gegen den ausdrücklichen Befehl Ihres Vorge-
    75 setzten gehandelt.
       Angeklagter: Ja, das habe ich.
       Vorsitzender: Warum?
       Angeklagter: Weil ich es für richtig gehalten habe. Ich habe es nicht fertiggebracht, 70 000 Menschen sterben zu lassen.

       Aus: Ferdinand von Schirach, Terror. S. 69, Z. 13 – S. 72, Z. 12, S. 76, Z. 7 – 14

3 a) Werte die Textauszüge aus, wie auf Seite 58 angeleitet, und markiere im Text, was während der Flugzeugentführung geschehen ist.
    b) Erstelle im Heft einen Zeitstrahl nach folgendem Muster, der die Abläufe in ihrer genauen Abfolge wiedergibt.

―――――――――――――――――――――――――――→

Alarmrotte steigt auf   *Abschuss*

4 Soldaten müssen Befehle befolgen. Lars Koch steht vor Gericht, weil er das nicht getan hat. Erkläre mit eigenen Worten, warum er sich dem Befehl widersetzt und die Maschine abgeschossen hat.

_____

_____

_____

INFO Moral und Gewissen

Jede Gesellschaft verfügt über Grundsätze, die allgemein anerkannt sind und das Verhalten der Menschen untereinander bestimmen. Man spricht hier von **Moral**. Vereinfacht könnte man sagen, es geht um eine von allen geteilte Einschätzung darüber, was „gut" oder „böse", was „richtig" oder „falsch" ist. „Moralisch handeln" heißt, sich in Übereinstimmung mit diesen Grundsätzen zu verhalten.

Menschen haben ein Bewusstsein dafür, ob sie sich „gut/richtig" oder „böse/falsch" verhalten. Sie haben ein **Gewissen**, das ihre Vorstellungen und ihr Verhalten bestimmt. Hört jemand „auf die Stimme seines Gewissens", dann handelt er in Übereinstimmung mit den moralischen Grundsätzen, denen er sich verpflichtet fühlt. Er macht, was er für richtig hält. Man kann aber auch gewissenlos handeln und z. B. tun, was man gerade will, ohne über die Folgen für andere nachzudenken – oder man nimmt böse Folgen sogar in Kauf. Das nennt man unmoralisches Verhalten.

5 a) Lies den INFO-Kasten oben.

C 4 Prüfungsbeispiel zum Thema „Gewissen versus Pflichterfüllung"

b) Die Beispieldarstellung erklärt mit Bezug auf die Begriffe „Moral" und „Gewissen", was Lars Koch zu seiner Entscheidung bewogen hat. Streiche im Rahmen jeweils Unpassendes durch.

Lars Koch will den Befehl seines Vorgesetzten nicht ausführen, weil er glaubt, dass er persönlich die volle Verantwortung / keine Verantwortung für sein Tun trägt. Er verhält sich nicht moralisch / sehr moralisch, weil er seinen Auftrag als Soldat ernst nimmt und intensiv darüber nachdenkt, ob der Befehl, den er bekommen hat, wirklich gerechtfertigt ist. §11 des Soldatengesetzes besagt, dass es grober Ungehorsam / kein Ungehorsam ist, einen Befehl nicht zu befolgen, sofern dieser die Menschenwürde verletzt. Lars Koch folgt seinem Gewissen. Er ist überzeugt, dass er 70 000 Menschenleben / sowieso niemanden retten kann, wenn er das Passagierflugzeug abschießt.
Koch denkt kurz vor der Entscheidung an seine Familie, an die Folgen, die er in Zukunft tragen muss und an den Tod. Das zeigt, wie ernsthaft und gewissenhaft / leichtfertig und unmoralisch er prüft, was er selbst für richtig hält. Sein Gewissen als (Mit-)Mensch widerspricht seiner Pflicht als Soldat, einen Befehl auszuführen. Seine Entscheidung ist eine Gewissensentscheidung.

Dritter Schritt: Die Inhaltszusammenfassung schreiben

6 Formuliere einen Einleitungssatz für die Inhaltszusammenfassung (vgl. TIPP S. 62). Setze die Starthilfe fort, indem du die Textauszüge in den Gesamtzusammenhang einordnest.

In dem Drama „Terror" von Ferdinand von Schirach, erschienen 2015, geht es um ein Gerichtsverfahren. Der Bundeswehrpilot Lars Koch muss sich dafür verantworten, dass er eine von Terroristen entführte Passagiermaschine abgeschossen hat, bevor sie in ein vollbesetztes Stadion abstürzen konnte. Der erste Textauszug ist der Zeugenbefragung des Zeugen Lauterbach entnommen, der den Einsatz leitete. Der zweite Textauszug

___

7 Fasse die Inhalte der beiden Textstellen zusammen. Setze den Satzanfang fort.

Der Zeuge Lauterbach
___
___
___
___
___
___
___
___

Vierter Schritt: „Gewissen vs. Pflicht" – Die Entscheidung von Lars Koch einordnen

8 Beschreibe, auf welche Weise der Zeuge Lauterbach auf den Befehl seines Vorgesetzten reagiert.
___
___
___
___

C Themenbereich 2: Ferdinand von Schirach: Terror

9 Beschreibe, welche Gesichtspunkte Lars Koch vor seiner Entscheidung abgewogen hat.

_____
_____
_____

10 Stelle dar, was den Ausschlag für die Entscheidung von Lars Koch gab. Die Ergebnisse von Aufgabe 5 auf Seite 68 f. helfen dir.

_____
_____
_____
_____

Fünfter Schritt: Den inneren Monolog verfassen

11 Versetze dich in die Figur Lars Koch und verfasse einen inneren Monolog: Nachdem Koch festgenommen wurde, setzt er sich innerlich mit den Gefühlen und Gedanken auseinander, die er vor dem Abschuss hatte: Hat er, in seinen eigenen Augen, richtig gehandelt?

> **TIPP** Einen inneren Monolog verfassen
>
> Ein innerer Monolog zeigt in einer Art **Selbstgespräch** die Gedanken und Gefühle einer Figur. Gewünscht ist **keine Nacherzählung** des Geschehens aus ihrer Sicht.
> Verwende die **Ich-Form** und schreibe im **Präsens**, soweit du über die aktuelle Situation schreibst. Gedanken aus der Vergangenheit können im **Präteritum**, **Perfekt** oder **Plusquamperfekt** formuliert werden. Überlegungen, die sich auf die Zukunft beziehen, stehen im **Futur**.
> Die **Sprache** muss zur Figur passen: Wähle also z. B. zwischen Standard- und Umgangssprache und achte gegebenenfalls auf Fachbegriffe.

Für den E-Kurs:

12 Begründe im Heft deine Gestaltungsentscheidungen für den inneren Monolog.
Du kannst den Beispieltext nutzen und dabei Passendes aus den Rahmen auswählen und die ?-Stellen mit eigenen Begründungen ausarbeiten.

Vor dem Schreiben habe ich versucht, mich in die Figur Lars Koch und in die Situation hineinzuversetzen, in der er eine schwere Entscheidung getroffen hat. Dies fiel mir persönlich [leicht / schwer], weil ? . Lars Koch muss sich in dieser Situation ? gefühlt haben, weil ? . Dies habe ich in meinem inneren Monolog zum Ausdruck gebracht, indem ich treffende [Wiederholungen / Adjektive / Verben] eingesetzt habe, um seine Gefühlslage besser zu beschreiben. An der Figur Lars Koch fällt auf, dass ? . Dies habe ich durch [bildhafte Ausdrücke / Adjektive / Verben] zum Ausdruck gebracht, die sein [Verhalten / seine Vorstellungen] gut beschreiben.

Sechster Schritt: Deine Texte überarbeiten

13 Überarbeite deine Texte mithilfe der Checkliste auf Seite 64 und vergleiche deine Ausarbeitungen mit der Beispiellösung im Lösungsheft.

C 5 Prüfungsbeispiel zum Thema „Wert eines Menschenlebens"

Die Aufgabenstellung in der Prüfung könnte auf die Frage eingehen, ob es zulässig ist, ein Menschenleben zu opfern, um ein anderes zu retten. Der Entscheidung des Angeklagten Lars Koch lag diese Abwägung zugrunde: Er opferte die Passagiere der Verkehrsmaschine, um die Zuschauer/-innen im Stadion zu schützen. Aber durfte er das? Bearbeite die Aufgabe Schritt für Schritt.

Erster Schritt: Die Aufgabenstellung verstehen

1 Lies die Aufgabenstellung und unterstreiche, was du tun sollst.

AUFGABENSTELLUNG

1 Ordne die vorliegenden Textauszüge in den Gesamtzusammenhang des Dramas „Terror" ein. Fasse ihren Inhalt mit eigenen Worten zusammen.

2 Die Staatsanwältin hinterfragt für die Anklage die Entscheidung zum Abschuss, weil sie gegen den Grundsatz der Menschenwürde verstoßen habe. Analysiere ihre Argumentation sowie die Argumente, die Lars Koch dagegenhält. Stelle für jede der beiden Figuren ihre Positionen und die Argumente dafür dar.

Für den E-Kurs:

3 Verfasse einen Kommentar zu der Frage, ob Lars Koch deiner Meinung nach richtig entschieden hat. Gehe auf die Dilemmasituation ein, in der er sich befand. Nenne mindestens zwei Argumente, die deine Position unterstützen.

Zweiter Schritt: Die Textauszüge lesen und in Bezug auf das Thema auswerten

2 a) Lies die folgenden Textauszüge.
b) Lies die Auszüge ein zweites Mal und unterstreiche die Argumente der Staatanwältin und des Angeklagten mit unterschiedlichen Farben.

Auszüge aus der Befragung des Angeklagten zu den Vorwürfen

(1) **Staatsanwältin:** Herr Koch, wenn ich Sie richtig verstehe, stellten Sie sich ganz bewusst gegen den Beschluss des Bundesverfassungsgerichts.[1]
Angeklagter: Ja.
Staatsanwältin: Sie wissen – Sie haben das sicher auch in Ihrer Ausbildung gelernt –, dass Sie nur dann gegen einen Befehl verstoßen dürfen, wenn dieser Befehl rechtswidrig ist.
Angeklagter: Das ist mir bewusst.
Staatsanwältin: Und Sie wussten, dass Sie als Teil der staatlichen Gewalt an die Entscheidung des Bundesverfassungsgerichts gebunden sind.
Angeklagter: Grundsätzlich ja.
Staatsanwältin: Grundsätzlich?
Angeklagter: Ich halte die Entscheidung des Bundesverfassungsgerichts für falsch.
Staatsanwältin: Können Sie das erklären?

15 **Angeklagter:** Ja. Die Frage ist doch, ob die Tötung Unbeteiligter in einem Extremfall erlaubt ist.
Staatsanwältin: Das Bundesverfassungsgericht verneinte das …
Angeklagter: Aber es geht doch um etwas anderes: Auf der einen Seite stehen 164 Passgiere, auf der anderen Seite die 70 000 Zuschauer im Stadion. Es kann
20 nicht sein, dass das bei einem Verhältnis nicht gegeneinander abgewogen werden darf.
Staatsanwältin: Wenn ich Sie richtig verstehe, glauben Sie also, dass die größere Anzahl der Stadionbesucher die Tötung der Passagiere rechtfertigt.
Angeklagter: Ja.
25 **Staatsanwältin:** Sie wägen also Leben gegen Leben ab.
Angeklagter: Nein, nicht ein einzelnes Leben gegen ein anderes einzelnes Leben. Ich glaube nur, dass es richtig ist, wenige Menschen zu töten, um viele zu retten.
Staatsanwältin: Gut. Glauben Sie grundsätzlich, dass jedes menschliche Le-
30 ben gleich wertvoll ist?
Angeklagter: Natürlich.
Staatsanwältin: Dennoch darf der Schutz des einzelnen Lebens aufgegeben werden, wenn mehrere andere Leben dadurch gerettet werden können?
Angeklagter: Ja.

Aus: Ferdinand von Schirach, Terror. S. 81, Z. 8 – S. 83, Z. 10

35 **(2) Staatsanwältin:** Sehen Sie, wenn jedes menschliches Leben als solches gleich wertvoll ist – wie Sie ja auch selbst glauben –, ist es dann nicht unmöglich, Leben nach Anzahl abzuwägen? Widerspräche das nicht diesem Prinzip?
Angeklagter: Die Passagiere der Zivilmaschine hätten doch ohnehin nur noch wenige Minuten zu leben gehabt.
40 **Staatsanwältin:** Das ist aber ein anderes Argument.
Angeklagter: Es ist doch so: Die Maschine wäre im Stadion explodiert. Die Passagiere hatten also nur noch eine kurze Zeit zu leben. Auch wenn ich nicht geschossen hätte, wären sie alle getötet worden.
Staatsanwältin: Nochmals: Soll es jetzt also nur noch um die verbleibende
45 Dauer des Lebens gehen?
Angeklagter: Ja.
Staatsanwältin: In diesem Fall bestimmen Sie alleine den Zeitraum. Ihre Vorstellung ist, dass Menschen mit geringer Lebenserwartung keinen Schutz mehr verdienen. Wie viel Restzeit billigen[2] Sie den Menschen zu? Fünf Minuten?
50 **Angeklagter:** Ich weiß nicht …
Staatsanwältin: Weniger?
Angeklagter: Ich …
Staatsanwältin: Oder doch mehr? Dürfen die Menschen noch ihre Verwandten anrufen und sich verabschieden? Viele Passagiere bei den Anschlägen in
55 New York haben das getan.
Angeklagter: Sie müssen das praktisch sehen.
Staatsanwältin: Praktisch?
Angeklagter: Erst im letzten Moment habe ich die Maschine abgeschossen. Länger hätte ich nicht warten können.

Aus: Ferdinand von Schirach, Terror. S. 85, Z. 2 – S. 86, Z. 14

C 5 Prüfungsbeispiel zum Thema „Wert eines Menschenlebens"

(3) Angeklagter: Die Zivilisten sind zum Teil einer Waffe geworden. Der Waffe der Terroristen. Der Terrorist hat das ganze Flugzeug in eine Waffe verwandelt. Und gegen diese Waffe muss ich kämpfen.
Staatsanwältin: Herr Koch, Sie sind ein intelligenter Mann. Aber verrennen Sie sich jetzt nicht?
Angeklagter: Wieso?
Staatsanwältin: Ist es nicht so, dass Sie damit den Passagieren absprechen, noch Menschen zu sein?
Angeklagter: Wie bitte?
Staatsanwältin: Sie machen die Passagiere zu Sachen, zu Gegenständen, wenn Sie behaupten, sie würden zum Teil einer Waffe.
Angeklagter: Aber es ist doch so.
Staatsanwältin: Bleibt bei Ihnen noch etwas vom Menschen übrig? Ist er noch Mensch, wenn wir ihn nur als Teil einer Waffe begreifen? Muss Menschsein uns nicht viel mehr bedeuten?
Angeklagter: Sie können sich vielleicht diesen schönen Gedanken leisten. Aber ich bin dort oben, ich trage die Verantwortung. Ich kann mir keine Gedanken über das Wesen des Menschseins erlauben. Ich muss entscheiden.

Aus: Ferdinand von Schirach, Terror. S. 90, Z. 2 – S. 91, Z. 5

1 gemeint ist das Luftsicherungsgesetz, vgl. INFO-Kasten S. XX Mitte
2 **zubilligen:** zugestehen, gestatten, erlauben

Dritter Schritt: Den Inhalt zusammenfassen und in den Gesamtzusammenhang einordnen

3 Schreibe einen Einleitungssatz für die Inhaltszusammenfassung.

_____
_____
_____

4 Ordne den Dialog in den Gesamtzusammenhang ein: Zu welchem Zeitpunkt im Prozess findet er statt?

_____
_____
_____
_____
_____
_____

5 Fasse den Inhalt der Auszüge kurz zusammen: Was will die Staatsanwältin herausfinden? Wie reagiert der Angeklagte? Setze den Beispielanfang in deinem Heft fort.

Die Staatsanwältin möchte durch gezieltes Nachfragen herausfinden, welche Gründe der Angeklagte selbst für seine Entscheidung hatte. Sie konfrontiert ihn mit den rechtlichen Regelungen, die er als Soldat eigentlich beachten muss, z. B. ...

C Themenbereich 2: Ferdinand von Schirach: Terror

Vierter Schritt: Analyse und Wiedergabe der Argumentationen

6 a) Die Tabelle gibt eine Übersicht über die Argumentationen der Staatsanwältin und des Angeklagten. Lies die Argumente.

Argumente der Staatanwältin Position: Der Abschuss war falsch, weil …	Gegenargumente von Lars Koch Position: Der Abschuss war richtig, weil …
– er gegen die Entscheidung des Bundesverfassungsgerichts verstößt, dass ein Flugzeug nicht abgeschossen werden darf.	– die Entscheidung des Bundesverfassungsgerichts falsch war.
– der Befehl, den der General gegeben hatte, in diesem Sinne richtig war.	– der Befehl, den der General gegeben hatte, folgerichtig auch falsch war.
– ein Soldat einen Befehl befolgen muss, solange er dem geltenden Recht entspricht.	– ein Soldat einen Befehl, der gegen die Menschenwürde verstößt, nicht befolgen muss. (vgl. §11 Soldatengesetz, INFO-Kasten S. 67)
– jedes menschliche Leben gleich wertvoll ist (Grundgesetz Artikel 1).	– sowohl die Menschen im Flugzeug als auch die Menschen im Stadion absolut sicher gestorben wären, wenn das entführte Flugzeug dort abgestürzt wäre. → Also hätte eine Ausführung des Befehls unnötig Menschenleben gekostet und insofern die Würde vieler Menschen missachtet.
– man das Leben Einzelner nicht gegeneinander verrechnen darf. Niemand darf entscheiden, wer leben darf und wer sterben muss.	– die Situation so war, dass auf jeden Fall Menschen sterben würden. Insofern war es richtig, dafür zu sorgen, dass so wenige sterben, wie möglich.

b) Umkreise in jeder Spalte der Tabelle das Argument, das dir am wichtigsten zu sein scheint.
c) Gib beide Argumentationen mit eigenen Worten wieder. Schreibe ins Heft und beginne so:

Die Staatsanwältin vertritt die Ansicht, dass Lars Koch die Maschine nach geltendem Recht nicht abschießen durfte. Sie begründet das, indem sie zuerst die Entscheidung des Bundesverfassungsgerichts nennt, die einen Artikel im Luftsicherungsgesetz für ungültig erklärt hat. Dort war vorgesehen, dass staatliche Stellen bei terroristischen Bedrohungslagen auch zivile Passagierflugzeuge abschießen dürfen. Das Bundesverfassungsgericht hat das jedoch verboten. Es bezieht sich in seiner Begründung auf Artikel 1 des Grundgesetzes: Die Würde des Menschen ist unantastbar. Die Staatsanwältin beruft sich ebenfalls auf diesen Artikel 1 des Grundgesetzes und …

Hinweis: Formulierungshilfen zur Wiedergabe von Argumentationen: Seite 117 in diesem Arbeitsbuch.

INFO Der Wert eines Menschenlebens

Menschenwürde bedeutet, dass alle Menschen unabhängig von Unterscheidungsmerkmalen wie Herkunft, Geschlecht, Alter, sexuelle Orientierung oder Status denselben Wert haben.
Diese Vorstellung verbindet sich mit bestimmten Grundrechten und Rechtsansprüchen der Menschen. Nach dem zweiten Weltkrieg wurde für die neu gegründete Bundesrepublik Deutschland ein **Grundgesetz** verabschiedet, das als Verfassung ihre politische Form festlegt (z. B. Demokratie, Sozialstaat, Rechtsstaat). Ferner enthält es unsere Wertordnung und sichert individuelle Freiheiten.
Der **Artikel 1 der Grundrechte** im Grundgesetz ist das Fundament, auf dem alles Weitere aufbaut:
Die Würde des Menschen ist unantastbar. Sie zu achten und zu schützen ist Verpflichtung aller staatlichen Gewalt.

7 Lies den INFO-Kasten und begründe dann, warum für die Staatsanwältin das Argument besonders wichtig ist, dass jedes Leben gleich wertvoll ist. Schreibe in dein Heft.

C 5 Prüfungsbeispiel zum Thema „Wert eines Menschenlebens"

Für den E-Kurs:
Fünfter Schritt: Den Kommentar schreiben und auf die Dilemmasituation eingehen

8 Lies den folgenden Auszug aus der Schlussrede des Verteidigers und den INFO-Kasten darunter.

Verteidiger: [...] Ich will versuchen, Ihnen das eigentliche Problem zu erläutern. Die Richter und unsere Verfassung sehen den Wert des Lebens als unendlich groß an. Wenn das so ist, dann kann zwischen Leben und Leben nicht abgewogen werden – einfach, weil man zu unendlich nichts hinzuzählen kann. Ein Leben ist dann so viel wert wie 100 000 Leben. 5
Schon diese Grundidee scheint mir zweifelhaft und dem gesunden Menschenverstand zu widersprechen. Und es gab immer wieder Gerichte, die entschieden, dass es dem Recht entspreche, das sogenannte kleinere Übel vorzuziehen. 1841 sank das Schiff „William Brown", nachdem es einen Eisberg gerammt hatte. Die Rettungsboote konnten nicht alle Überlebenden tragen, sie wären gesunken 10 und niemand hätte überlebt. Alexander Holmes, ein einfacher Matrose, warf 14 oder 16 – so genau wurde es nie ermittelt – Menschen über Bord. Nach der Rückkehr [...] wurde Holmes für seine Tat vor Gericht gestellt. Das Gericht verurteilte ihn zwar, aber die Strafe fiel sehr milde aus. Die Richter erkannten die Notwendigkeit, dass ein kleineres Über einem größeren vorzuziehen sei. 15
Holmes hatte den größeren Teil der Passagiere gerettet.

INFO Das Dilemma

Ein Dilemma ist eine **Zwangslage**: Man muss sich zwischen zwei gleichwertigen Umständen entscheiden. Das fällt naturgemäß nicht leicht. In einer solchen **Zwickmühle** versucht man meist, alle Gesichtspunkte gegeneinander abzuwägen, sodass eine Entscheidung doch noch möglich wird. Eine solche Situation kann auch als paradox, also widersinnig beschrieben werden.
Widerspricht jede denkbare Entscheidung bestimmten moralischen Prinzipien, Werten oder Normen, kann es keine ideale Lösung geben. Identifiziert sich die betroffene Person mit diesen Werten, befindet sie sich in einem **moralischen Dilemma**.
Man kann dann auf unterschiedliche Weise versuchen, **zu einer Entscheidung** zu **gelangen**:
Variante A: Bestimmte Werte werden absolut gesetzt, also als unumgänglich eingestuft. Die dafür gewählten Argumente schließen die Folgen der Entscheidung nicht mit ein.
Variante B: Man bezieht die Folgen der Entscheidung mit ein, um daraus Hilfen abzuleiten. Dann kann man z. B. den Vorteil einer größeren Einheit gegenüber den Lasten einer kleineren Einheit abwägen. Gesucht ist **das kleinere Übel**, das an sich natürlich auch ein Übel bleibt.

9 Stelle dar, welche Art der Problemlösung Lars Koch gewählt hat, um sein moralisches Dilemma durch eine Entscheidung aufzulösen. Schreibe in dein Heft.

10 Verfasse einen Kommentar, in dem du deine eigene Einschätzung in Bezug auf die Entscheidung von Lars Koch darlegst. Beziehe dich auf das Beispiel eines Dilemmas, das der Verteidiger in seiner Schlussrede nennt, und nennen mindestens zwei Argumente, die deine Position stützen.

Sechster Schritt: Deine Texte überarbeiten

11 Überarbeite deine Texte mithilfe der Checkliste auf Seite 64 und vergleiche deine Ausarbeitungen mit den Beispiellösungen im Lösungsheft.

C 6 Prüfungsbeispiel zur Funktion des offenen Endes und zur kontroversen Rezeption des Dramas

Das Drama „Terror" hat keinen Schluss, sondern schlägt zwei Möglichkeiten dafür vor: Das Publikum ist aufgefordert, selbst ein Urteil zu sprechen – sich also eine Meinung zum vorgetragenen Rechtsfall zu bilden. Die Aufgabenstellung in der Prüfung könnte sich mit diesem offenen Ende beschäftigen.
Für den **E**-Kurs könnte eine Aufgabe zur gegensätzlichen Rezeption des Dramas vorkommen.
Bearbeite die Aufgabe Schritt für Schritt.

Erster Schritt: Die Aufgabenstellung verstehen

1 Lies die Aufgabenstellung genau und unterstreiche, was du tun sollst.

AUFGABENSTELLUNG

1 Am Schluss des Dramas „Terror" sollen die Zuschauer bestimmen, welches Ende das Stück haben soll. Die Autoren der beiden Texte denken sehr unterschiedlich über diese Beteiligung des Publikums. Fasse den Inhalt von M1 und M2 mit eigenen Worten zusammen, indem du die gegensätzlichen Positionen darstellst. Beziehe dabei auch die Informationen über die beiden Autoren mit ein.

2 Stelle unter Bezug auf M1 dar, welche Funktion das offene Ende des Dramas „Terror" hat.

Für den **E**-Kurs:

3 Das Stück „Terror" ist dir aus dem Unterricht bekannt. Ihr seid gebeten, darüber nachzudenken, ob die Theater-AG das Drama im kommenden Jahr aufführen soll.
Verfasse eine Stellungnahme für die Schülerzeitung, in der deine eigene Meinung darlegst: Soll das Stück aufgeführt werden oder nicht? Nenne mindestens zwei wichtige Argumente.

Zweiter Schritt: Die Texte lesen und in Bezug auf das Thema auswerten

2 Lies die Materialien M1 und M2.

M1 Ein Theaterereignis der außergewöhnlichen Art (2015) *Günther Beelitz*

Mit seiner Autorenlesung „Die Würde des Menschen ist antastbar" und einer aus dem Stegreif[1] improvisierten Zuschauerabstimmung überzeugte uns Ferdinand von Schirach bereits im Herbst 2014, sein ein Jahr später uraufgeführtes Stück TERROR in den Spielplan zu nehmen.
5 Es wurde ein Theaterereignis der außergewöhnlichen Art.
Wir Theaterleute wünschen doch immer, ein Forum der Demokratie[2] sein zu können. Mit TERROR gelingt das großartig, denn ausnahmslos alle können sich dem Sog des Verfahrens nicht entziehen. [...]
Der dramaturgische Kniff, die Zuschauer als Schöffen an der Urteilsfindung zu
10 beteiligen, ist genial. In den Pausen des Stückes wurde erbittert diskutiert und gerungen, wie bei der Hammelsprung-Abstimmung[3] gewählt werden sollte. Selbst nach der Vorstellung gingen im Foyer[4] die Diskussionen darüber weiter, ob richtig oder falsch abgestimmt worden war. Theater war – endlich mal wieder – Erregung und emotionale und intellektuelle[5] Auseinandersetzung.

C 6 Prüfungsbeispiel zur Funktion des offenen Endes und zur kontroversen Rezeption des Dramas

M1

Endlich fand wirkliche Partizipation[6] des Publikums statt: Diskussionen, die sich aber nicht nur um Freispruch oder schuldig drehten, sondern darüber hinaus auch darum, inwieweit bestimmte Besetzungen von Staatsanwalt, Verteidiger und Angeklagtem die Urteilsfindung beeinflussen können, wie schauspielerische Überzeugungskraft das Abstimmungsverhalten des Schöffen-Publikums auch „manipulieren" kann und wie dadurch Theater grundsätzlich Wirkung gewinnt.

Die Frage, darf Leben gegen Leben abgewogen werden oder ist die Würde des Menschen doch antastbar, wurde nicht juristisch-theoretisch von Thesenträgern als dürres Gerichtstheater nur vorgetragen, sondern unmittelbar erlebbar durch die großartigen, differenzierenden Schauspieler […], die in genauen Rollenprofilen die Personen so erfahrbar machten und überzeugten, dass das Publikum zu Schöffenrichtern werden konnte.

Der Abend entfaltet – bei jeder der bisher mehr als 82!!!!! Vorstellungen – atemlose Spannung und engagierte Abstimmungsteilhabe.

So rundet sich das regionale Theaterglück für das Publikum und uns inzwischen auch zu einem internationalen Theaterereignis, das die wohl einmalige Zuschauerzahl von nun einer halben Million erreicht und beweist, wie kraftvoll und spannend Theater wieder sein kann und welche Lust und Neugier auf Teilhabe dieser Art unsere Besucher sich wünschen.

Mit dankbaren Grüßen an den Autor und das Ensemble

1 **aus dem Stegreif:** unvorbereitet, improvisiert
2 **Forum der Demokratie:** (gedachter oder tatsächlicher) Ort, an dem etwas öffentlich diskutiert werden kann und so zur gesellschaftlichen Meinungsbildung über den diskutierten Gegenstand/Sachverhalt beiträgt.
3 **Hammelsprung-Abstimmung:** Abstimmung im Parlament, bei der alle den Raum verlassen und in drei Gruppen nach ihrer Meinung sortiert wieder eintreten, um mit „ja", „nein" „Enthaltung" abzustimmen.
4 **Foyer:** festlicher Saal, Vorraum, in dem man sich z. B. im Theater, Kino oder Festspielhaus trifft
5 **intellektuell:** den Verstand betreffend
6 **Partizipation:** Teilhabe an Prozessen, z. B. durch eine Wahl

Quelle: https://terror.theater/cont/stimmen/de (aufgerufen am 13.12.2022) Der Text ist einer Webseite der Gustav Kiepenheuer Bühnenvertriebs-GmbH entnommen, die die Rechte am Stück vertreibt. Diese Webseite zeigt auch die aktuellen Abstimmungsergebnisse.

M2 **Ein Schrei nach Aufmerksamkeit (2016)** *Thomas Fischer*

Terror ist ein Theaterstück, das, so viel muss man wohl vorausschicken, mit Terror denkbar wenig zu tun hat. Der Titel ist vielmehr ein heiserer, populistischer[1] Schrei nach Aufmerksamkeit. Das in dem Stück behandelte Rechtsproblem kann man am Beispiel eines „Terror"-Anschlags genauso gut oder schlecht verdeutlichen wie an zahlreichen anderen fiktiven[2] – oder sogar historisch bewiesenen – Sachverhalten. Der Einstieg über den Begriff des „Terrors", verbunden mit einer naturalistisch imitierten[3] Gerichtsverhandlung mit Anklage, Beweiserhebung, Urteil und vor allem der Aufforderung an den Zuschauer, an Letzterem aktiv […] mitzuwirken (!), ist eine unverschämte, schwer erträgliche Manipulation der Öffentlichkeit im Namen eines quasistaatlichen Anliegens, ohne dem auch nur die mindesten staatlichen Garantien an Wahrhaftigkeit und Unvoreingenommenheit zugrunde zu legen. Das ist ein starkes Stück. […]

Das Stück besteht aus einer – mehr schlecht als recht – nachgeahmten Gerichtsverhandlung vor einer Großen Strafkammer (drei Berufsrichter, zwei

Schöffen). Die Darstellung der Verhandlung ist ziemlich albern, entspricht aber dem Bild, das sich Drehbuchschreiber von einer solchen Sache machen. […] „Der Richter" wird vorgeführt als „Vorsitzender": Väterlich streng, sorgenzerfurcht, tief beeindruckt, zugleich aber auf lächerliche Weise förmelnd[4]. […]

So ähnlich verhält es sich mit dem Recht in Schirachs Stück. Der Film stellt – im Verhältnis 1 : 1 nach der Vorlage des Theaterstücks – ein schwieriges Rechtsproblem dar. Er behauptet – wie der Autor Schirach –, das geltende Recht unseres Staats habe für dieses Problem keine Lösung. Das aber ist falsch. Und zwar nicht nur ein kleines bisschen […]. Sondern richtig grundfalsch. Im Sinne von: abwegig, fernliegend, irreführend. Das Gegenteil nämlich ist richtig. […] Der Tatbestand [des 164-fachen Mordes] ist objektiv und subjektiv erfüllt. Fragt sich: rechtswidrig? Um diese Frage dreht sich das ganze Stück […]. Sie lautet, umformuliert: DARF der Pilot K., als Organ des Staats, unschuldige Staatsbürger (Menschen) töten, um a) eine größere Anzahl zu retten, b) ein Zeichen zu setzen, c) die Gerechtigkeit zu verwirklichen?

Die Frage ist entschieden: Das Bundesverfassungsgericht hat mit Gesetzeskraft (!) entschieden, dass Paragraf 14 Abs. 3 des Luftsicherheitsgesetzes (alter Fassung) wegen Verstoßes gegen die Menschenwürde verfassungswidrig und nichtig sei. […] Nichts (!) an Argumenten ist seither hinzugekommen. Meine (zahlreichen) Gespräche mit Protagonisten des Theaterstücks […] haben mir gezeigt, dass von 100 Personen, die im Zusammenhang mit Schirachs Terror über das Urteil des Bundesverfassungsgerichts reden, 99 Komma 9 dieses Urteil nicht gelesen haben. Sie quatschen herum, weil es ihnen zu schwierig ist, sich mit der Sache zu befassen, die sie auf „einfache" Weise dem breiten Publikum nahebringen wollen. […] Wir sind auf dem Niveau der Schwarzwaldklinik[5] angekommen. Wer das kritisiert, wird der „juristischen Spitzfindigkeit" geziehen oder – schlimmer – der Abgehobenheit.

[…] Weil das Stück von Schirach die Unterscheidung zwischen Unrecht und Schuld fast vollständig unterschlägt, unterschlägt es auch die Tatsache, dass die Lösung des Dilemmas keineswegs nur „jenseits des Rechts", also irgendwo im Reich der höchstpersönlichen, beliebig „abstimmbaren" Moral gefunden werden kann, sondern dass es gerade das Recht ist (und sein muss), das sich die am weitesten gehenden und überzeugendsten Gedanken zu solchen Problemen gemacht hat. […] Die freudetrunkenen Abstimmungsregisseure der Stadttheater und Staatsschauspiele interessiert das nicht. Sie lassen die an der Nase herumgeführten Bürger durch die Türen hinaus und herein spazieren oder Karten hochheben […].

[…] Die lieben Zuschauer werden nach Strich und Faden verarscht, und zwar sowohl vom rechtsgelehrten Autor als auch vom quotengeilen Sender. Ihnen werden Belehrungen über die Rechtslage zuteil, die hinten und vorne falsch sind und die entscheidende Fragestellung gar nicht enthalten. Auf dieser Bananen-Ebene dürfen sie dann „abstimmen" und „über das Schicksal eines Menschen entscheiden". Eine Kunst, die aus Lüge, Denkfaulheit und Inkompetenz besteht, ist nicht mehr als die Imitation ihrer selbst.[7]

---

1 **populistisch:** sich anbiedernde, oft volksverhetzende, angeblich aber volksnahe Politik, die Sachverhalte in einen falschen Zusammenhang stellt, um Zustimmung zu erhalten

2 **fiktiv:** ausgedacht, erfunden

3 **naturalistisch imitiert:** tatsächliche Gegebenheiten (z. B. die Natur, gesellschaftliche Verhältnisse) nachahmend

4 **förmelnd:** Wortneuschöpfung, auf die Form (der Verfahrensordnung) bedacht

C 6 Prüfungsbeispiel zur Funktion des offenen Endes und zur kontroversen Rezeption des Dramas

5 **Paragrafen-Reiterei:** Festhalten an Vorschriften, im Gegensatz zu praktisch motivierten Entscheidungen
6 **Schwarzwaldklinik:** populäre Fernsehvorabendserie, die sehr naiv und laienhaft einen Krankenhausbetrieb vorgaukelte
7 **Kunst:** Kunst wird oft als Medium verstanden, das der „Suche nach der Wahrheit" dient oder der Wahrheit, dem Kern alles Seins Ausdruck verleiht. Hier wird unterstellt, dass keine Kunst sein kann, was nicht nach der Wahrheit im Sinne des „Richtigen" fragt.

Quelle: https://www.zeit.de/gesellschaft/zeitgeschehen/2016-10/ard-fernsehen-terror-ferdinand-von-schirach-fischer-im-recht (aufgerufen 13.12.2022)

3 a) Lies beide Materialien erneut und werte sie aus, indem du Informationen zu einer der folgenden Fragen unterstreichst. Verwende dazu für jede Frage eine andere Farbe:
- Wie findet der Autor das Stück? (Position)
- Warum bewertet er es auf diese Weise? (Argumente)
- Was sagt er zum offenen Ende des Stücks?

b) Bereite die Inhaltszusammenfassungen vor, indem du eine Tabelle nach folgendem Muster im Heft anlegst und ausarbeitest.

M1 – Pro „Terror" + offenes Ende	M2 – Kontra „Terror" + offenes Ende
Autor = Intendant, Regisseur (Theaterexperte)	Autor = Jurist, Rechtswissenschaftler (Experte für rechtliche Zusammenhänge)
Position = genial, dass Zuschauer als Schöffen an der Urteilsfindung beteiligt sind	Position = unverschämte Beeinflussung der Öffentlichkeit
Argument 1: Stück macht das Theater zu einem Raum/Forum, in dem gesellschaftliche Fragen offen diskutiert werden können – fördert die Demokratie	Argument 1: …
Argument 2: …	…

Dritter Schritt: Die Inhalte beider Texte zusammenfassen

4 Schreibe eine Einleitung, in der deutlich wird, welche zwei Texte zusammengefasst werden. Setze den Anfang fort. Schreibe in dein Heft.

In dem Stück „Terror" von Ferdinand von Schirach geht es um einen Gerichtsfall. Das Stück hat ein offenes Ende, denn die Zuschauenden werden in die Diskussion über den Rechtsfall einbezogen. Nachdem sie sich das Stück angeschaut haben, bestimmen sie selbst, wie der Prozess ausgehen wird, nicht der Autor des Dramas. Zwei Texte machen deutlich, dass man dieses Vorgehen auf unterschiedliche Weise beurteilen kann. Der erste Text mit dem Titel „Ein Theaterereignis der außergewöhnlichen Art" wurde im Jahr 2015 von Günther Beelitz verfasst. Der zweite Text …

5 Verarbeite deine Auswertung von Aufgabe 3 und fasse im Heft die Inhalte von M1 und M2 zusammen. Du kannst die angebotenen Formulierungshilfen nutzen. Formuliere mit eigenen Worten.

Die Autoren der vorliegenden Texte sind sehr unterschiedlicher Meinung darüber, ob das offene Ende des Dramas „Terror" mit Blick auf den verhandelten Fall eine gute Idee ist.
Günther Beelitz sieht das Stück als Theaterexperte positiv, weil …
Er wünscht sich, dass das Theater ein Ort ist, an dem Themen von öffentlichem Interesse diskutiert werden. Dies gelingt mit dem Stück „Terror", weil …
Ganz anders als Beelitz findet Thomas Fischer, dass … – … ist Fischer der Meinung, dass …
Er ist Rechtsexperte und begründet seine Ablehnung mit dem Hinweis, dass …
Wichtig ist ihm besonders … – Er weist besonders auf … hin.

C Themenbereich 2: Ferdinand von Schirach: Terror

Vierter Schritt: Der Schluss des Dramas – die Funktion des offenen Endes darstellen

INFO Die Aufgabe des Theaters – Zitate

Beim Berliner Theatertreffen im Jahr 2012 äußerte sich der Intendant des Konstanzer Stadttheaters, Christoph Nix, zur Rolle des Theaters. Gutes Theater ist für ihn eines, das sich mit der Welt auseinandersetzt: „Letzten Endes ist Theater für mich der Ort, der die Gesellschaft, das Leben allgemein reflektiert. Gut ist es zum Beispiel, wenn ich das Gefühl habe, hier werden ernsthafte Fragen diskutiert, Liebe, Tod, politische und gesellschaftliche Verhältnisse. Wenn es etwas mit mir persönlich, subjektiv als in der Gesellschaft Stehender zu tun hat."

Quelle: https://www.deutschlandfunkkultur.de/wozu-das-ganze-theater-100.html (Podcast vom 5.5.2012; aufgerufen 13.12.2022)

In einem Interview mit Susan Boos und Stefan Howald erklärte Schirach:
[...] das ist exakt die Frage, die wir hier diskutieren: Wie weit darf der Staat gehen? Wir können das nur mit unserer Verfassung beantworten. In Artikel 1 des deutschen Grundgesetzes heißt es: „Die Würde des Menschen ist unantastbar." Aber was ist diese Würde eigentlich? Und was bedeutet „unantastbar"? Letztlich führt das zur Frage: In welchem Staat wollen wir leben? [...]
Die Zuschauer stimmen nicht darüber ab, ob jemand tatsächlich ins Gefängnis geht. Sie stimmen auch nicht über die Verfassung, über die Würde des Menschen oder über das Luftsicherheitsgesetz ab. Die Idee ist, dass wir uns darüber unterhalten, was es bedeutet, in dieser Zeit zu leben, und wo die Gefahren liegen.

Quelle: https://www.woz.ch/1641/terror-ihr-urteil-das-grosse-gespraech-zum-tv-aufreger/ganz-gleich-was-er-tut-er-wird-schuldig (veröffentlicht am 13.10.2016; aufgerufen 13.12.2022)

---

6 Lies den INFO-Kasten oben und gib mit eigenen Worten wieder, was Ferdinand von Schirach mit dem Drama „Terror" erreichen wollte.

7 Beschreibe den Schluss des Dramas „Terror". Die Inhaltszusammenfassung auf Seite 57 im Arbeitsbuch hilft dir.

8 Stelle dar, was das offene Ende des Dramas „Terror" bei den Zuschauenden bewirkt.

C 6 Prüfungsbeispiel zur Funktion des offenen Endes und zur kontroversen Rezeption des Dramas

Für den E-Kurs:
Fünfter Schritt: Die Stellungnahme schreiben

> **INFO** Die Abstimmung
>
> Die Webseite der Gustav Kiepenheuer Bühnenvertriebs-GmbH, die die Rechte am Stück vertreibt, zeigt die aktuellen Abstimmungsergebnisse. Das Drama „Terror" wurde seit 2015 von 149 Theatern in 31 Ländern aufgeführt. Bis Dezember 2022 waren es insgesamt 2673 Aufführungen.
> Mehr als 560 000 Zuschauer stimmten am Ende als Schöffen über die Frage „schuldig" oder „nicht schuldig" ab. Schaut man sich die einzelnen Stimmen des Publikums an, kann man die Ergebnisse für „schuldig" oder „nicht schuldig" etwas anders betrachten: 356 132 stimmten für einen Freispruch, 205 473 für schuldig, was ein Verhältnis von 63,4 Prozent Freispruch zu 36,6 Prozent schuldig ergibt.
> Zahlen vom 13.12.2022, entnommen: https://terror.theater/cont/inhalt/de.
>
> In einem Interview mit Susan Boos und Stefan Howald erklärte der Autor seine persönliche Position in Bezug auf die im Stück zu treffende Entscheidung:
> *von Schirach:* […] Die Idee mit dem Flugzeug ist austauschbar, es ginge auch jede andere terroristische Szene. Selbst das sogenannte Luftsicherungsgesetz ist nicht so entscheidend. Es hat nur den Vorteil, dass man zeigen kann, dass die Mehrheit des Parlaments verfassungswidrig entschied: Das Gesetz, das es erlaubte, ein entführtes ziviles Flugzeug abzuschießen, wurde 2005 vom Bundestag angenommen. Später wurde es vom Bundesverfassungsgericht in seinem wesentlichen Teil wieder aufgehoben.
> *Waren Sie schon damals der Meinung, dass dieses Gesetz gegen die Verfassung verstößt?*
> *von Schirach:* Ja. Der Staat darf keine Unschuldigen töten.
> […]
> *Die meisten dieser Aufführungen endeten mit einem Freispruch für den Piloten. Nun werden knapp hundert Millionen Menschen Richter und Richterin spielen können. Macht Ihnen das nicht Angst?*
> *von Schirach:* Überhaupt nicht, ich freue mich darauf. Das Ergebnis ist nicht so wichtig. Interessant ist nur die Diskussion. Die Demokratie verlangt solchen Diskurs[1]. […] Weltweit haben sechzig Prozent der Zuschauer für „nicht schuldig" gestimmt und vierzig Prozent für „schuldig". Auch die Abgeordneten des Bundestages haben mehrheitlich für das Gesetz gestimmt, das den Abschuss eines Zivilflugzeugs erlaubt. Die Bevölkerung scheint also nicht anders zu denken als ihre Repräsentanten[2].
> […]
> *von Schirach:* Gesetze müssen Geltung haben. Sonst kann kein Staat, keine Gesellschaft existieren.
> *Und wenn die Gesetze nicht richtig sind?*
> **von Schirach:** Haben sie trotzdem zunächst Geltung. Sie müssen und können nur durch die Gesetzgebung geändert werden oder durch die Verfassungsgerichte aufgehoben werden.
>
> 1 **Diskurs:** Austausch, Unterhaltung
> 2 **Repräsentanten:** *hier:* die Abgeordneten im Bundestag
> **Quelle:** https://www.woz.ch/1641/terror-ihr-urteil-das-grosse-gespraech-zum-tv-aufreger/ganz-gleich-was-er-tut-er-wird-schuldig (veröffentlicht am 13.10.2016; aufgerufen 13.12.2022)

9 Beziehe den INFO-Kasten oben mit ein und verfasse die Stellungnahme für die Schülerzeitung zur Frage: Soll das Stück aufgeführt werden oder nicht?
Hinweis: Hilfen zum Schreiben einer Stellungnahme findest du auf Seite 115 im Arbeitsbuch.

Sechster Schritt: Deine Texte überarbeiten

10 Überarbeite deine Texte mithilfe der Checkliste auf Seite 64 und vergleiche deine Ausarbeitungen mit der Beispiellösung im Lösungsheft.

C Themenbereich 2: Ferdinand von Schirach: Terror

C 7 Für den E-Kurs: Prüfungsbeispiel zum Thema „Analyse und Vergleich des sprachlichen Handelns von Vorsitzendem, Verteidiger und Staatsanwältin"

Deine Prüfungsaufgabe könnte auf die Frage eingehen, wie die Prozessbeteiligten, die den Fall Lars Koch vor Gericht verhandeln, sich ausdrücken und wie sie Sprache einsetzen, um ihre Ziele zu erreichen: Wie sprechen sie? Auf welche Weise versuchen sie sich durch den Einsatz von Sprache durchzusetzen? Bearbeite die Aufgabe Schritt für Schritt.

Erster Schritt: Die Aufgabenstellung verstehen

1 Lies die Aufgabenstellung.

AUFGABENSTELLUNG

1 Ordne die vorliegenden Textauszüge in den Gesamtzusammenhang des Dramas „Terror" ein. Fasse ihren Inhalt mit eigenen Worten zusammen.

2 Analysiere und vergleiche das sprachliche Handeln der Figuren Vorsitzender, Staatsanwältin und Verteidiger. Achte auf
- die sprachliche Ausdrucksweise jeder Figur,
- die Beziehungen bzw. das berufliche Verhältnis der Figuren untereinander,
- die Ziele, die die Figuren jeweils verfolgen.

2 Lies den INFO-Kasten und werte ihn aus, indem du die wichtigsten Informationen über den Begriff „Sprachhandeln" markierst.

INFO Was umfasst sprachliches Handeln?

Der Begriff „Sprachhandeln" schließt neben der mündlichen auch die schriftliche Kommunikation mit ein. Gemeint ist die Fähigkeit, sich in verschiedenen Situationen und Rollen sprachlich angemessen zu verhalten. Sie umfasst sowohl die Ausdrucksfähigkeit, also das Sprechen bzw. Schreiben selbst, als auch das Verstehen der Äußerungen oder Texte anderer. Diese Fähigkeit ist notwendig, wenn man bestimmte Ziele erreichen möchte, indem man mit anderen Menschen kommuniziert.
Vor allem in beruflichen Zusammenhängen kommunizieren Menschen strategisch, also geplant. Sie überlegen genau, mit wem sie es zu tun haben, welche Interessen ihr Gegenüber verfolgt und wie es gelingen kann, andere von etwas zu überzeugen und deren Verhalten oder Entscheidungen im eigenen Sinne zu beeinflussen. Insofern handeln sie durch die Anwendung von Sprache.

Zweiter Schritt: Die Textauszüge lesen und in Bezug auf das Thema auswerten

3 Lies die folgenden Textauszüge. Markiere beim Lesen wichtige Informationen in Bezug auf die Bearbeitung der Aufgabenstellung. Verwende verschiedene Farben.

(1) **Vorsitzender:** Frau Staatsanwältin, Herr Verteidiger, ich habe, wie Sie der Zeugenliste entnehmen konnten, nur diesen einen Zeugen geladen. Da der Angeklagte die Tatvorwürfe bereits im Ermittlungsverfahren eigeräumt hat, erschienen mir weitere Zeugen entbehrlich. Selbstverständlich können wir
5 das Programm erweitern, wenn Sie es nach der Aussage von Herrn Lauterbach

C 7 Für den E-Kurs: Prüfungsbeispiel zum Thema „Analyse und Vergleich des sprachlichen Handelns ..."

noch für notwendig halten. Sie brauchen dafür keine formellen Anträge zu stellen, ich werde großzügig mit Ihren Anregungen sein.
Verteidiger: Das wäre mir neu.
Vorsitzender: Was?
Verteidiger: Dass Sie großzügig sind.
Vorsitzender: Wie bitte?
Verteidiger: Mein Mandant ist seit sieben Monaten in Untersuchungshaft. Sie hätten ihn entlassen können, Sie wissen, dass er nicht weggelaufen wäre. Von großzügig kann also keine Rede sein.
Vorsitzender: Ich kann einen Beschuldigten beim Verdacht eines 164-fachen Mordes doch nicht entlassen.
Verteidiger: Sie könnten schon – Sie wollen nur nicht ...
Staatsanwältin: Meine Herren, bitte.
Verteidiger: Es geht nicht um eine Bitte.
Vorsitzender: Sie sind unhöflich, Herr Biegler.
Verteidiger: Es geht auch nicht um Höflichkeiten. Strafverteidigung ist kein Beliebtheitswettbewerb.
Aus: Ferdinand von Schirach: Terror. S. 22, Z. 4 – S. 23, Z. 9

(2) **Staatsanwältin:** War es vielleicht so, dass auch Sie selbst das Flugzeug abgeschossen hätten?
Lauterbach: Nein, ich weiß nicht ...
Zum Vorsitzenden
Muss ich diese Frage beantworten?
Vorsitzender: Nun, ich kann nicht erkennen, wie Sie sich durch eine wahrheitsgemäße Antwort selbst belasten könnten.
Lauterbach: Was?
Vorsitzender: Sie müssen die Frage beantworten.
Lauterbach: *Zur Staatsanwältin*
Ich weiß es nicht.
Aus: Ferdinand von Schirach: Terror. S. 56, Z. 1 – S. 56, Z. 13

(3) **Staatsanwältin:** Überlegen Sie noch einmal. Sie waren sich doch sicher, wie Major Koch reagieren würde, oder?
Lauterbach: Ich weiß es nicht, was ich darauf sagen soll. Ich bin auf diese Frage nicht vorbereitet.
Vorsitzender: Die Wahrheit wäre hilfreich.
Lauterbauch: Ich ... gehe davon aus, dass die meisten Kameraden genau wie Major Koch gehandelt hätten. Ja. Vermutlich hätte auch ich die Lufthansa-Maschine abgeschossen.
Staatsanwältin: Na also.
Lauterbach: Worauf wollen Sie hinaus?
Staatsanwältin: Das Stadion nicht zu räumen war also so eine Art Wette, Herr Lauterbach.
Lauterbach: Wie bitte?
Staatsanwältin: Sie haben gewettet. Das Leben von 70 000 Menschen gegen die Entscheidung des Angeklagten.
Lauterbach: Das ist zynisch.
Staatsanwältin: Zynisch? Wieso zynisch?
Lauterbach: Ich bitte Sie, das ist doch keine Wette gewesen.

C Themenbereich 2: Ferdinand von Schirach: Terror

Staatsanwältin: Herr Lauterbach, wenn Sie das Stadion hätten räumen lassen, wäre kein Zuschauer in Gefahr gewesen. Aber das wollten Sie offenbar nicht.
Lauterbach: Um Gottes willen – das wollte ich nicht?
55 **Staatsanwältin:** Ja, wenn wir ehrlich sind, dann waren Sie sich sicher, dass es anders laufen würde. Dass der Angeklagte schießen würde. Und genau darauf haben Sie gesetzt.
Lauterbach: Ich kann mich nur wiederholen …
Staatsanwältin: Das brauchen Sie nicht. Es ist schon deutlich: Es ging gar
60 nicht um eine Rechnung, 164 Leben gegen 70 000 Leben …
Verteidiger: Es langt allmählich. Der Zeuge ist doch nicht der Angeklagte. Ich beantrage …
Aus: Ferdinand von Schirach: Terror. S. 58, Z. 4 – S. 60, Z. 2

(4) Staatsanwältin [*zum Angeklagten*]: Also haben Sie nicht sehen können, ob die herausgeschleuderten Menschen zuvor auf ihren Sitzen saßen oder im
65 Flur standen oder gerade versuchten, ins Cockpit einzudringen?
[…]
Verteidiger: Frau Staatsanwältin, ich weiß nicht, wohin diese Fragen führen sollen.
Staatsanwältin: Wollen Sie meine Fragen beanstanden?
70 **Verteidiger:** Ich will nur wissen, was Sie da zusammenfragen.
Staatsanwältin: Entweder Sie beanstanden jetzt meine Frage durch einen Antrag, oder Sie unterbrechen mich nicht weiter.
Vorsitzender: Bitte, bitte. Es ist eine anstrengende Hauptverhandlung. Wollen Sie die Frage der Staatsanwältin beanstanden. Ich kann im Moment allerdings
75 keinen Grund erkennen.
Verteidiger: Schon gut. […]
Aus: Ferdinand von Schirach: Terror. S. 77, Z. 5 – S. 78, Z. 4

Dritter Schritt: Die Gesprächssituation darstellen

4 Ordne die Textauszüge in den Gesamtzusammenhang des Dramas ein, wie im Beispieltext gezeigt. Schreibe ihn ins Heft und ergänze, wann im Prozess diese Dialoge stattfinden.

Bei den Textauszügen handelt es sich um Szenen aus dem ? Akt des Dramas. Im ersten Textauszug treten die Figuren ? , ? und ? auf. Ihr Dialog findet vor der Befragung des ? statt. Im ? und ? Textauszug wird der ? von der ? befragt. An diesem Gespräch nehmen auch ? und ? teil. Der vierte Textabschnitt bezieht sich auf die Vernehmung des ? . Am Dialog beteiligt sind hier ? , ? und ? .

5 Erkläre im Heft, welche Aufgaben die Sprechenden jeweils im Prozess haben. Gehe dabei auch auf das berufliche Verhältnis zwischen den Figuren ein, das sich im Prozess aus diesen Aufgaben ergibt. Die Informationen auf den Seiten 51 bis 52 helfen dir dabei.

Vorsitzender: leitet Verfahren; befragt die Zeugen und den Angeklagten; Aufgabe, Prozess ordnungsgemäß durchzuführen, damit er am Ende ein Urteil sprechen kann; …
Staatsanwältin: …
Verteidiger: …

C 7 Für den E-Kurs: Prüfungsbeispiel zum Thema „Analyse und Vergleich des sprachlichen Handelns ..."

Vierter Schritt: Die Sprache der Figuren analysieren

6 Analysiere, auf welche Weise sich die drei Figuren sprachlich ausdrücken. Gehe so vor:
   a) Prüfe die Textauszüge unter den nachfolgenden Fragestellungen und unterstreiche im Text mit unterschiedlichen Farben, was du zu den Fragen findest:
      – Verwendet die Figur Standardsprache oder Umgangssprache?
      – Ist ihre Wortwahl (juristisch) fachgerecht oder eher alltagssprachlich?
      – Formuliert sie in Parataxen (= Hauptsätzen)? Gibt es Hypotaxen (Sätze mit Nebensätzen)?
      – Spricht sie sachlich und gefasst oder eher gefühlsbetont, aggressiv o. Ä.?
      – Gibt es Textabschnitte, in denen Gefühle deutlich werden? Woran erkennst du das?
   b) Notiere im Heft für jede der Figuren deine Ergebnisse und dazu passende Textbelege.

7 a) Schreibe für jede Figur ihr Ziel für den Prozess auf. Aufgabe 5 auf Seite 84 hilft dir.
   b) Werte deine Ergebnisse von Aufgabe 6 aus, indem du im TIPP-Kasten jeweils Adjektive markierst, die das Auftreten einer Figur zusammenfassend kennzeichnen.

TIPP Adjektive zur Beschreibung der Wirkung des sprachlichen Handelns

gefühlvoll – mit Nachdruck – verständnisvoll – provozierend – belustigt – empört – bestimmt – freundlich – verwirrt – irritiert

---

8 Stelle deine Ergebnisse im Vergleich dar. Schreibe in dein Heft. Du kannst die Adjektive aus dem TIPP dafür nutzen.

Der Vorsitzende zeigt sich in den Gesprächen an vielen Stellen ? . Er spricht in einem ? und ? Tonfall. Dies kann man zum Beispiel erkennen, als ? . Manchmal aber ändert sich sein Tonfall, was man in Textauszug ? , Zeile ? , erkennen kann. Hier zeigt er ? .

Anders als der Richter tritt die Staatsanwältin tritt bei ihren Fragen ? auf, was man zum Beispiel erkennen kann, als sie ? . Auf Provokationen seitens des Verteidigers reagiert sie ? und ? . Dies zeigt sich zum Beispiel, als ? oder ? . Der Verteidiger präsentiert sich häufig ? .

Fünfter Schritt: Die Analyseergebnisse im Vergleich darstellen

9 Arbeite deine Texte aus: Fasse zuerst den Inhalt zusammen (vgl. INFO-Kasten S. 61) und ordne die Textauszüge ein. Stelle dann die Ergebnisse deiner Analyse des Sprachhandelns der Figuren dar und vergleiche dieses miteinander.

TIPP Formulierungshilfen für Analyseergebnisse

Für meine Analyse des sprachlichen Handelns werde ich zuerst die Figuren und ihre Ziele vorstellen. Der Vorsitzende spricht besonders in schwierigen Situationen häufig ... – Seine Sprache wirkt ... – Was er damit erreichen will, ist ... / Der Verteidiger versucht häufig, die anderen Figuren ... – Seine Sprache wirkt ... – Sein Ziel ist, damit ... zu erreichen. / Die Staatsanwältin spricht ... Ihre Sprache wirkt ... – Sie will damit erreichen, dass ...

Sechster Schritt: Deine Texte überarbeiten

10 Überarbeite deine Texte mithilfe der Checkliste auf Seite 64 und vergleiche deine Ausarbeitungen mit der Beispiellösung im Lösungsheft.

D Themenbereich 3: „Glück"

D 1 Arbeitsplan und Checkliste für Inhaltsbereich 3: Umgang mit Sachtexten

Das Lernprotokoll führt alle Aspekte auf, die du zur Vorbereitung für die Prüfung erarbeitet haben musst. Nutze es, um einen Überblick über deine Prüfungsvorbereitung zu gewinnen: Trage für jeden Aspekt ein, wann du ihn bearbeitet hast. Vergleiche zur Selbsteinschätzung deine Ergebnisse mit den Texten im beiliegenden Lösungsheft und notiere, wie gut deine Lösung gelungen ist:

+++ = sehr sicher / vollständig erfüllt

++ = größtenteils sicher / erfüllt

+ = manchmal unsicher / manches nicht erfüllt

0 = oft unsicher / oft nicht erfüllt

– = unsicher / nicht erfüllt.

In der rechten Spalte findest du Seitenverweise zu den Inhalten im FiNALE-Prüfungstrainer.

Lernprotokoll

	Bearbeitet am	Selbsteinschätzung	Seiten in FiNALE
Sachtexten Informationen und ggf. Argumente entnehmen			89–93, 97–99, 103–106, 110–113, 118–121, 128 ff.
Wiedergabe zentraler Aussagen			107, 122, 128
Auswertung von nichtlinearen Texten (Grafiken, Schaubilder o. Ä.)			99, 104 ff., 121
Erstellen einer Stoffsammlung (auch tabellarisch)			91 f., 100 f., 113 f., 122
Vergleich von Informationen			96–101, 109–117, 118–122
Zentrale Themen			
Vorstellungen von Glück			87–95
Interkulturelle Vorstellungen von Glück			87–95
Äußere und innere Faktoren von Glück (und Unglück)			96–101
Ergebnisse empirischer Glücksforschung			102–108
Glück und Lebenseinstellung (Glück und Gemeinschaft, Glück und sozialer Vergleich)			109–117
Glück – toxische Positivität			128
Textarten, die in der Prüfung vorkommen können			
Informierender Text (materialgestützt)			87–95, 96–101, 102–108
Stellungnahme: (materialgestützte) Erörterung			109–117, 118–122, 128 ff.
E Erläuterung			101
Thema für den E-Kurs			
E Hedonismus als Glückskonzept			118–122

D 2 Beispielaufgabe zum Thema „Vorstellungen von Glück – hier und andernorts"

Der dritte Bereich, der dir in der Abschlussprüfung begegnen kann, beschäftigt sich mit dem Thema „Glück". Du wirst dazu verschiedene Sachtexte erschließen (Zeitungsartikel, Grafiken usw.), die dir helfen, selbst informierende oder argumentierende Texte zu verfassen. Was für einen Text genau du schreiben sollst, gibt dir die Aufgabenstellung vor. Deine Prüfungsaufgabe könnte so ähnlich aussehen wie die Beispielaufgabe und die Prüfungsbeispiele auf den nächsten Seiten.
Die folgende Aufgabe geht auf „Vorstellungen von Glück" ein. Du gehst z. B. diesen Fragen nach:
- Was stellen sich Menschen unter „Glück" vor? Kann man „Glück" selbst beeinflussen?
- Unterscheidet sich „Glück" in unterschiedlichen Kulturen? Wie sieht z. B. die japanische Sichtweise aus?
Bearbeite die Aufgabe Schritt für Schritt, wie auf Seite 87 bis 95 erklärt.

TIPP Die Aufgabe verstehen

Lies die Aufgabe genau und unterstreiche:
- Worum geht es? Was ist das Thema?
- Was musst du tun? Gibt es für bestimmte Teile der Aufgabe Vorgaben für **die Menge oder die Art des zu Erledigenden**?
- Welche **Textart** sollst du schreiben: Ist z. B. eine Stellungnahme oder ein informierender Text gefordert?
- Wer liest den Text (**Adressat/-in**)? Was muss er/sie wissen, um den Sachverhalt zu verstehen?

Erster Schritt: Die Aufgabenstellung verstehen

1 Lies die Aufgabenstellung genau durch und unterstreiche, was du jeweils tun sollst.

AUFGABENSTELLUNG

Am 20. März wird der „International Day of Happiness", also der „Weltglückstag", gefeiert. Er wurde 2012 von den Vereinten Nationen ins Leben gerufen. Aus diesem Anlass wird deine Tageszeitung über Glücksvorstellungen in aller Welt berichten.
Du bist aufgefordert, auf der Jugendseite über die Vorstellungen von „Glück" in der westlichen Welt (z. B. USA/Europa) und in Japan („östliche Welt") zu informieren. Verfasse diesen **informierenden Text** auf Grundlage von M1 und erläutere darin auch das Konzept des „Zusammenglücks" (M1, Z. 60).

1 Werte M1 aus, indem du stichwortartig die wichtigsten Aspekte für deinen informierenden Text notierst. Lege dazu eine Tabelle nach folgendem Muster an:

„Glück" in der westlichen Welt (z. B. USA/Europa)	...
„Glück" in der östlichen Welt (z. B. Japan)	...
Gründe für die japanische Vorstellung von „Glück"	...
Erklärung des japanischen Konzepts „Zusammenglück"	...
Ergänzend: eigene Ideen / Gedanken / Aspekte	...

Für den G-Kurs:

2 Verfasse den informierenden Text für die Jugendseite deiner Tageszeitung. Erwähne in der Einleitung den Weltglückstag als Anlass und gehe auf deine eigenen Gedanken zum Thema ein. Nutze deine Stichworte von Aufgabe 1, um zunächst die westliche und dann die japanische Vorstellung von „Glück" vorzustellen, einschließlich ihrer Schattenseiten. Erläutere die Idee des „Zusammenglücks". Denke an eine passende Überschrift.

D Themenbereich 3: „Glück"

Für den E-Kurs:

2 Verfasse den Artikel für die Jugendseite deiner Tageszeitung, in dem du über interkulturell verschiedene Glücksvorstellungen in der westlichen Welt und in Japan informierst. Nutze dazu deine Ergebnisse von Aufgabe 1 und dein Vorwissen. Formuliere eine geeignete Überschrift.

INFO Vorstellungen vom Glück

Der Begriff „Glück" kann mehrere Bedeutungen haben:
1. eine unverhoffte, positive Entwicklung der Umstände, z. B. ein Lottogewinn (Zufallsglück);
2. eine sehr positive innere Gefühlslage, die sich auf einen Moment beschränken oder dauerhaft sein kann, z. B. das Gefühl, zufrieden und im Einklang mit den eigenen Werten leben zu können (Empfindungsglück/ Lebensglück);
3. ein angestrebter und erreichter Erfolg, z. B. eine berufliche Position (Erfüllungsglück).

Schon der griechische Philosoph Aristoteles (384 – 322 v. Chr.) definierte Glück als das höchste Ziel menschlichen Lebens. In westlichen Gesellschaften gilt heute das „Streben nach Glück" als **Freiheitsrecht** eines jeden Menschen.

Abhängig z. B. von der Kultur oder gesellschaftlichen Einstellungen verändert sich die Zielvorstellung: Ist das **Glück des Einzelnen** höher zu bewerten oder das **Glück der Gemeinschaft** als Ganzes? Und was bedeutet Glück: Meint es die *Freiheit von etwas*, z. B. von Armut und Hunger? Oder steht Glück für die *Verfügbarkeit von etwas*, z. B. Güter oder menschliche Zuwendung? Die Sozialforschung untersucht seit einigen Jahrzehnten, was Menschen glücklich macht. Es fällt den Forschenden jedoch schwer, **Maßstäbe für Glück** zu definieren. Ein Beispiel: Ist ein Mensch glücklich, der alles hat, was er sich erträumt hat, aber dafür so viel arbeiten muss, dass er seine Besitztümer gar nicht genießen kann?

Weil das Streben nach Glück für jeden einzelnen Menschen und jede Gesellschaft sehr wichtig ist, haben die Vereinten Nationen (UNO) 2012 den **20. März** als **„Weltglückstag"** oder „Internationalen Tag des Glücks" festgelegt, der seit 2013 weltweit mit vielen Aktionen stattfindet.

Glück wird **je nach Kultur unterschiedlich** eingeschätzt. Die Journalistin Fanny Jimenez beschreibt **interkulturelle Glücksvorstellungen**: „Anders als in westlichen Gesellschaften suchen Menschen in vielen nicht-westlichen Kulturen das Glück überhaupt nicht, sondern fürchten es. Denn aus ihrer Sicht zieht viel Glück wiederum Unglück an." Für Europäer und Nordamerikaner z. B. sei es normal, dass man alles für sein Glück tue. Menschen in einigen östlichen Kulturen hingegen denken, „dass zu viel Zufriedenheit ihrem Ansehen schadet, weil sie in den Augen anderer als selbstsüchtig, langweilig und oberflächlich erscheinen könnten. […] In Russland erweckt jemand, der zu glücklich erscheint, Neid und den Verdacht, dass dahinter immoralisches Handeln stecken könnte. In manchen Ländern, wie etwa dem Iran und benachbarten Ländern, fürchtet man auch den ‚bösen Blick' oder eine übernatürliche Macht, denen ihr persönliches Glück missfallen und sie am Ende dafür bestrafen könnte."

Quelle: Fanny Jimenez: Wenn man um das Glück einen Bogen macht; 21.3.2014; https://www.welt.de/gesundheit/psychologie/article126034708/Wenn-man-um-das-Glueck-einen-Bogen-macht.html (aufgerufen am 15.5.2022)

---

2 Kläre, was du selbst unter „Glück" verstehst. Lies den Info-Kasten oben und unterstreiche Wichtiges. Notiere eigene Vorstellungen.

D 2 Beispielaufgabe zum Thema „Vorstellungen von Glück – hier und andernorts"

Zweiter Schritt: Materialien erschließen und Inhalte erfassen

3 a) Lies das Interview (M1) zum Thema „Glücksvorstellungen".
b) Sieh dir die Unterstreichungen und Randnotizen an. Bearbeite den weiteren Text in ähnlicher Weise. Gehe so vor:
– Lies den Artikel mehrmals. Unterstreiche Wörter oder Textstellen, die für dich wichtig oder schwer verständlich sind. Verwende ein Wörterbuch, wenn du die Bedeutung eines Begriffs nicht aus dem Textzusammenhang erschließen kannst. Einige Begriffe werden auch unter dem Text erklärt.
– Schreibe Notizen an den Textrand oder auf ein Extrablatt.

M1 „Glück ist etwas sehr Vergängliches" *Jochen Metzger*

Das westliche Streben nach Glück ist Japanern fremd. Die Psychologin Yukiko Uchida erforscht das asiatische Gegenmodell von Zufriedenheit.

Frau Professorin Uchida, Sie haben untersucht, was die Menschen unter Glück verstehen. Wie unterscheiden sich Japaner dabei von Europäern und Amerikanern?
Oh, da gibt es viele Unterschiede. Im Westen glaubt man zum Beispiel, dass man es selbst im Griff hat, ob man glücklich wird oder nicht. Im Westen glaubt man auch, dass Glück eine fantastische Sache ist. Dass man erst im Zustand des Glücks wirklich zu sich selbst kommt und all seine Potenziale[1] abruft. Wer glücklich ist, kann gewissermaßen die Welt aus den Angeln heben. Für uns Japaner sind das recht abwegige Vorstellungen. Wir sehen Glück eher als etwas, das von außen kommt, das vor allem vom Zufall abhängt. Man hat kaum Kontrolle darüber, ob man glücklich ist oder nicht.
Wollen Japaner denn lieber unglücklich sein?
Natürlich nicht. Sie haben aber viel stärker das Gefühl, dass Glück etwas sehr Vergängliches ist. Es währt[2] nur für einen Moment, dann ist es vorbei. Deshalb muss man sich und seine Gefühle kontrollieren, wenn die Dinge mal gut laufen. Man darf sich diesem Hochgefühl nicht zu sehr hingeben. Denn das wäre gefährlich.
Man misstraut dem Glück?
Bei uns sieht man diesen euphorischen[3] Zustand ganz sicher skeptischer[4] als im Westen. Wir haben verglichen, was etwa Japaner und Amerikaner fühlen, wenn sie glücklich und wenn sie unglücklich sind. Wenn es im Leben eher schlecht läuft, finden wir kaum Unterschiede zwischen den Kulturen: Man empfindet einen Mix aus guten und schlechten Emotionen. Das ist überall gleich. Aber in Momenten des Glücks gibt es enorme Unterschiede. Menschen aus westlichen Kulturen berichten da ausschließlich von positiven Emotionen. Alles ist toll. Bei Japanern sind die Gefühle dagegen auch im Glück noch gemischt. Sie haben stets auch ein wenig Angst.
Wovor?
Etwa davor, den Neid der anderen auf sich zu ziehen. Weil man plötzlich herausragt und sich von anderen unterscheidet. Vielleicht hat man – anders als seine Kollegen – einen Bonus bekommen. Für uns ist das eine Art Nullsummenspiel: Mag sein, dass ich gerade glücklich bin, aber deshalb muss vielleicht jemand anders leiden.

D Themenbereich 3: „Glück"

M1

Sie meinen, dass es ähnlich läuft wie beim Fußball: Wenn die eine Mannschaft gewinnt, dann muss die andere verlieren?

Richtig. Außerdem glauben wir, dass Glück nichts Gutes für die Zukunft bedeutet. Wir stellen uns das Leben als eine Schachtel vor, in der gleich viele goldene und schwarze Kugeln liegen. Wenn wir drei goldene Kugeln hintereinander gezogen haben, dann erhöht das natürlich die Chance, als Nächstes eine schwarze Kugel zu ziehen. Glück hat also immer seinen Preis – und kommt deshalb stets mit einer Prise Angst daher.

Werden Menschen glücklicher, wenn sie nach Glück streben?

In den USA besitzt das Streben nach Glück ja sogar Verfassungsrang. Für uns Japaner ist das Streben nach Glück aber keine gute Motivation. Wir glauben, dass es besser ist, fleißig zu sein und sich selbst zu verbessern – weil man damit auch die Gesellschaft ein wenig besser macht.

Neigt man in glücklichen Augenblicken dazu, mehr Fehler zu machen?

Für mich klingt das jedenfalls plausibel. Wir haben da ein Sprichwort, das sich schwer übersetzen lässt. Es besagt sinngemäß: Wenn du merkst, dass du gewinnst, musst du doppelt vorsichtig sein und doppelt so gut dafür sorgen, dass um dich herum alles in Ordnung ist. Wir Japaner sind ja sehr darauf bedacht, uns gegen Risiken abzusichern.

Woran liegt das?

Das hat mehrere Gründe. Japan ist ein dichtbesiedeltes und relativ kleines Land, das permanent von Naturkatastrophen heimgesucht wird. Wir haben Erdbeben, Tsunamis, Wirbelstürme. Die Struktur unserer Umwelt fördert also ein Denken, bei dem man sich immer auf das Schlimmste vorbereitet. Glück nach westlichem Vorbild passt überhaupt nicht in so eine Welt. [...]

In Ihren Studien arbeiten Sie manchmal mit einem Glückskonzept, das man im Deutschen als „Zusammenglück" bezeichnen könnte. Was verstehen Sie darunter?

Im Englischen spreche ich von *interdependent happiness*. Das erlebt jemand, der glaubt, dass es den Menschen in seinem Umkreis gutgeht. Dass sie einen wertschätzen. Wenn man das Gefühl hat, dass man die Menschen in seinem Umfeld ein bisschen glücklicher macht. Dass man im Alltag keine allzu großen Ängste empfindet. Und dass man seine Ziele verfolgen kann, ohne anderen damit zu schaden.

Klingt so, als gehe es vor allem um Rücksichtnahme. Was ist mit Geld? Wie wichtig ist Reichtum für ein gutes Zusammenglück?

Geld spielt eine Rolle, auch in Japan. Aber es geht nicht darum, Milliardär zu werden. Es genügt, wenn man ungefähr genauso viel besitzt wie seine Nachbarn.

Manche Forscher behaupten, dass auch der Reis fürs japanische Glücksverständnis eine Rolle spielt. Können Sie das genauer erklären?

Ja, das mit dem Reis ist ein Argument aus der Kulturpsychologie. Man schaut dabei auf die Art und Weise, in der wir in Japan Landwirtschaft betreiben. Reisbauern bewirtschaften ja seit vielen Generationen dasselbe Stück Land. Es gibt also sehr wenig Mobilität. Man behält seine Nachbarn ein Leben lang. Das erzeugt eine Art zu denken, die ausgesprochen vorsichtig ist und bei der soziale Harmonie unglaublich wichtig wird.

Das leuchtet ein. Aber warum ist der Reis da so besonders? Geringe Mobilität hat man auch bei Bauern, die Weizen anbauen.

Stimmt. Aber ein Weizenbauer kann seine Familie ernähren, ohne auf fremde Hilfe angewiesen zu sein. Beim Reis ist das unmöglich, weil die Bewässerung

D 2 Beispielaufgabe zum Thema „Vorstellungen von Glück – hier und andernorts"

der Felder viel zu kompliziert ist. Das schafft man nur im Kollektiv[5]. Anders gesagt: Ohne die Hilfe der Dorfgemeinschaft kann niemand überleben. Man ist von sehr vielen anderen Menschen abhängig. Deshalb ist die Harmonie in der Gemeinschaft in unserer Kultur so wichtig. [...]

Randnotiz: Zusammenarbeit mit anderen wichtig M1

Sie haben erforscht, welche Rolle die Erziehung bei alldem spielt. Wie haben Sie das gemacht?
Ich habe zusammen mit einer Kollegin beliebte Bilderbücher in Japan und im Westen miteinander verglichen. Und zwar vor einem ganz bestimmten Hintergrund: Wir gehen davon aus, dass es in jeder Kultur einen Gefühlszustand gibt, der als ideal angesehen wird. [...] In Bilderbüchern werden dauernd Gefühle dargestellt. Um das systematisch zu untersuchen, haben wir uns Bild für Bild die gezeigten Gesichtsausdrücke angesehen. Unsere Analyse zeigt, dass man in den USA typischerweise ein riesiges Lächeln zeigt, der Mund ist weit geöffnet, man kann die Zähne sehen. In Büchern aus Japan und Taiwan sehen die Gesichter ganz anders aus. Das Lächeln ist viel feiner. Sehr subtil. Der Mund bleibt fast immer geschlossen. So lernen die Kinder schon früh, welche Gefühle als gut und erstrebenswert gelten. Die Gesichter sind aber nicht alles. Auch bei den Farben findet man Unterschiede. Sie fallen in amerikanischen Bilderbüchern lebendiger und kräftiger aus, sie sind sozusagen lauter. [...]

Randnotiz: USA: riesiges Lächeln
Japan: feines Lächeln

Wie kann man Zusammenglück im Alltag leben?
Indem man permanent darüber nachdenkt, wie gut es den anderen gerade geht. Nicht nur immer „ich, ich, ich". Sondern auch überlegen, wie ich meinen Partner oder meine Mitmenschen glücklich machen kann. [...]

(1 102 Wörter)

1 **das Potenzial:** die Leistungsfähigkeit
2 **währen:** dauern, anhalten
3 **euphorisch:** begeistert, entzückt
4 **skeptisch:** misstrauisch, kritisch prüfend
5 **das Kollektiv:** Gruppe von zusammenarbeitenden oder -lebenden Menschen, Team

Quelle: https://www.psychologie-heute.de/gesellschaft/artikel-detailansicht/40763-glueck-ist-etwas-sehr-vergaengliches.html (aufgerufen am 19.5.2022)

Dritter Schritt: Eine Stoffsammlung zu den Materialien erstellen

4 Lege eine Stoffsammlung an: Notiere darin die wichtigen Stichworte aus deinen Randnotizen neben dem Text. Hilfen findest du im INFO-Kasten unten.
  a) Arbeite die Beispiel-Tabelle auf Seite 92f. aus.
  b) Ergänze eigene Aspekte und/oder Beispiele.

> **INFO** Eine Stoffsammlung anlegen
>
> In einer Stoffsammlung stellst du verschiedene Aussagen und Aspekte zu einem Thema zusammen. Du wertest dazu einen oder mehrere Sachtext(e) oder Grafik(en) (vgl. S. 99) aus. Es gibt mehrere Möglichkeiten, eine Stoffsammlung anzulegen:
>
> **1. Stichwortsammlung**
> Beginne deine Stoffsammlung mit einer Überschrift, die das Thema knapp nennt. Du kannst dazu den Titel des Materials aufgreifen.
> Notiere darunter deine Stichworte. Liste sie mit Spiegelstrichen auf und notiere in Klammern die Zeilen, in denen die Stichworte vorkommen (= Textbelege, vgl. INFO-Kasten auf Seite 40).

D Themenbereich 3: „Glück"

2. Tabelle

Sehr übersichtlich ist die Darstellung der Stichworte in einer Tabelle, weil du sie in Unterthemen unterteilst. Ordne deine Stichworte den Unterthemen zu. Notiere sie geordnet mit Textbelegen.

Hinweis: Du musst nicht alle Aspekte erfassen, die das Material enthält. Grenze deine Auswahl auf die Fragestellung oder das Thema ein.

Stoffsammlung (als Tabelle)

Mögliche Überschrift	
„Glück" in der westlichen Welt (z. B. USA/Europa)	– jeder ist selbst für sein Glück verantwortlich (vgl. Z. 4 f.) – Glück = Voraussetzung für volle Leistungsfähigkeit (vgl. Z. 6 f.) Bilderbuchanalyse in den USA:
„Glück" in der östlichen Welt (z. B. Japan)	– Glück hat seinen Preis: Entweder Bilderbuchanalyse in Japan:

D 2 Beispielaufgabe zum Thema „Vorstellungen von Glück – hier und andernorts"

Gründe für die japanische Vorstellung von „Glück"	– Japan = kleines Land mit vielen Einwohnern, oft Naturkatastrophen, darum
Erklärung des japanischen Konzepts „Zusammenglück"	– Gemeinschaft glücklich machen (auch durch eigenes Handeln) (vgl. Z. 64 f.)
Ergänzend: eigene Ideen / Gedanken / Aspekte	

D Themenbereich 3: „Glück"

Vierter Schritt: Einen Schreibplan erstellen

> **TIPP**
>
> In einem Schreibplan legst du die Gliederung für deinen Text fest. Sie gibt dir beim Schreiben Orientierung. Die Muster-Schreibpläne in diesem Arbeitsbuch geben Beispiele, die zu den Themen in der Prüfung passen.

5 Erstelle mithilfe deiner Stoffsammlung in deinem Heft einen Schreibplan für den informierenden Text. Du kannst dich am folgenden Beispiel orientieren oder einen eigenen Schreibplan entwerfen.

Schreibplan

Überschrift: „Glück ist nicht gleich Glück!" von Paul Schmidt

1. Einleitung:
— Adressaten berücksichtigen, ggf. einbinden (jugendliche Leser/Leserinnen der Tageszeitung)
— Vorstellung des Themas: Anlass = „Weltglückstag"; Information darüber, welche Vorstellungen von Glück überhaupt auf der Welt existieren → beispielhaft: Japan
— Überleitung zu den nachfolgenden Informationen, z. B.: direkte Frage an Leserschaft (Hast du deine eigenen Glücksvorstellung schon einmal hinterfragt?)

2. Informierender Hauptteil
— Glücksvorstellungen in der westlichen Welt (zentral: Europa/USA)
— Glücksvorstellungen in Japan (als Teil der asiatischen/östlichen Welt), z. B.: Glück ist erstrebenswert und liegt in eigener Verantwortung ≠ Glück ist eher gefürchtet, zufällig
— genauere Darstellung der japanischen Sichtweise (Schattenseiten des Glücks, Gründe für diese Sichtweise)
— Konzept des „Zusammenglücks" (Beispiel Reisbauern, soziale Harmonie, Rücksichtnahme)

3. Schluss:
zusammenfassendes Fazit mit z. B. Empfehlung des „Zusammenglücks" als Perspektive auch für die Leserschaft (mögliche Vorteile)

Fünfter Schritt: Den informierenden Text schreiben

6 Schreibe den Artikel für die Tageszeitung in dein Heft.
Die folgenden Formulierungen können dir helfen. Denke an eine passende Überschrift.

— *Welch ein Glück: Am heutigen 20. März wird wieder in der ganzen Welt das Glück gefeiert, denn es handelt sich um den alljährlichen „Weltglückstag", der seit 2013 offiziell existiert.*
— *Anlässlich dieses Tages haben wir uns in der Jugendredaktion die Frage gestellt, ob …*
— *Wie aber nimmt man das Glück in anderen Kulturen wahr, z. B. in Asien?*
— *Heute stellen wir euch als Beispiel den japanischen Blick auf das Glück vor und zeigen dessen Abweichungen von der Auffassung in westlich geprägten Kulturen auf.*
— *Fangen wir bei unserer westlichen Vorstellung an: Für uns ist es normal, dass …*
— *Während Glück in unserer Kultur stets positiv beurteilt wird, hat man in Japan …*
— *Dass das Streben nach Glück z. B. in Japan anders bewertet wird, liegt daran, dass …*
— *Was aber hat Reis mit der japanischen Glücksvorstellung zu tun?*

D 2 Beispielaufgabe zum Thema „Vorstellungen von Glück – hier und andernorts"

Sechster Schritt: Deinen Text überarbeiten

7 Überarbeite deinen Text: Nutze dazu die folgende Checkliste und vergleiche deinen Text mit der Beispiellösung im Lösungsheft.

> **CHECKLISTE** zur Überarbeitung von Sachtexten
>
> Plane **ausreichend Zeit** ein, um am Ende der Prüfung deinen Text gründlich Korrektur zu lesen.
> Am besten wäre es, wenn dir genug Zeit bleibt, um deinen Text **mehrfach** zu prüfen. Achte bei jedem Korrekturgang auf einen bestimmten **Schwerpunkt**:
> – Zuerst solltest du prüfen, ob dein Text **sinnvoll aufgebaut** ist. Hast du ihn durch **Absätze** gegliedert?
> – Sehr wichtig ist auch, dass du leserlich schreibst: Können alle Wörter problemlos gelesen werden?
> – Anschließend nimmst du den **Inhalt** und die **Sprache** unter die Lupe:
>
> **Den Text inhaltlich überarbeiten**
> Hast du …
> ☑ in deinem Text die **Stichworte aus deiner Stoffsammlung** verwendet?
> ☑ die **Informationen** (Zahlen, Fakten, Aussagen, Meinungen) richtig aus dem **Material** übernommen (und je nach Textsorte mit **Textbelegen** inkl. Zeilenangaben versehen)?
> ☑ die Informationen für den Leser/die Leserin **nachvollziehbar** und **interessant** dargestellt?
> ☑ unterschiedliche Beobachtungen **logisch verknüpft** und **Zusammenhänge deutlich** gemacht?
>
> **Den Text sprachlich überarbeiten**
> Hast du …
> ☑ deinen Text überwiegend im **Präsens** geschrieben?
> ☑ Aussagen anderer in **indirekter Rede** im Konjunktiv, in eigenen Worten oder mit dass-Sätzen wiedergegeben (vgl. S. 35)?
> ☑ Wiederholungen vermieden (Weglassprobe) und **abwechslungsreiche Satzanfänge** gewählt?
> ☑ **vollständige Sätze** geschrieben, die grammatischen Bezüge richtig hergestellt, Satzgefüge verwendet, die Nebensätze mit den Hauptsätzen verknüpft, zu lange Sätze aufgelöst (Punkte gesetzt)?
> ☑ logische Zusammenhänge durch **passende Konjunktionen** verdeutlicht (z. B. „weil", „da", „obwohl")?
>
> **Rechtschreibung und Zeichensetzung überprüfen**
> Alle wichtigen Rechtschreibregeln findest du im Internet auf **www.finaleonline.de**. Dort kannst du das kostenlose „Extra-Training Rechtschreibung" herunterladen.

8 Prüfe abschließend, welche Punkte der Checkliste du besonders intensiv überarbeiten musstest. Formuliere Tipps für dich selbst, auf die du beim Schreiben des nächsten Textes besser achten wirst.

_____
_____
_____
_____
_____
_____
_____

D Themenbereich 3: „Glück"

D 3 Prüfungsbeispiel zum Thema „Was macht glücklich?"

Die folgende Aufgabenstellung untersucht innere und äußere Bedingungen von Glück:
– Entsteht es aus uns selbst heraus oder durch äußere Umstände?
– Was braucht man zum Glücklichsein?
– Erkennt Glück nur, wer auch Unglück kennt?
Bearbeite die Aufgabe Schritt für Schritt.

Erster Schritt: Die Aufgabenstellung verstehen

1 Lies die Aufgabenstellung genau und unterstreiche, was du tun sollst (vgl. Tipp auf S. 87).

AUFGABENSTELLUNG

Der Blog „PlanetBeHappy" richtet sich an Jugendliche. Er bietet unter anderem praktische Lifehacks für Alltagsprobleme an. Geplant ist ein Beitrag über die Ursachen bzw. Bedingungen von Glück.
Verfasse auf der Grundlage von M1 bis M4 einen **informierenden Text** mit dem Titel „Entsteht Glück von außen oder von innen? – So findest du dein wahres Glück". Binde auch den Infokasten zu den Begriffen „Glück", „Freude" und „Zufriedenheit" auf Seite 100 sowie deine eigenen Erfahrungen über innere und äußere Faktoren von Glück und Unglück ein.

1 Stelle in einer Stoffsammlung wesentliche Informationen aus M1 bis M4 zu Einflussfaktoren auf das Glück zusammen. Ergänze auch eigene Erfahrungen und Gedanken. Lege zu diesem Zweck in deinem Heft eine solche Tabelle an:

	Informationen zu Einflussfaktoren auf das Glück
Material 1	...
Material 2	...
Material 3	...
Material 4	...
Eigene Erfahrungen / Gedanken	...

2 Verfasse den informierenden Text über Faktoren, die das Glück beeinflussen. Nutze dazu deine Ergebnisse von Aufgabe 1 und dein Vorwissen. Formuliere eine geeignete Überschrift.

Für den E-Kurs:

3 Erläutere das folgende Zitat: „Es ist nicht leicht, das Glück in uns selbst zu finden, aber unmöglich, es anderswo zu finden." (Agnes Repplier)

Zweiter Schritt: Materialien erschließen und Inhalte erfassen

2 Werte M1 bis M4 aus, wie auf Seite 89 bei Aufgabe 3 b) beschrieben. Beachte zur Auswertung der Schaubilder auch den Tipp auf Seite 99.

D 3 Prüfungsbeispiel zum Thema „Was macht glücklich?"

M1 **Zum Glücklichsein gehört das Unglück** *Sonja Niemann*

[...] Macht Geld glücklich?
Klingt schwer unromantisch, aber: ja, behauptet die Glücksforschung. Zum einen, weil Existenzsorgen und die Frage, ob man nächsten Monat noch die Miete bezahlen kann, nun mal sehr auf die Lebenszufriedenheit drücken. Zum anderen, weil Menschen sich gern vergleichen – und je ärmer man im Vergleich zu den anderen ist, umso schlimmer ist es für den Einzelnen. Dänemark gilt beispielsweise laut dem neuen „World Happiness Report"[1] der Vereinten Nationen als das glücklichste Land der Welt, gefolgt von anderen skandinavischen Ländern und der Schweiz (Deutschland ist nur auf Platz 26). Und ein Hauptgrund für die hohe Lebenszufriedenheit ist laut Glücksforschern vermutlich nicht das hohe Durchschnittseinkommen bei niedriger Arbeitslosigkeit – sondern vor allem, dass die sichtbare Schere zwischen Arm und Reich weit weniger klaffend ist als in anderen Ländern. Denn deutlich weniger Geld zu haben als die Mehrheit ist ein blödes Gefühl, und daran gewöhnt man sich auch nicht. Oder wie es die Ökonomin[2] Conchita D'Ambrosio von der Universität Luxemburg formuliert: „Armut fängt schlecht an und bleibt schlecht."
Aber Glück kann man nicht kaufen, oder? Doch, auch das – vorausgesetzt, man gibt das Geld richtig aus. Glückstechnisch gesehen sind 400-Euro-Schuhe, maßgeschneiderte Anzüge oder ein Sportwagen totale Fehlinvestitionen: Nach einem kurzen Moment der Freude hat man sich schnell an den Besitz gewöhnt und womöglich kreuzt die Kollegin eine Woche später in noch schickeren Schuhen auf, die sie im Ausverkauf für nur 200 Euro erstanden hat. Der richtige Anlagetipp lautet stattdessen: Geld nicht für Besitztümer, sondern für Erlebnisse ausgeben. Städtereisen, Heißluftballonfahrten, Konzertkarten, ein Gesangskurs in der Volkshochschule, ein schönes Essen mit Freunden – das sind die wirklich sinnvollen Investitionen. Denn schöne Erlebnisse werden zu schönen Erinnerungen. Und die halten, im Gegensatz zum Auto, ein Leben lang. [...]
Am Glück kann man auch arbeiten, buchstäblich. Indem man etwas tut, was man als erfüllend und für sich sinnvoll begreift: ein Beruf, ein Hobby, ein Ehrenamt, ein Sport, ein Projekt. Glücklich ist derjenige, der ein selbstgestecktes Ziel mit echter Leidenschaft verfolgt – und dabei ist es fast egal, ob man als Wissenschaftlerin in der Krebsforschung arbeitet oder jeden Dienstag mit der Band an Cover-Versionen der „Foo Fighters". Sich mit einer Sache zu beschäftigen, die einem am Herzen liegt – einschließlich der Enttäuschung, weil etwas unerwartet viel Mühe macht oder nicht immer alles sofort klappt –, das ist viel glücksstiftender als zuverlässig angenehme Zerstreuungen wie der Kino-Abend, der Urlaub oder Wellness-Nachmittag im Spa.
Denn Glück, das ist das Paradoxe[3], macht nicht immer nur Spaß. Glück ist nicht das Gleiche wie Wohlfühlen. Und Glück bedeutet nicht, immer nur gute Laune zu haben, egal, was passiert. Das ist der große Irrtum der krampfhaften Positiv-Denker. Denn negative Gefühle gehören nun mal zu der Fülle des Lebens. Und dieses „Glück der Fülle", schreibt der deutsche Philosoph Wilhelm Schmid in seinem Buch „Glück", sei das Einzige, das dauerhaft sein kann. Schließlich ist es unmöglich, sich immer wohl zu fühlen, selbst, wenn man ausschließlich schöne Dinge tun würde: Nach einem Glas Rotwein fühlt

M1

man sich spitze, aber nach zwei Flaschen Rotwein eben nicht mehr. Und so ist es mit allem.

50 Wer das „Glück der Fülle" erfahren will, muss allerdings auch ab und zu etwas wagen: Jemanden ansprechen. Ehrlich sein. Etwas ausprobieren. Kurzum: dem Glück eine Chance geben. Nur so entdeckt man neue Talente, neue Seiten an sich selbst und nicht zuletzt auch neue Menschen, die das Leben bereichern können. [...]   (551 Wörter)

1 der „**World Happiness Report**": jährlicher Bericht der UNO zur Lebenszufriedenheit in verschiedenen Ländern
2 **der Ökonom/die Ökonomin:** Wirtschaftswissenschaftler(in)
3 **paradox:** widersprüchlich

Quelle: https://www.brigitte.de/amp/liebe/persoenlichkeit/psychologie--zum-gluecklich-sein-gehoert-das-unglueck-10146948.html (aufgerufen am 15.5.2022)

M2 Aphorismen zur Lebensweisheit
Arthur Schopenhauer (1788 – 1860)

Mit größtem Rechte also sagt Aristoteles[1]: ἡ ευδαιμονια των αυταρκων εστι (*Eth. Eud. VII, 2*), zu Deutsch: Das Glück gehört denen, die sich selbst genügen. Denn alle äußern Quellen des Glückes und Genusses sind, ihrer Natur nach, höchst unsicher, misslich, vergänglich und dem Zufall unterworfen, dürften
5 daher, selbst unter den günstigsten Umständen, leicht stocken; ja, dieses ist unvermeidlich, sofern sie doch nicht stets zur Hand sein können. Im Alter nun gar versiegen sie fast alle notwendig: denn da verlässt uns Liebe, Scherz[2], Reiselust, Pferdelust[3] und Tauglichkeit[4] für die Gesellschaft: sogar die Freunde und Verwandten entführt uns der Tod. Da kommt es denn, mehr als je, darauf
10 an, was einer an sich selber habe. Denn dieses wird am längsten Stich halten. Aber auch in jedem Alter ist und bleibt es die echte und allein ausdauernde Quelle des Glücks. Ist doch in der Welt überall nicht viel zu holen: Not und Schmerz erfüllen sie, und auf die, welche diesen entronnen sind, lauert in allen Winkeln die Langeweile. Zudem hat in der Regel die Schlechtigkeit die
15 Herrschaft darin und die Torheit[5] das große Wort. Das Schicksal ist grausam und die Menschen sind erbärmlich. In einer so beschaffenen Welt gleicht der, welcher viel an sich selber hat, der hellen, warmen lustigen Weihnachtsstube, mitten im Schnee und Eise der Dezembernacht. Demnach ist eine vorzügliche, eine reiche Individualität und besonders sehr viel Geist zu haben ohne Zweifel
20 das glücklichste Los auf Erden.   (236 Wörter)

1 **Aristoteles:** Philosoph der griechischen Antike (384 – 322 v. Chr.)
2 **der Scherz:** *hier:* Vergnügen
3 **die Pferdelust:** Freude am Pferd/Reiten
4 **die Tauglichkeit:** Qualifikation, Eignung
5 **die Torheit:** Dummheit

Quelle: Ernst Ohle in Düsseldorf 1913, Druck der Spamerschen, Buchdruckerei in Leipzig, https://www.gutenberg.org/files/47406/47406-h/47406-h.htm (aufgerufen am 15.5.2022)

D 3 Prüfungsbeispiel zum Thema „Was macht glücklich?"

M3 Lebenszufriedenheit im Zeitverlauf von 2002 bis 2021

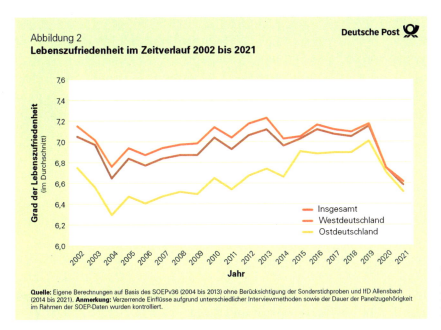

Quelle: https://www.dpdhl.com/content/dam/dpdhl/de/media-relations/assets/gluecksatlas-2021/buchgrafiken/A2-Lebenszufriedenheit-insgesamt.jpg (aufgerufen am 15.5.2022)

TIPP Grafiken und Schaubilder auswerten

Die folgenden Fragestellungen helfen dir, eine Grafik, eine Tabelle oder ein Schaubild auszuwerten:
– Was für ein **Grafiktyp** liegt vor (Säulen-, Kreis-/Torten-, Balken- oder Verlaufsdiagramm)?
– Um welches **Thema** geht es? Welche Hinweise geben dir Überschriften und Erläuterungen?
– Welche **Art von Zahlenangaben** liegt vor? Werden Werte in Prozent, Promille oder in absoluten Zahlen (beispielsweise in Tausend) angegeben? Was ist der höchste, was ist der niedrigste Wert? Werden die Gesamtwerte oder nur ein Auszug gezeigt? (Ein Auszug kann das Verhältnis der Werte zueinander verschieben.)
– Auf welcher **Grundlage** wurden die Daten erhoben? Wird etwas miteinander verglichen?
– Was ist die **Kernaussage** des Schaubildes?

M4 Was macht glücklich?

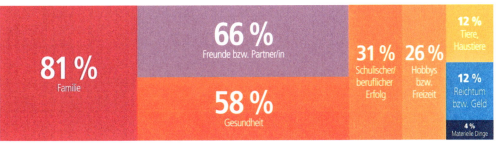

D Themenbereich 3: „Glück"

> **INFO** Begriffserklärungen: Freude, Glück, Zufriedenheit
>
> **Freude** = starkes Gefühl, meist als Reaktion auf eine angenehme Situation. Freude ist eher kurzfristig, man fühlt sich lebendig. Gegenteil: Unwohlsein.
> **Glück** = das intensivste Wohlbefinden, das Menschen kennen. Es ist langanhaltender als Freude, aber kürzer als Zufriedenheit. Oft ist es abhängig von sozialen Situationen. Gegenteil: Trauer und Depressionen.
> **Zufriedenheit** = das stabilste gute Gefühl. Sie ist ein ruhigerer Gefühlszustand als Freude und Glück. Grundlage für Zufriedenheit: positive Grundstimmung, grundlegende positive Haltung dem Leben gegenüber, Persönlichkeit eines Menschen. Ein besonders langanhaltendes Gefühl. Gegenteil: Unzufriedenheit.
> **Nach:** https://www.psychologie-heute.de/leben/artikel-detailansicht/40931-das-leise-glueck-der-zufriedenheit.html (aufgerufen am 19.5.2022)

Dritter Schritt: Eine Stoffsammlung zu den Materialien erstellen

3 Notiere in der Tabelle stichwortartig Informationen, die du für deinen Text zu Teilaufgabe 2 von Seite 96 verwenden willst. Beachte auch den INFO-Kasten zur Stoffsammlung auf Seite 91 f.

Stoffsammlung

	Informationen zu Einflussfaktoren auf das Glück
Material 1 *Sonja Niemann, Online Zeitung zum Glücklichsein gehört das Unglück*	– Glücksforschung: ausreichend viel Geld = Glücksquelle, da keine Existenzsorgen (vgl. Z. 2–4) – wichtig für Glücksgefühl: Vergleich mit anderen, denn Menschen sind unglücklicher wenn sie glauben weniger zu haben als andere – Dänemark des glücklichste Land der Welt weil der Unterschied zwischen Reich und arm nicht so groß ist – Man soll geld nicht für Besitztümer ausgeben sondern für schöne Erlebnisse – Glücklich ist derjenige der ein selbst gestecktes Ziel mit Leidenschaft verfolgt – auch Scheitern und Fehler machen Glücklich
Material 2	– Aristoteles: Menschen am glücklichsten, die mit sich selbst glücklich sind (vgl. Z. 2) – äußere Quellen für Glück = vergänglich und
Material 3 *Deutsche Post 2014–2021*	– Lebenszufriedenheit laut Umfrage Ost-Deutschland ist weniger zufrieden als West Deutschland aber im insgesamten wird es bis zum Jahr 2019 positiver. Ab 2019 geht es berg ab, auf kosten der Corona Pandemie

D 3 Prüfungsbeispiel zum Thema „Was macht glücklich?"

Material 4 *Bundesverband der Deutschen Volksbanken und Raiffeisenbanken*	– laut Umfrage 2020 Glücksquellen: *sind für 81% des Familie das Wichtigste* – *für 4% ist Materiele das wichtigste*
Eigene Erfahrungen / Gedanken	

Vierter Schritt: Einen Schreibplan anlegen

4 Erstelle in deinem Heft einen Schreibplan für deinen informierenden Text. Orientiere dich am folgenden Beispiel oder entwirf eine eigene Gliederung.

Schreibplan

Überschrift: „Entsteht Glück von außen oder von innen? – So findest du dein wahres Glück"

1. Einleitung:
– Bezug zu Adressaten herstellen (ratsuchende Jugendliche)
– Ankündigung des folgenden Textes (verschiedene Quellen zusammengetragen)

2. Hauptteil A: Äußere Quellen des Glücks
– Definition Glück vs. Freude vs. Zufriedenheit
– eigene Erfahrungen/Beobachtungen aus Jugendperspektive (Ausgehen, Partys usw.)
– M1 + M3 + M4: äußere Glücksquellen = Geld, Freunde, Kinder usw.

3. Hauptteil B: Innere Quellen des Glücks
– M2: Schopenhauers Einstellung (nicht auf äußere Quellen vertrauen beim Glück)
– M1: Glück durch Erlebnisse, Erfüllung, Sinn des Lebens (eigene Ziele verfolgen) → Hobbys, Projekte; auch Frust (Unglück) akzeptieren („Glück der Fülle")

5. Schluss
– Zusammenfassung: beide Quellen des Glücks wichtig, aber langfristig eher auf innere Faktoren konzentrieren (z. B. in Coronapandemie deutlich)

Fünfter Schritt: Den informierenden Text schreiben

5 Setze deinen Schreibplan um und verfasse den Blogbeitrag für Jugendliche.

Für den E-Kurs:
6 Greife auch für die Erläuterung des Zitats von Agnes Repplier auf die Informationen aus den Materialien M1 bis M4 zurück. Du sollst eine eigene Einschätzung zu der These entfalten.

Sechster Schritt: Deinen Text überarbeiten

7 Überarbeite deinen Text/deine Texte. Nutze dazu die Checkliste auf Seite 95 und die Beispiellösung im Lösungsheft.

D Themenbereich 3: „Glück"

D 4 Prüfungsbeispiel zum Thema „Was die Glücksforschung sagt"

Die folgende Aufgabenstellung beschäftigt sich z. B. mit folgenden Fragen:
– Wo auf der Welt leben die glücklichsten Menschen?
– Welche Gemeinsamkeiten haben diese Personen?
– Welche Lebensbedingungen machen sie glücklich?
Bearbeite die Aufgaben Schritt für Schritt.

Erster Schritt: Die Aufgabenstellung verstehen

1 Lies die Aufgabenstellung genau und unterstreiche, was du jeweils tun sollst.

AUFGABENSTELLUNG

Im Rahmen der „Wochen zur Berufsorientierung" führt deine Klasse ein Projekt durch, in dem Ausbildungsberufe und Studienfächer vorgestellt werden. Du interessierst dich für Psychologie und möchtest über einen besonderen Bereich der Psychologie informieren: die Glücksforschung.
Verfasse auf der Grundlage von M1 bis M4 einen **informierenden Text** für deine Mitschüler und Mitschülerinnen, in dem du wichtige Ergebnisse dieser Forschung zusammenträgst.

1 Finde in den Materialien M1 bis M4 Informationen zu Forschungsergebnissen und trage sie in Stichworten in eine Tabelle wie die folgende ein. Ergänze auch eigene Ideen und Erfahrungen, die du zum Beispiel für die Einleitung verwenden kannst.

	Ergebnisse der Glücksforschung
Material 1	…
Material 2	…
Material 3	…
Material 4	…
Eigene Erfahrungen/Gedanken	…

Für den G-Kurs:

2 Verfasse mithilfe deiner Stoffsammlung von Aufgabe 1 einen informierenden Text für deine Mitschülerinnen und Mitschüler: Stelle Faktoren vor, die das Glück beeinflussen. Nutze dazu deine Ergebnisse von Aufgabe 1 und dein Vorwissen. Formuliere eine geeignete Überschrift.

Für den E-Kurs:

2 Verfasse mithilfe deiner Stoffsammlung aus Aufgabe 1 einen informierenden Text als Beitrag zum Klassenprojekt. Leite am Ende deines Textes Ratschläge für die eigene Lebensführung aus den Forschungsergebnissen ab, die in einen Appell an die Adressaten (= Klasse) münden.

D 4 Prüfungsbeispiel zum Thema „Was die Glücksforschung sagt"

Zweiter Schritt: Materialien erschließen und Inhalte erfassen

INFO Zu den Begriffen „Empirische Forschung" und „Glücksforschung"

„Empirie" bedeutet Erfahrungswissen. Ihr steht die begriffliche, nicht gegenständliche Theorie gegenüber. In der **empirischen Forschung** überprüft man (theoretische) Annahmen durch praktische wissenschaftliche Experimente, z. B.: Beobachtungen, Tests, Messungen oder Befragungen.

Die **empirische Glücksforschung** ermittelt insbesondere durch Umfragen, wie sich eine eng gefasste Gruppe von Menschen (Stichprobe) selbst zu einem bestimmten Zeitpunkt einschätzt, z. B.: „glücklich" ankreuzen auf einer Skala von 0 bis 10. Vertiefend werden die Bedingungen untersucht, die das eigene Empfinden prägen. So findet man heraus, ob z. B. Alter, Geschlecht, Herkunft, Ausbildung, soziale Situation (Partnerschaft, Familie) o. Ä. die Einschätzung beeinflussen.

2 Werte M1 bis M4 aus, wie auf Seite 89 bei Aufgabe 3 b) beschrieben.

M1 Was gehört zum Glücklichsein? *Sonja Niemann*

[...] Amerikanische Wissenschaftler haben vor einigen Jahren mal versucht, das Jahreseinkommen zu ermitteln, das man zum maximalen Glücklichsein braucht: Je nach Forschergruppe lag die Summe irgendwo zwischen 50 000 und 75 000 US-Dollar, also ca. 36 500 bis 55 000 Euro. Alles, was man darüber hinaus verdient, steigere das Glück dagegen kaum noch. Stattdessen kann man rein statistisch davon ausgehen, dass man für mehr Geld auch mehr arbeitet und dafür die Zeit schwindet, es für und mit anderen auszugeben. „Menschen unterschätzen das Glück, das ihnen Freundschaften bringen. Und sie überschätzen das Glück, das ihnen materielle Güter bringen", sagt der Schweizer Universitätsprofessor Bruno Frey. Und der Mann ist, wohlgemerkt, Wirtschaftswissenschaftler. Sind junge Menschen, die das Leben noch vor sich haben, glücklicher als alte? Nein, sagt die Glücksforschung, beide sind auf einem ähnlichen Niveau. Das kritische Lebensalter, wenn es denn eins gibt, ist das mittlere, also Mitte, Ende 40. Vorher ist man glücklicher, danach auch wieder. Es gibt sie also, die Midlife-Crisis: Man hat das Gefühl, dass man nicht mehr alles ändern kann, kann sich aber nicht damit abfinden. Die Jüngeren haben diese Probleme noch nicht, und die Älteren haben meist gelernt, damit gelassen umzugehen. [...]

(192 Wörter)

Quelle: https://www.brigitte.de/amp/liebe/persoenlichkeit/psychologie--zum-gluecklich-sein-gehoert-das-unglueck-10146948.html (aufgerufen am 15.5.2022)

D Themenbereich 3: „Glück"

M2 Glückskriterien

Befragung von 14- bis 20-Jährigen im November/Dezember 2019:

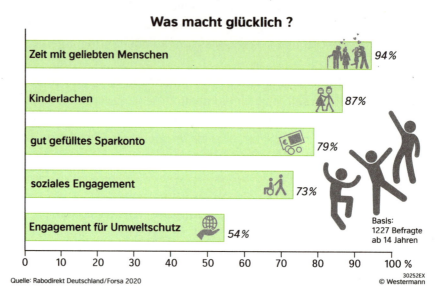

Quelle: https://www.bvr.de/Presse/Gesellschaftliches_Engagement/Umfrage_zum_50_Jugendwettbewerb_zeigt_Familie_macht_gluecklich (vom 15.1.2020, aufgerufen am 15.5.2022)

M3 Glücklich *Thomas Luft*

Karikatur von Thomas Luft veröffentlicht auf cartoon.de

Quelle: http://cartoonalarm.de/gluecklich/ (vom 24.2.2021, aufgerufen am 15.5.2022)

M4 Kinder sind es nicht: Dieser Professor weiß, wie wir wirklich glücklich werden *Jasmin Larmache*

[...] Bruno Frey, Glücksforscher, erfasst das Glücksempfinden der Menschen mit so genannten Glücksumfragen. Dabei geben die befragten Menschen auf einer Skala von null bis zehn an, wie zufrieden sie mit ihrem Leben sind. Hunderttausende nehmen an den Umfragen teil – nicht nur in der Schweiz, sondern weltweit.

„In Deutschland geben die meisten Menschen eine Glückskala von sieben bis acht an", sagt der Professor. „Das ist höchst erfreulich, die Menschen sind also eher zufrieden." Anführen würden die Liste der glücklichsten Menschen jedoch die Schweizer und die Skandinavier.

Sie geben bei den Umfragen die höchste Zufriedenheit an – im Gegensatz zu Amerikanern, Franzosen und Italienern – gerade jenen, von denen man erwartet, dass sie besonders glücklich sind: „Da haben die Menschen ein falsches Bild – als Touristen sehen wir ja nur die positiven Seiten des Landes", erklärt Frey dazu. Was hinter den Kulissen vorgehe, das bleibe dem vorbeiziehenden Auge verborgen.

Der Glücksforscher kann aufgrund seiner Forschungen vier klare Faktoren ausmachen, die zum Glück der Menschen beitragen. Sie zeigen, welche Gemeinsamkeiten die glücklichsten Menschen – egal, wo auf der Welt – haben:

1. Materieller[1] Wohlstand: Das Einkommen

Wer materiell bessergestellt ist, ist zufriedener mit seinem Leben. Wenn jemand arm ist, muss er immer nur ans Geld denken. Das ist unangenehm. Allerdings gibt es hier eine Obergrenze: Der Wissenschaftler empfiehlt ein Einkommen, von dem man gut und sorgenfrei leben kann. [...]

2. Gute persönliche Beziehungen haben: Soziale Vernetzung

Viele gute und tiefgründige Freundschaften pflegen, glücklich in der Familie sein, möglichst viele Bekannte und Freunde haben, um sich mit ihnen auszutauschen: Das ist mitunter der wichtigste Faktor fürs Glücklichsein, weiß der Wissenschaftler. [...]

3. Gesundheit: Psychisch und physisch

Wer physisch[2] oder psychisch[3] angeschlagen ist, ist weniger glücklich – das klingt logisch. Tatsächlich haben auch Freys Forschungen gezeigt, dass die Menschen, die am glücklichsten sind, weniger über gesundheitliche Beschwerden klagen. Dabei spiele die körperliche Gesundheit eine ebenso große Rolle wie die mentale[4].

4. Lebensumstände: Gesellschaftliche und politische Bedingungen

[...] Freys Forschungen haben gezeigt: Menschen, die in Demokratien leben, sind glücklicher. Ebenso mache dezentrale[5] Politik glücklich: Die Menschen legen viel Wert darauf, dass lokale Angelegenheiten auch lokal entschieden werden.

Eher überraschend findet der Wissenschaftler, dass Arbeitslose viel unglücklicher sind als Menschen, die eine Arbeit haben. Auch wenn sie dasselbe Einkommen haben. Er schließt daraus, dass auch Arbeit den Menschen Zufriedenheit und Befriedigung verschafft.

Außerdem fanden er und sein Team heraus, dass Selbständige glücklicher sind als Menschen, die in hierarchischen Firmen arbeiten. Dabei haben Selbständige ein viel höheres Risiko und im Schnitt sogar ein geringeres Einkommen als

D Themenbereich 3: „Glück"

M4

angestellte Arbeitnehmer. Aber die Menschen scheinen es sehr zu schätzen, selbständig sein zu können – also Herr über sich selbst. […]

Kinderlose sind im Schnitt glücklicher

Im Gegensatz zu einem weit verbreiteten Irrglauben machen Kinder laut dem Ökonomen nicht unbedingt glücklicher: […] Der mangelnde Schlaf, ökonomische Einbußen wie der Umzug in eine größere Wohnung, das Anschaffen eines größeren Autos, die vielen Auslagen und die Ferien, die vollkommen anders werden als früher – all das könne Eltern schwer zu schaffen machen. […]

(502 Wörter)

1 **materiell:** real, wirtschaftlich, finanziell
2 **physisch:** körperlich
3 **psychisch:** gefühlsmäßig
4 **mental:** geistig
5 **dezentral:** nicht von einer Stelle aus; hier: Politik vor Ort statt z. B. nur von der Hauptstadt aus

Quelle: https://www.focus.de/familie/eltern/familie-heute/gluecklich-werden-gluecksforscher-bruno-frey-sagt-was-uns-zufrieden-macht_id_10876069.html (vom 14.12.2020, aufgerufen am 11.6.2022)

Dritter Schritt: Eine Stoffsammlung zu den Materialien erstellen

3 Notiere in der Tabelle stichwortartig Informationen, die du für deinen Text verwenden willst. Beachte auch den INFO-Kasten zur Stoffsammlung auf Seite 91 f..

Stoffsammlung

	Informationen zu Ergebnissen aus der Glücksforschung
Material 1	– laut US-amerikanischen Wissenschaftlern ideales Jahreseinkommen für Glück =
Material 2	– Umfrage unter 14- bis 20-Jährigen im November/Dezember 2019 zu Glückskriterien – am wichtigsten

Material 3	
Material 4	*– Glücksforscher Bruno Frey: Glücksumfragen weltweit*
Eigene Ideen / Gedanken / Aspekte	

D Themenbereich 3: „Glück"

Vierter Schritt: Einen Schreibplan anlegen

4 Erstelle in deinem Heft einen Schreibplan für deinen informierenden Text. Orientiere dich am folgenden Beispiel oder entwirf eine eigene Gliederung in deinem Heft.

Schreibplan

Überschrift: Die Suche nach dem Glück: Glücksforschung und ihre Ergebnisse

1. Einleitung:
– Bezug zum Klassenprojekt (Adressaten = Mitschüler) und zum Begriff „Forschung"

2. Hauptteil A: Glücksforschung und Empirie
– Infokasten
– M4: Glücksforscher Bruno Frey und seine weltweiten Glücksumfragen (Skala von 0 bis 10)
– M2: Befragung 2019 zum 50. Jugendwettbewerb
– M3: Interesse an Glücksforschung

3. Hauptteil B: Ergebnisse der Glücksforschung
– Wohnort und politisches System:
  M4 (Deutschland vs. Skandinavien vs. USA usw.)
– Geld:
  M1: ideales Einkommen, Überschätzung von Materiellem; M2: Geld und Materielles unwichtig laut Umfrage unter jungen Menschen; M3: glücklicher mit weniger Besitz; M4: materielle Sicherheit statt Reichtum
– Beziehungen:
  M1: Glück durch Freundschaften unterschätzt; M2: Familie und Freunde am wichtigsten laut Umfrage unter jungen Menschen; M4: Beziehungen wichtigster Faktor laut Glücksforscher
– Weitere Einflussfaktoren:
  M4: Gesellschaftliche und politische Bedingungen; M4: Gesundheit;
  M4: Arbeit und Selbstständigkeit; M1: Alter; M4: Kinderlosigkeit

4. Schluss
– Zusammenfassung: Vorsicht vor Verallgemeinerung; gute Beziehungen vs. Materielles

Für den E-Kurs
– Ratschläge für Adressaten → Appell: auf Menschen statt Geld konzentrieren

Fünfter Schritt: Den Text schreiben

5 Setze deinen Schreibplan um und verfasse den informierenden Text für die Klasse. Schreibe in dein Heft.

Sechster Schritt: Den Text überarbeiten

6 Überarbeite deinen Text. Nutze dazu die Checkliste auf Seite 95 und vergleiche deinen Text mit der Beispiellösung im Lösungsheft.

D 5 Prüfungsbeispiel zum Thema „Glück: eine Frage der Lebenseinstellung?"

Diese Aufgabenstellung beschäftigt sich mit der eigenen Verantwortung für persönliches Glück:
– Kann man Glück lernen? Kann man seine Lebenseinstellung so beeinflussen, dass man glücklich ist?
– Ist Glück im Leben eher eine Frage des Zufalls?
Bearbeite die Aufgaben Schritt für Schritt.

Erster Schritt: Die Aufgabenstellung verstehen

1 Lies die Aufgabenstellung genau durch und unterstreiche, was du tun sollst.

AUFGABENSTELLUNG

In einigen Bundesländern gibt es „Glück" als Schulfach. Die Schülervertretung (SV) möchte in eurer Schule eine AG dazu vorschlagen und bittet um die Meinung der Schüler/-innen zu der Frage „Kann man Glück lernen?"
Verfasse auf der Grundlage von M1 bis M4 und deiner eigenen Erfahrungen eine **Stellungnahme**, die auf diese Frage eingeht. Beziehe unter anderem den Einfluss sozialer Medien und des sozialen Vergleichs auf das persönliche Glücksempfinden ein.

1 Gib in einer strukturierten Stoffsammlung die wesentlichen befürwortenden (pro) und ablehnenden (kontra) Aspekte wieder, die den Materialien M1 bis M4 zur Beantwortung der Frage „Kann man Glück lernen?" zu entnehmen sind. Ergänze auch eigene Ideen und Erfahrungen.

	Pro (Glück beeinflussbar)	Kontra (Glück eher Zufall)
Material 1	…	…
Material 2	…	…
Material 3	…	…
Material 4		
Eigene Ideen / Erfahrungen		

Für den G-Kurs:
2 Arbeite mithilfe deiner Stoffsammlung von Aufgabe 1 eine Stellungnahme für die SV aus. Nenne im Hauptteil deiner Erörterung jeweils zwei Pro- und zwei Kontra-Argumente zur Fragestellung und beziehe dein Vorwissen ein.

Für den E-Kurs:
2 Verfasse mithilfe deiner Stoffsammlung aus Aufgabe 1 eine Stellungnahme für die SV. Führe jeweils mindestens drei Pro- und drei Kontra-Argumente an.

Zweiter Schritt: Materialien erschließen und Inhalte erfassen

2 Untersuche M1 bis M4, wie auf Seite 89 bei Aufgabe 3 b) beschrieben.

M1　Glück　*Jan Tomaschoff*

Quelle: https://de.toonpool.com/cartoons/Gl%C3%BCck_342550
(vom 20.08.2019, aufgerufen am 15.5.2022)

M2　Machen uns soziale Medien unglücklich?　*Desirée Schmuck*

[…] Nie zuvor haben wir so viel Zeit an unseren Smartphones, Tablets und Laptops verbracht wie in der Corona-Pandemie. Seitdem sind Facebook, WhatsApp, Instagram und Co. noch mehr als sonst die Hauptquelle für Unterhaltung, Informationen und Beziehungspflege für viele Menschen – ja geradezu ihr
5　Tor zur Außenwelt. Soziale Medien geben jedoch auch laufend Anlass zur Ablenkung und zu sozialen Vergleichen, sie bergen Gefahren wie Cybermobbing und Belästigungen oder können uns mit ihrer Reizüberflutung belasten. Machen soziale Medien unter dem Strich also eher unglücklich?
　Seit dem Aufkommen von digitalen Medien beschäftigt diese Frage auch viele
10　Wissenschaftler. Herrschte anfangs eine pessimistische Sichtweise vor – dominiert vom Glauben, das Netz verdränge reale soziale Kontakte und fördere Einsamkeit –, so liegt das Augenmerk heute sowohl auf den Risiken als auch auf den Chancen. Beispielsweise zeigten sich Vorteile vor allem für jene, die im „Offline-Leben" häufig zu kurz kommen, wie etwa introvertierte oder so-
15　zial isolierte Personen. Andererseits belegten Studien auch die so genannte „Wer hat, dem wird gegeben"-These: Demnach profitiert von sozialen Medien besonders, wer ohnehin schon gut vernetzt ist und mit dem Netz um eine weitere Kommunikationsressource reicher wird.
　Großen Einfluss scheint auch die Art der Nutzung zu haben. Während es
20　eher den Neid fördert, wenn man nur passiv durch die Profile anderer browst, geht eine aktive, kommunikative Nutzung sozialer Medien häufig mit höherem Wohlbefinden einher. Ob positive oder negative Effekte überwiegen, lässt sich daher nicht so einfach beantworten. Blickt man auf Metaanalysen, welche eine Vielzahl von Studien zusammenfassen, zeigt sich insgesamt fast
25　überhaupt kein Zusammenhang zwischen der Nutzung sozialer Medien und dem Wohlbefinden.

Ein genauerer Blick auf die Daten offenbart, dass soziale Medien sich nicht bei jedem gleich auf das Wohlbefinden auswirken, sondern bei manchen positiv, bei anderen negativ und bei wieder anderen gar nicht. Erklären lassen sich diese Unterschiede durch die Art der konsumierten Inhalte, den sozialen Kontext und individuelle Charaktereigenschaften, die über die Stärke und Richtung von Medienwirkungen mitbestimmen. Betrachten wir etwa die Nutzung sozialer Medien zur politischen Information: Die „Generation Z" der um die Jahrtausendwende herum Geborenen steht politischen Institutionen teils distanziert gegenüber; hier kann eine direktere Ansprache etwa durch twitternde Politiker manche Hürden abbauen helfen. Andererseits ist klar, dass die sozialen Medien auch einen Nährboden für Fehlinformationen und Verschwörungsmythen darstellen. [...]

Wie lässt sich die Eingangsfrage also beantworten? Am ehesten wohl so: Soziale Medien machen sowohl glücklich als auch unglücklich, je nachdem welche Menschen welche Inhalte auf welche Weise nutzen. Allgemein empfiehlt es sich, im Internet genauso wie im „echten Leben" mit Maß und Ziel unterwegs zu sein – sowie möglichst selbstbestimmt, reflektiert und kritisch.

(423 Wörter)

1 **materiell:** reale Dinge betreffend, auch: wirtschaftlich, finanziell
2 **physisch:** körperlich
3 **psychisch:** seelisch, geistig; im Abgrenzung zum körperlichen Befinden
Quelle: https://www.spektrum.de/frage/internetpsychologie-machen-soziale-medien-ungluecklich/1911832 (vom 21.11.2021, aufgerufen am 15.5.2022)

M3 Höher, schneller, weiter: Lohnt sich das ständige Streben nach Glück? *Leonie Zimmermann*

[...] Das Problem ist häufig also nicht unser Bemühen darum, glücklicher zu werden, sondern der Weg, den wir dafür glauben, einschlagen zu müssen. Wir rennen ins Fitnessstudio, weil wir denken, ein gut trainierter Körper sorge für Freudensprünge vor dem Spiegel und verschaffe uns die wohltuende Anerkennung anderer. Wir lesen Ratgeber über Selbstliebe, Achtsamkeit und Lebensführung, weil wir davon ausgehen, dass uns diese Tipps näher zur gerne propagierten „besten Version unserer selbst" bringen – und als solche kann man doch nur glücklich sein. Und wir versuchen, die Karriereleiter so schnell hochzuklettern, wie es nur geht. Weil viel Geld viel Freiheit bedeutet – und damit bestimmt auch mehr Glück, oder? [...]

Ja, Geld macht sorgenfrei – aber eben allein nicht glücklich. [...] Es gibt dieses Sprichwort: „Der Weg ist das Ziel." Und genau darum geht es auch beim Glück. Ein glückliches Leben ist eine Entscheidung, ein sich stets verändernder Prozess und kein Zeitpunkt, auf den man jahrelang hinarbeitet.

Es geht also vielmehr darum, eine generelle Freude am Leben zu entwickeln, offen für neue Menschen und Erfahrungen zu sein und sich bewusst zu machen, dass das Leben nicht immer ein Zuckerschlecken sein wird. Niemand – wirklich niemand – ist immer happy. Also versuchen Sie es am besten erst gar nicht. [...]

Denn: Wir haben unser Glück nicht wirklich selbst in der Hand, zumindest nicht komplett. Die Hälfte unseres Wohlbefindens haben wir schon von un-

D Themenbereich 3: „Glück"

M3

seren Eltern in die Wiege gelegt bekommen, 10 Prozent werden durch äußere Rahmenbedingungen bestimmt – also bleibt uns ein Einflussbereich von 40 Prozent. [...]

Das große Glück ist am Ende vielleicht nur ein Märchen, das wir uns selbst gerne erzählen. Glücklich werden wir mit diesem Ideal allerdings selten. Denn eine perfekte Welt oder den perfekten Zeitpunkt, um endlich glücklich zu sein, den wird es nicht geben. Glück lässt sich nicht planen oder anpeilen, wir können aber anfangen, ein glückliches Leben zu führen, indem wir unsere Perspektive ändern. Ein paar Ideen für den Anfang: Schätzen Sie wert, was Sie haben. Sorgen Sie gut für sich selbst und für Ihren Körper, zum Beispiel mit regelmäßiger Bewegung und gesunder Ernährung (überwiegend, nicht ausschließlich – Schokolade macht schließlich auch glücklich). Trauen Sie sich, ein authentisches Leben zu führen und für Ihre Bedürfnisse und Träume einzustehen. Und – das Wichtigste zum Schluss: Verbringen Sie so viel Zeit wie möglich mit Menschen, die Ihnen guttun. [...]

Ob sich das Streben nach Glück lohnt, das hängt letztendlich von der Art und Weise ab, wie wir an die Sache herangehen. Wenn wir Glück als großes Lebensziel definieren, dem wir hinterherjagen, und währenddessen alles andere aus den Augen verlieren – dann werden wir am Ende unserer Reise (wenn wir denn ankommen) womöglich vor einem großen Scheiterhaufen stehen. Wenn wir uns stattdessen aber aktiv dafür entscheiden, eine positive Grundeinstellung dem Leben gegenüber einzunehmen, dann haben wir die Chance, viele glückliche Momente zu erleben. Und alle Augenblicke, die weniger glücklich sind, als solche zu akzeptieren. [...] (473 Wörter)

Quelle: https://www.stern.de/gesundheit/selbstoptimierung--warum-wir-unser-streben-nach-glueck-ueberdenken-sollten-32646634.html (erschienen 20.8.2022, aufgerufen 21.10.2022)

M4 Zitate über Glück *Solveig Hoffmann*

[...] Schon seit der Antike sind Schriftsteller und Philosophen, Geistliche und Forscher auf der Suche nach Antworten auf die Frage: Was ist Glück und wie erreicht man es? Wir haben die schönsten Sprüche und Zitate für euch zusammengetragen. [...]

„Wenn man glücklich ist, soll man nicht noch glücklicher sein wollen."
Theodor Fontane, Schriftsteller (1819–1898)

„Viele Menschen versäumen das kleine Glück, während sie auf das große vergebens warten." *Pearl S. Buck, Schriftstellerin (1892–1973)*

„Glück ist kein Geschenk der Götter, sondern die Frucht innerer Einstellung."
Erich Fromm, Psychoanalytiker (1900–1980)

„Glücklich ist, wer das, was er liebt, auch wagt, mit Mut zu beschützen."
Ovid, römischer Dichter (43 v.Chr. – 17 n.Chr.)

„Mut steht am Anfang des Handelns, Glück am Ende."
Demokrit, griechischer Philosoph (460 v.Chr. – 371 v.Chr.)

D 5 Prüfungsbeispiel zum Thema „Glück: eine Frage der Lebenseinstellung?"

M4

„Die meisten Menschen sind so glücklich, wie sie es sich selbst vorgenommen haben." *Abraham Lincoln, amerikanischer Präsident (1809 – 1865)*

„Nicht die Glücklichen sind dankbar. Es sind die Dankbaren, die glücklich sind." *Sir Francis Bacon, englischer Philosoph (1561 – 1626) [...]*

„Glücklich ist nicht, wer anderen so vorkommt, sondern wer sich selbst dafür hält." *Seneca, römischer Dichter und Philosoph (1– 65 n. Chr.) [...]*

„Es gibt keinen Weg zum Glück. Glücklichsein ist der Weg." *Siddhartha Gautama, genannt: Buddha, Begründer des Buddhismus (ca. 500 v. Chr.)*

„Glück entsteht oft durch Aufmerksamkeit in kleinen Dingen, Unglück oft durch Vernachlässigung kleiner Dinge." *Wilhelm Busch, Dichter (1832 – 1908)*

(214 Wörter)

Quelle: https://www.geo.de/amp/geolino/wissen/21000-rtkl-glueckszitate-die-schoensten-zitate-ueber-glueck (aufgerufen am 15.5.2022)

Dritter Schritt: Eine Stoffsammlung zu den Materialien erstellen

3 Werte M1 bis M4 aus und notiere für die Stoffsammlung in der folgenden Tabelle die Pro- und Kontra-Argumente, die du in den Materialien gefunden hast. Ergänze auch eigene Aspekte.

Stoffsammlung

	Pro (Glück beeinflussbar)	Kontra (Glück eher Zufall)
Material 1	– Wer Glück zulässt, empfindet es auch (Mann liegt zufrieden da und lebt im Hier und Jetzt)	
Material 2	– soziale Medien können, müssen aber nicht Zufriedenheit beeinflussen (vgl. Z. 27 ff.)	

D Themenbereich 3: „Glück"

Material 3	– glückliches Leben = bewusste Entscheidung (vgl. Z. 13)	
Material 4	– Theodor Fontane: zufrieden mit dem sein, was man hat (Wer immer mehr verlangt, wird nie glücklich) (vgl. Z. 5 f.)	
Eigene Ideen / Erfahrungen		

D 5 Prüfungsbeispiel zum Thema „Glück: eine Frage der Lebenseinstellung?"

INFO Dialektische Stellungnahme/Erörterung (Pro und Kontra)

In einer **dialektischen** (auch: antithetischen) Erörterung wird im Gegensatz zu einer **linearen** Erörterung eine Streitfrage von **zwei Seiten** betrachtet. Es wird also für und gegen eine These/Behauptung argumentiert (**Pro UND Kontra**) und abschließend eine eigene Position gefunden oder bekräftigt.

Eine dialektische Erörterung wird so gegliedert:

Einleitung: Stelle das Thema/die Streitfrage vor. Erkläre, warum das Thema bzw. die Fragestellung (aktuell) von Bedeutung ist. Du kannst hier auch deine (vorläufige) Position nennen.

Hauptteil: Du setzt dich mit der Streitfrage auseinander, indem du die jeweiligen Argumente ausführst. Dazu kannst du das Sanduhr- oder Ping-Pong-Modell verwenden:

– Sanduhr-Modell: Du nennst zuerst die Argumente, die deiner Position nicht entsprechen, und ordnest sie vom wichtigen zum weniger wichtigen Argument (abnehmende Wichtigkeit). Darauf führst du die Argumente an, die deine Ansicht/Position unterstützen, und zwar vom weniger wichtigen zum wichtigsten Argument (aufsteigende Wichtigkeit).

– Ping-Pong-Modell: Beim Ping-Pong-Modell wechseln die Argumente für deine Position und die Argumente der Gegenposition ab. Du springst also zwischen Pro und Kontra hin und her. Dabei startest du mit dem stärksten Gegenargument und endest am Ende bei dem stärksten Argument für deine Position.

Schlussteil: Nach der Darstellung aller Argumente nennst du – falls nicht in der Einleitung schon geschehen – deine Position und gehst noch kurz darauf ein. Außerdem formulierst du ein zusammenfassendes Fazit, mögliche offene Fragestellungen, einen Ausblick (Wie könnte sich das Thema weiterentwickeln?) und einen Lösungsansatz, ggf. als Appell. Auch ein Kompromiss zwischen beiden Positionen kann vorgeschlagen werden.

Denke daran, an geeigneten Stellen auch Zitate aus den Materialien in die Erörterung einfließen zu lassen, z. B. als Begründung oder als Beispiel.

TIPP Richtig argumentieren

Der Kern einer Erörterung ist die **Argumentation** im Hauptteil (siehe Infokasten zur dialektischen Erörterung). Hier werden Pro-Argumente (dafür) und Kontra-Argumente (dagegen) aufgeführt.
Eine Argumentation (gleichgültig, ob pro oder kontra) besteht in der Regel aus drei Teilen:

1. **These/Behauptung:** *Viele Lebensbedingungen lassen sich nicht beeinflussen,*
2. **Argument/Begründung:** *... weil diese schon mit der Geburt von außen vorgegeben werden.*
3. **Beispiel:** *Zum Beispiel kann ich nicht bestimmen, in welche Familie ich hineingeboren werde, ob ich in Armut oder Reichtum aufwachse und ob ich krank oder gesund bin.*

D Themenbereich 3: „Glück"

Vierter Schritt: Einen Schreibplan anlegen

4 Erstelle in deinem Heft einen Schreibplan für deine Argumentation. Durch den Schreibplan legst du die Gliederung fest, die dir beim Schreiben einen Überblick gibt.
Orientiere dich an dem Beispiel (hier wird im Sanduhr-Modell zunächst die Kontra- und dann die Pro-Seite angeführt) oder entwirf einen eigenen Schreibplan (wenn du z.B. für die Einführung der Glücks-AG argumentieren und daher nicht mit der Kontra-Seite enden möchtest).

<u>Schreibplan</u>

Überschrift: *Glück nur im Hier und Jetzt*

1. Einleitung:
— *Einführung ins Thema Glück mit Formulierung der Fragestellung (Glück erlernbar/beeinflussbar oder zufällig?)*
— *Bezug zur Einführung einer Glücks-AG*

2. Hauptteil (Argumentation mithilfe des Sanduhr-Modells; für G-Kurs reichen je zwei Arg.):
A: Kontra
— *stärkstes Kontra-Argument: Lebensweise stark abhängig von äußeren Faktoren (abhängig von allg. Lebensbedingungen: Familie, Armut/Reichtum, gesund/krank)*
— *mittelstarkes Kontra-Argument: Abhängigkeit von anderen Menschen (Gesundheit der Familie, Verlassenwerden vom Partner)*
— *schwächstes Kontra-Argument: Charakter entscheidend (nur bedingt beeinflussbar)*

B: Pro
— *schwächstes Pro-Argument: Selbstwertgefühl stärken (z.B. durch Verzicht auf Vergleich mit anderen)*
— *mittelstarkes Pro-Argument: Verantwortung für eigene Lebensführung erkennen / wahrnehmen lernen (Ovid: Wichtiges schützen; z.B. Einsatz für Fridays for future)*
— *stärkstes Pro-Argument: Dankbarkeit kann man erlernen (Achtsamkeit für Kleinigkeiten, nicht ständig nach Höherem streben; mögliche Zitate: Fontane, Buck usw.)*

3. Schluss
— *eigene Position (pro)*
— *zusammenfassendes Fazit mit Appell (gute Momente bewusst machen)*
— *Ausblick (eigenes Glück erkennen und zulassen)*

Fünfter Schritt: Den Text schreiben

5 Schreibe die Stellungnahme in dein Heft. Die Formulierungsbeispiele auf Seite 117 und die Kästen auf Seite 115 können dir helfen:

— Wie entsteht Glück? Kann ich es mir sichern? Habe ich Einfluss auf mein persönliches Glück? Das fragen sich viele Menschen regelmäßig.
— Wenn alle nach Glück streben, warum ist es dann so schwer zu erreichen?
— Es lohnt sich, für die Einführung einer Glücks-AG auch an unserer Schule der Frage nachzugehen, ob ...
— Dagegen spricht zunächst einmal, dass man viele Lebensbedingungen gar nicht beeinflussen kann, weil ...
— Dass das Glück eher zufällig ist, zeigt auch das folgende dritte Argument: ...
— Andererseits könnte man natürlich einwenden, dass das Verhalten in sozialen Medien ...
— Doch nicht nur so kann man für sein eigenes Glück sorgen, sondern auch, indem man ...
— Dieser Satz fasst meine Auffassung zusammen: Trotz möglicher Einwände ...

D 5 Prüfungsbeispiel zum Thema „Glück: eine Frage der Lebenseinstellung?"

TIPP Beim Argumentieren richtig formulieren

Folgende Formulierungen helfen dir, die **Argumentation sprachlich flüssig** zu gestalten:

Begründung:
- Satzverknüpfungen, die Nebensätze einleiten: *weil, da, weswegen, warum …*
- Satzverknüpfungen, die Hauptsätze einleiten: *denn, daher, darum, deswegen, deshalb …*
- Ein Grund dafür ist …
- Als Begründung dafür kann angeführt werden, dass …
- Das liegt daran, dass …
- Besonders deutlich zeigt sich dies an …
- Dies wird besonders deutlich an …

Beispiel:
- beispielsweise, zum Beispiel …
- Das lässt sich dadurch beweisen/belegen, dass …
- Am Beispiel … wird deutlich, dass …
- So zeigt sich, dass …
- Viele kennen …
- Ein Beleg dafür ist …
- Bekannt ist …

Überleitung zur Gegenposition:
- Obwohl dies überzeugend klingt, …
- Jedoch/Allerdings/Trotzdem/Nichtsdestotrotz/Auf der anderen Seite/Andererseits … muss berücksichtigt werden/darf nicht vergessen werden/ist klar/wird deutlich, dass …
- Nicht zu vernachlässigen ist aber, dass …

Sechster Schritt: Den Text überarbeiten

6 Überarbeite deinen Text. Nutze dazu die Checkliste auf Seite 95 und prüfe zusätzlich, ob du die Argumente (Behauptung, Begründung, Beispiel) vollständig und nachvollziehbar ausgeführt hast. Vergleiche deinen Text mit der Beispiellösung im Lösungsheft.

D Themenbereich 3: „Glück"

D 6 Für den E-Kurs: Prüfungsbeispiel zum Thema „Hedonismus als Glückskonzept"

Die folgende Aufgabenstellung beschäftigt sich mit der Frage, ob ein ausschweifender Lebensstil glücklich macht: Sollte man sich immer so viel wie möglich gönnen?
Bearbeite die Aufgaben Schritt für Schritt.

Erster Schritt: Die Aufgabenstellung verstehen

1 Lies die Aufgabenstellung genau.

AUFGABENSTELLUNG

Nicht wenige Menschen möchten möglichst viel haben. Fraglich ist, ob ungehemmter Konsum glücklich macht. Diese Frage beschäftigt viele Menschen in ihrem Alltag – versuchen sie doch, ein möglichst glückliches Leben zu führen: Wird man glücklich, indem man materielle Bedürfnisse befriedigt?
Verfasse auf der Grundlage von M1 bis M3 und mithilfe deiner eigenen Erfahrungen eine **E-Mail** an den Patienten in M1: **Nimm Stellung** zu seiner Aussage (im Cartoon unten) und beziehe dich dabei auch auf das Konzept des Hedonismus (vgl. Info-Kasten S. 121).

1 Finde in den Materialien M1 bis M3 zur oben genannten Fragestellung Pro- und Kontra-Argumente, die du stichwortartig in eigenen Worten in einer Tabelle wie der folgenden festhältst. Ergänze auch eigene Ideen und Erfahrungen.

Pro-Argumente aus M1 – M3	Kontra-Argumente aus M1 – M3
…	…
Eigene Pro-Argumente	**Eigene Kontra-Argumente**
…	…

2 Verfasse mithilfe deiner Stoffsammlung aus Aufgabe 1 eine E-Mail mit einer dialektischen Erörterung zu der Fragestellung, ob man durch ungehemmten Konsum glücklich werden kann. Führe jeweils mindestens drei Pro- und drei Kontra-Argumente an. Denke an Ausführungen zum Hedonismus und an den Adressatenbezug.

Zweiter Schritt: Materialien erschließen und Inhalte erfassen

2 Werte die Materialien aus.

M1 Sich Gutes tun und der Welt dabei nicht schaden
Milena Reinecke

Wer angesichts der Klimakrise vor allem Selbstbeschränkung fordert und eine Abkehr vom Hedonismus, sollte den antiken Philosophen Epikur lesen. Man kann bei ihm lernen, dass Lust und Mäßigung kein Widerspruch sein müssen.

5 „Wenn ich auf so einem Markt bin und da steht so ein schöner Würstchenstand und es ist kalt und dann hab ich in mir plötzlich so einen Appetit auf so eine schöne, heiße, knackige Wurst."

D 6 Für den E-Kurs: Prüfungsbeispiel zum Thema „Hedonismus als Glückskonzept"

M1

„Ich merk's halt beim Einkaufen, wenn man auf etwas Lust hat, das in Plastik verpackt ist."
„Es ist immer eine schwierige Frage: Soll ich jetzt lieber der Welt etwas Gutes tun oder eher mir was Gutes tun?"
„Flugscham ist schon auch ein Ding bei mir, definitiv".
Das gesellschaftliche Bewusstsein über die Ursachen und Folgen des Klimawandels wächst. Immer mehr Menschen entwickeln das Bedürfnis, in ihrem Alltag zum Schutz der Umwelt beizutragen – oder zumindest weniger zu ihrer Zerstörung. Dieser Wunsch kann jedoch leicht in Konflikt mit einem anderen Anliegen geraten, das die Philosophen schon in der Antike beschäftigt hat: Dem Wunsch, ein lustvolles Leben zu führen.

Lust ist leicht verfügbar
Eine lust- oder auch genussorientierte Lebensführung wird alltagssprachlich Hedonismus genannt. Die philosophische Strömung dahinter steht aber keinesfalls für ein egoistisches Leben im Exzess[1], sondern bei manchen Vertretern sogar für das Gegenteil. Einer davon ist der griechische Philosoph Epikur. Was die hedonistische Lehre Epikurs auszeichnet und wie sich in einer Lebensführung nach Epikur das Streben nach Genuss mit umweltbewusstem Handeln vereinen lassen könnte, erklärt der Philosoph Christof Rapp von der Ludwig-Maximilians-Universität München:
„Bei Epikur ist das Besondere am Hedonismus, dass er im Grunde nur zwei Zustände zulässt, nämlich Lust – und das Gegenteil, Unlust. Das hat eine ganz wichtige Konsequenz, denn wenn die Abwesenheit von Unlust schon Lust ist, dann ist es relativ einfach, Lust zu erreichen."
Dieser Gedanke ist zentral für Epikurs Hedonismus. Lust ist leicht verfügbar. Denn Lust bedeutet für den Philosophen der Antike erst einmal nur Freiheit von Schmerz. Wenn wir feststellen, dass ein Gut, das wir begehren, nur schwer verfügbar ist, kann das, Epikur zufolge, schon ein Zeichen dafür sein, dass wir es eigentlich gar nicht brauchen.
„Die natürlichen, die notwendigen Bedürfnisse sind relativ einfach zu befriedigen. Epikur spricht davon, dass wir eben auch Gerstensuppe und Brot und Wasser zu uns nehmen können, und das befriedigt die notwendigen Bedürfnisse. Alles andere, alle anderen Bedürfnisse, kommen aus unserer Ansicht darüber, was wir haben sollen. Also wir generieren durch unsere, wie er denkt, falschen Meinungen Bedürfnisse. Und diese künstlichen, artifiziellen Bedürfnisse sind dann die, die schwierig zu befriedigen sind, und dann einen aufwändigen Lebensstil erforderlich machen. Dieser aufwändige Lebensstil ist eben auch schwer zu bedienen, zu finanzieren, der hat erhebliche Nebenfolgen."

Der Exzess hat Nebenwirkungen
Hier kommt das Klima ins Spiel oder konkret: Der CO_2-Ausstoß des neuen SUVs. Der hat die Philosophen damals in Athen zwar noch nicht interessiert, lässt sich aber im hedonistischen Kalkül[2] als unerwünschte Nebenfolge verbuchen. Damit führt uns der neue SUV nicht nur weg vom Ziel des Klimaschutzes, sondern auch von der Glückseligkeit, denn, so Christof Rapp:
„Diese Bemühungen darum, sich einen aufwändigen Lebensstil leisten zu können und mit den unerwünschten Nebenfolgen zurechtzukommen, sind die Ursache für eine Beunruhigung der Seele, die eben für Epikur der wichtigste Faktor in unserem Unglück ist."

D Themenbereich 3: „Glück"

M1

Für langfristige Glückseligkeit reicht nämlich auch für Epikur die Freiheit von Schmerz allein nicht aus. Was wir brauchen, um ein erfülltes, lustvolles Leben zu führen, ist sogenannte Ataraxie, Seelenruhe. Wenn wir falsche Ansichten darüber haben, was notwendige und was, wie Epikur sagt, leere Bedürfnisse
60 sind; wenn wir uns abhängig machen von schwer verfügbaren Luxusgütern, deren Beschaffung negative Nebeneffekte hat, dann ist unsere Seele beunruhigt und wir nicht wirklich glücklich.

„Der Weise, die weise Person nach Epikur zeichnet sich vor allen Dingen dadurch aus, dass sie weiß, dass die Lust leicht verfügbar ist. Nämlich dann,
65 wenn man sich eingeübt hat, sich mit einfachen Dingen zufriedenzugeben. Man kann sich zum Beispiel nach Epikur für Lustempfindungen durch Verzicht sensibilisieren."

Übersetzt in die Gegenwart heißt das: Es lebt sich gelassener und lustvoller, wenn wir unsere Bedürfnisse reflektieren und mäßigen, statt unsere Zeit und unser
70 Geld in immer neue Güter zu investieren, wie etwa in teure und schmutzige Autos. Indem wir die einfachen Dinge wiederentdecken, kann uns vielleicht gelingen, was auf den ersten Blick häufig widersprüchlich scheint: dass wir uns etwas Gutes tun, ohne der Welt dabei zu schaden. (716 Wörter)

1 **der Exzess:** Ausschweifung

2 **das Kalkül:** Methode

Quelle: https://www.deutschlandfunkkultur.de/klimakrise-und-hedonismus-sich-gutes-tun-und-der-welt-dabei-100.html (vom 7.3.2021, aufgerufen am 15.5.2022)

M2 Die hedonistische Tretmühle *Ines Thomas*

Ein Tretrad als Antrieb für Mühlen existiert schon seit der Antike. Heute bezeichnet man als „Tretmühle" im übertragenen Sinn eine nicht enden wollende, anstrengende Tätigkeit, z. B. im Beruf. Metaphorisch ist auch vom „Hamsterrad" die Rede. Beide Bilder eint die Vorstellung, in einer (monotonen)
5 Tätigkeit gefangen zu sein und nicht mehr ohne Weiteres hinauszukommen. Der Begriff „hedonistische Tretmühle" wurde in den 1990er-Jahren von dem britischen Psychologen Michael Eysenck geprägt und bezeichnet die „Tendenz des Menschen, nach einem stark positiven Lebensereignis schnell wieder zu einem relativ normalen Level an Glücksempfinden zurückzukehren". Glück ist
10 diesem Konzept folgend vergänglich und die „Dinge, die uns glücklich machen, werden schnell wieder zur Normalität". Beispielsweise setze der Kauf neuer Schuhe kurz Glückshormone frei, die aber recht schnell verschwänden. Infolge dessen entwickele sich das Verlangen, abermals Schuhe zu kaufen, um das Glücksgefühl erneut zu erleben. Schon befindet man sich in der Tretmühle,
15 der man nur schwer entkommen kann. Denkt man diesen Gedanken weiter, macht die hedonistische Tretmühle den Kapitalismus erst möglich, der wesentlich von der stetigen Konsumlust der Menschen lebt. (173 Wörter)

Quelle der Zitate: Daniel Sager: Das Prinzip der hedonistischen Tretmühle verhindert dein Glück, https://www.zeit.de/zett/2016-11/das-prinzip-der-hedonistischen-tretmuehle-verhindert-dein-glueck?utm_referrer=https%3A%2F%2Fwww.google.de%2F (vom 14.11.2016, aufgerufen am 18.5.2022)

D 6 Für den E-Kurs: Prüfungsbeispiel zum Thema „Hedonismus als Glückskonzept"

M3 Glücklich *Karsten Schley*

Quelle: https://de.toonpool.com/cartoons/Gl%C3%BCcklich_143183 (vom 12.09.2011, aufgerufen am 15.05.2022)

INFO Zum Begriff „Hedonismus"

Als **Begründer des Hedonismus** gilt der Philosoph Aristippos von Kyrene (435 v. Chr. – 355 v. Chr.). Er geht vom Grundsatz des Glücks aus: Das oberste Ziel allen menschlichen Strebens sei die vollkommene Gestaltung des Lebens, aber dazu müsse man die Folgen des eigenen Handelns überblicken. Für Aristippos gehören Glück und Verstand zusammen.

Hedonisten konzentrieren sich auf das Leben im Diesseits. Der Mensch ist Teil der Natur, er hat nur eine überschaubare Lebensspanne zur Verfügung. Jemand, der auf sein Glück im Jenseits hofft, nimmt Entbehrungen in seinem irdischen Leben in Kauf. Gibt es nur das irdische Leben, dann muss man zu Lebzeiten das Beste daraus machen. Alle Handlungen haben das Ziel, Lust (im Sinne von Freude) zu erreichen und Schmerzen zu vermeiden. Die Vorstellungen von Freude können sich individuell stark unterscheiden. Falsche Überzeugungen können jemanden in die Irre führen, sodass er Unglück statt Glück erreicht. Werden zur Befriedigung von Bedürfnissen Güter oder Dienstleistungen in Anspruch genommen, spricht man von Konsum. In einem oberflächlichen Alltagsverständnis wird Hedonismus oft mit Verschwendungssucht gleichgesetzt. Dann wird diese Lebenseinstellung mit einem ausgeprägten Egoismus in Zusammenhang gebracht: Ein Hedonist stelle das eigene Wohlergehen häufig über die Bedürfnisse anderer.
Als ethisches Konzept allerdings beinhaltet der Hedonismus die Verpflichtung, mit der Welt sorgsam umzugehen, denn nur in dieser können der Mensch und seine Nachkommen glücklich leben.

D Themenbereich 3: „Glück"

Dritter Schritt: Eine Stoffsammlung erstellen

3 Werte M1 bis M4 aus und stelle im Heft Pro- und Kontra-Argumente zusammen.

Pro-Argumente aus M1 – M3	Kontra-Argumente aus M1 – M3
– Glücksgefühl durch Konsum: Rauchen, Trinken, Essen (Geselligkeit) (vgl. M3) – …	– Gesundheit durch sinnvolle Einschränkung (vgl. M3) – …
Eigene Pro-Argumente	**Eigene Kontra-Argumente**
…	…

5 Lege deine Position fest (Pro oder Kontra?). Wähle die überzeugendsten Argumente aus und ordne sie nach dem Sanduhr- oder nach dem Ping-Pong-Modell an, vgl. Seite 115.

Vierter Schritt: Einen Schreibplan erstellen

6 Erstelle im Heft mithilfe deiner Vorarbeiten einen Schreibplan für deine E-Mail.

<u>Schreibplan</u>

1. Anrede

2. Einleitung
(Vorstellung, Einführung ins Thema, z. B. mit Bezugnahme auf Aussage des Patienten, Ankündigung der eigenen Stellungnahme)

3. Hauptteil
– Argumentation (dialektische Argumentation nach Ping-Pong-Modell)
   Stärkstes Pro-Argument: YOLO, Leben genießen, Spaß durch Konsum
   Schwächstes Kontra-Argument: Glück immer nur von kurzer Dauer (hedonistische Tretmühle)
   Mittelstarkes Pro-Argument: Ausschluss aus der Gesellschaft
   Mittelstarkes Kontra-Argument: Egoismus (Genuss auf Kosten anderer, z. B. Fliegen, Fleisch)
   Schwächstes Pro-Argument: selbst über Leben bestimmen
   Stärkstes Kontra-Argument: langfristiges Glück, Zufriedenheit, Gesundheit, längeres Leben
– Eigene Positionierung (auch mal Verzicht üben, bewusst genießen)

4. Schluss
Zusammenfassung und Lösungsansatz: Kompromiss: Leben genießen (auch konsumieren, nicht auf alles verzichten), aber mit einfachen Dingen zufrieden sein (Einfaches reicht laut Epikur oft, alle anderen Bedürfnisse künstlich, leer, unnötig)

5. Grußformel und Name

Fünfter Schritt: Den Text schreiben

7 Schreibe die E-Mail in dein Heft.

Sechster Schritt: Den Text überarbeiten

8 Überarbeite deinen Text (vgl. Checkliste S. 95 und Beispiellösung im Lösungsheft).

E Trainingsaufgaben zum selbstständigen Üben

E 1 Prüfungsbeispiel zum Inhaltsbereich „Epik": Benedict Wells: Hard Land

AUFGABENSTELLUNG für den G-Kurs

1. Ordne die Textausschnitte in den Gesamtzusammenhang des Romans ein.

2. Gib anschließend den Inhalt der vorliegenden Textauszüge wieder.

3. Setz dich mit Sams Verhalten gegenüber seinen Mitschülern auseinander und bewerte ihr Verhalten ihm gegenüber. Erkläre unter Angabe geeigneter Textstellen die Veränderungen.

AUFGABENSTELLUNG für den E-Kurs

1. Ordne die Textausschnitte in den Gesamtzusammenhang des Romans ein.

2. Gib anschließend den Inhalt der vorliegenden Textauszüge wieder.

3. Stell dir vor: Brandon sitzt mit Sam im Sommer 1986 an der Selbstmordklippe. Sam erzählt Brandon schonungslos, wie es ihm im vergangenen Schuljahr ergangen ist. Verfasse einen Dialog.

---

(1) Auf den Fluren der Grady High wimmelte es nach den Ferien von Schülern. […] Ich war nun Junior und kam in die elfte Klasse. In den Jahren zuvor war ich der stille Junge vom Friedhof [Sams Familie lebt neben dem Friedhof], nun war ich der stille Junge vom Friedhof mit der toten Mutter: Es gab neugieriges Getuschel und besorgte Blicke. Manche Lehrer behandelten mich vorsichtiger, andere wie immer. Es war mir egal. Ich wollte weder anders behandelt werden noch neue Freunde finden. Ich wollte nur meine Ruhe.
Alles, was ich im Sommer erlebt hatte, stand zwischen mir und meinen Mitschülern. Sie redeten von Partys, ich dachte an Moms Tod. Sie gingen zum ersten Mal ins Larry's, ich wusste, dass es bald dichtmachte. Sie erzählten Geschichten aus dem Sommer, ich vermisste Cameron, Hightower und Kirstie, die alle weit weg waren. (S. 269)

(2) Dann schleuderte ich das Buch mit voller Wucht in seine [Lehrer] Richtung. […] Er blickte mich erschrocken an, ebenso meine Mitschüler. Aber viel Zeit hatten sie dafür nicht, denn ich ging einfach aus der Klasse.
Am nächsten Tag musste ich zur Direktorin, Dad kam aus dem Laden dazu. Ich sagte, dass ich nicht auf Mr. Bradley selbst, sondern auf die Tafel gezielt hätte (was nicht stimmte), und wegen der Sache mit Mom kam ich mit einem verschärften Verweis und ein paar Tagen Schulausschluss davon. (S. 270)

(3) Später wollte Dad genau wissen, was vorgefallen war. Zu meiner Erleichterung war er überhaupt nicht sauer. Er sagte, es sei gut, dass ich mich gewehrt hätte, nur solle ich mich das nächste Mal „schlauer wehren". […] und für einen Moment war alles okay. (S. 271)

(4) Ich ging auch wieder zur Schulpsychologin, doch als ich spürte, dass es mir nicht half, ließ ich es sein. Stattdessen war ich stolz, dass ich das alles nur mit mir selbst ausmachte. (S. 274)

(5) Aber auch auf diesen Brief [an Kirstie] erhielt ich keine Antwort. Und so ließ ich irgendwann in diesem Winter los. Es war egal, dass sich keiner meldete. Egal, dass der Sommer nur ein Aufflackern gewesen war und keinem außer mir etwas bedeutete. Egal, dass die Stadt zugrunde ging und das Kino schloss. Egal, dass ich noch immer allein am Tisch in der Schulcafeteria saß, keine Freundin hatte und mein siebzehntes Lebensjahr ungenutzt verstrich. *Was soll's*, schleuderte ich all dem nur entgegen, es wurde meine Standardantwort auf alles. (S. 285)

(6) Das Gute an all dem war, dass mir nichts mehr peinlich war!
Ich hörte nämlich öfter mal, wie die Leute im Schulflur über mich redeten. Wie sie mich einen seltsamen Spinner nannten und Gerüchte verbreiteten, was ich so machte und dachte. Denn ich redete ja nie, und meine letzte Aktion war gewesen, dass ich das Buch geworfen und den Schulausschluss bekommen hatte, so dass mich alle mieden. Es interessierte mich nicht. Ich war froh, wenn ich durch den Tag kam und dann wieder hinter der Kasse im Kino sitzen konnte. Manchmal überkam mich auch diese seltsame Wut. (S. 286)

(7) [Sam spielt bei Theateraufführungen Gitarre.]
Ich will nicht sagen, dass mich diese Rolle beliebter machte, aber wenigstens war ich für meine Mitschüler nicht mehr der seltsame Spinner, sondern der seltsame Spinner/Musiker. (S. 308)

(8) [Die Sommerferien 1986 beginnen und Sam lernt bei der Arbeit im Larry's Helen und Xander kennen. Das Paar ist in seiner Jahrgangsstufe.]
Mit Helen und Xander herumzuhängen war zunächst seltsam, denn anders als im letzten Sommer, als ich der Jüngste gewesen war, waren nun alle gleich alt, und ich redete auch viel mehr und offener als damals. Sie fragten mich, ob die Gerüchte über mich stimmten – also die über das Konzert in der Kirche oder die Schlägerei mit Chuck. Und ob auch das mit Mom stimmte. Und in der Art, wie sie fragten, erkannte ich, dass sie vor all diesen Sachen irgendwie Respekt hatten und dass viele in meinem Jahrgang offenbar ähnlich dachten. (S. 321 f.)

(9) Und da wurde mir klar, dass ich im nächsten Schuljahr nicht mehr allein am Tisch sitzen musste oder mit Leuten, die ich nicht kannte. Sondern dass wir uns natürlich immer zu dritt einen Platz suchen würden. (S. 324)

(10) … und erzählte Mom [am Grab] von allem, was mir in den letzten Wochen passiert war, dass ich neue Freunde gefunden hätte und mich nun sogar aufs nächste Schuljahr freute. Wieder einmal fehle sie mir sehr, weil ich ihr so gern gezeigt hätte, dass ich nicht aufgegeben hatte. (S. 325 f.) (718 Wörter)

Aus: Benedict Wells: Hard Land. S. 269, 270, 271, 274, 185, 186, 308, 322, 324, 325

E 2 Prüfungsbeispiel zum Inhaltsbereich „Drama": Ferdinand von Schirach: Terror

AUFGABENSTELLUNG für den G-Kurs

1 a) Ordne die Textausschnitte in den Gesamtzusammenhang des Dramas „Terror" von Ferdinand von Schirach ein: Gib an, was vor dieser Gesprächsszene geschehen ist, soweit das für das Verständnis der Befragung wichtig ist.
b) Fasse den Inhalt der Szene zusammen.

2 Stell dir vor, der Angeklagte Koch denkt kurz nach dem Dialog über die Frage nach, warum er die letzte Frage der Staatsanwältin nicht beantworten konnte. Gestalte einen inneren Monolog, in dem seine Gedanken über den Wert eines Menschenlebens deutlich werden.

AUFGABENSTELLUNG für den E-Kurs

1 a) Ordne die Textausschnitte in den Gesamtzusammenhang des Dramas „Terror" von Ferdinand von Schirach ein: Gib an, was vor dieser Gesprächsszene geschehen ist, soweit das für das Verständnis der Befragung wichtig ist.
b) Fasse den Inhalt der Szene zusammen.

2 Analysiere das Kommunikationsverhalten der Staatsanwältin, des Verteidigers und des Vorsitzenden in dieser Szene:
– Welche Absichten verfolgen sie jeweils?
– Wie kommt dies sprachlich zum Ausdruck?
Belege deine Ausführungen mit passenden Textstellen.

3 Stell dir vor, der Angeklagte Koch denkt kurz nach dem Dialog über die Frage nach, warum er die letzte Frage der Staatsanwältin nicht beantworten konnte. Gestalte einen inneren Monolog, in dem seine Gedanken über den Wert eines Menschenlebens deutlich werden.

Befragung des Angeklagten Lars Koch durch die Staatsanwältin

Angeklagter: Nein, danke. Frau Staatsanwältin, wenn Sie schon so weit gehen wollen, dann will ich Ihnen erklären, wie ein Soldat denken muss. Ich habe einen Eid geschworen.
Staatsanwältin: Ja?
Angeklagter: Nämlich: „Der Bundesrepublik Deutschland treu zu dienen und das Recht und die Freiheit des deutschen Volkes tapfer zu verteidigen." Ich kann ihn auswendig.
Staatsanwältin: Ich verstehe den Zusammenhang noch nicht.
Angeklagter: Dieser Eid bedeutet, dass ein Soldat sein Leben opfern muss, wenn das der Verteidigung des Landes dient.
Staatsanwältin: Das ist sicher richtig.
Angeklagter: Aber das heißt doch nichts anderes, als dass der Staat das Leben eines Soldaten aufwiegt gegen die Gefahren, die der Gemeinschaft drohen. Ich habe den Eid jedenfalls so verstanden.
Staatsanwältin: Was wollen Sie damit sagen?
Angeklagter: Ich will damit sagen, dass es der Staat nicht ausschließt, dass ein Mensch bewusst geopfert wird. Ein Opfer für die Gemeinschaft oder, wenn

> Sie so wollen, für die Wert der Gemeinschaft. Das war zu allen Zeiten so. Der Soldat hat die Pflicht, das Gemeinwesen vor Schaden zu bewahren. Auch unter
> 20 Einsatz seines Lebens. Auch da wird also Leben gegen Leben abgewogen. Das Leben des Soldaten gegen das der Zivilisten.
>
> **Staatsanwältin:** Das ist ein interessantes Argument, Herr Koch. Aber es gibt zwei wesentliche Unterschiede zwischen Ihrer Pflicht als Soldat und dem Töten unschuldiger Passagiere durch den Staat.
>
> 25 **Angeklagter:** Nämlich?
>
> **Staatsanwältin:** Zum einen werden Sie als Soldat dieses Landes nicht von unserem Staat getötet, sondern von einer feindlichen Macht. Zum anderen, Herr Major Koch: Sie haben ja gerade nicht sich selbst geopfert – Sie haben andere getötet.
>
> 30 **Angeklagter:** Aber auch ich kann mich nicht mehr frei entscheiden, ob ich mich dieser Lebensgefährdung aussetze. Ich bin durch Befehl und Gehorsam gezwungen.
>
> **Staatsanwältin:** Sie haben sich freiwillig für den Dienst als Soldat entschieden. Niemand hat Sie gezwungen. Und Sie kannten genau dieses Risiko, als
> 35 Sie das taten.
>
> **Angeklagter:** Vielleicht diskutieren wir hier zu theoretisch.
>
> **Staatsanwältin:** Ach ja?
>
> **Angeklagter:** Entscheidend ist etwas anderes.
>
> **Staatsanwältin:** Wir würden es gerne hören.
>
> 40 **Angeklagter:** Als Soldat bin ich gezwungen, über Gefahren nachzudenken. Wie schütze ich die Bevölkerung? Wie sichere ich unser Land? Das ist meine Aufgabe.
>
> **Staatsanwältin:** Und weiter?
>
> **Angeklagter:** Haben Sie einmal überlegt, was die Entscheidung des Bundes-
> 45 verfassungsgerichts in Wirklichkeit bedeutet?
>
> **Staatsanwältin:** Worauf möchten Sie hinaus, Herr Koch?
>
> **Angeklagter:** Ich meine, was sie praktisch bedeutet. Für uns alle.
>
> **Staatsanwältin:** Ja?
>
> **Angeklagter:** Wenn Sie da oben fliegen und den Kampfeinsatz trainieren, dann
> 50 können Sie nur gewinnen, wenn Sie sich in die Lage des Gegners versetzen. Sie müssen vorausahnen, was er tut.
>
> **Staatsanwältin:** Kann ich mir vorstellen.
>
> **Angeklagter:** Und wenn Sie über die Entscheidung des Bundesverfassungsgerichts nachdenken, dann wird Ihnen klar, was ein Terrorist tun würde.
>
> 55 **Staatsanwältin:** Nämlich?
>
> **Angeklagter:** Ganz einfach: Er würde immer Unschuldige benutzen. Sobald er das tut, kann sich der Staat nicht mehr wehren. Das Gericht hat uns hilflos gemacht. Wir sind dem Terroristen ausgeliefert. Der Staat streckt die Waffen, wir haben aufgegeben. Sie haben mich hier angeklagt, die 164 Menschen an
> 60 Bord getötet zu haben. Sie werfen mir vor, dass ich mich nicht nach dieser absurden Entscheidung gerichtet habe, wie es meine Pflicht gewesen wäre. Ja, Frau Staatsanwältin, Sie haben recht. Ich habe es nicht getan, weil diese Entscheidung uns ausliefert. Sie ist das Gegenteil dessen, wofür ich ausgebildet bin.
>
> **Staatsanwältin:** Herr Koch, Sie sind immer noch überzeugt davon, dass Sie
> 65 richtig gehandelt haben?
>
> **Angeklagter:** Ja.

Staatsanwältin: Sie glauben, die Menschen im Flugzeug müssten sich opfern, weil die Staatsräson das verlangt?
Angeklagter: Ja.
Staatsanwältin: Und Sie würden es auch wieder tun?
Angeklagter: Ja.
Staatsanwältin: Es gibt keine andere Möglichkeit?
Angeklagter: Keine.
Staatsanwältin: Dann, Herr Koch, stelle ich Ihnen nur noch eine Frage: Hätten Sie geschossen, wenn Ihre Frau in dem Flugzeug gewesen wäre?
Angeklagter: Was?
Staatsanwältin: Ihre Frau und Ihr Sohn. Was wäre, wenn sie in dem Flugzeug gewesen wären? Hätten sie auch getötet?
Angeklagter: Ich ... ich ...
Verteidiger: Was soll diese Frage? Das ist eine Unverschämtheit.
Staatsanwältin: Nein, die Frage ist keine Unverschämtheit. Ihre Unterbrechungen sind es.
Vorsitzender: Bitte, bitte.
Verteidiger: Ich kann das nicht ...
Vorsitzender: So, jetzt mal langsam. Herr Verteidiger, Sie wissen, dass es unsere Aufgabe ist, zu untersuchen, ob die Erklärungen eines Angeklagten tatsächlich belastbar sind. Oder ob er das nur behauptet. Die Frage der Staatsanwältin zielt genau darauf ab.
Verteidiger: Vielleicht, ja. Aber es ist sicher nicht unsere Aufgabe ...
Angeklagter: Warten Sie. Ich will mir diese Frage nicht stellen. Ich kann es nicht.
Staatsanwältin: Was können Sie nicht?
Angeklagter: Jede Antwort wäre falsch.
Staatsanwältin: Sie haben recht. Weil es um Leben geht. Ich habe keine weiteren Fragen an den Angeklagten.
Vorsitzender: Herr Verteidiger, haben Sie noch Fragen an Ihren Mandanten?
Verteidiger: Nein.

(769 Wörter)

Aus: Ferdinand von Schirach: Terror. S. 91, Z. 7 – S. 97, Z. 18

E Trainingsaufgaben zum selbstständigen Üben

E 3 Prüfungsbeispiel zum Inhaltsbereich „Sachtexte"

Thema: „Glück – toxische Positivität"

Viele Menschen fragen sich: Inwiefern hängen Glück und positives Denken zusammen? Auf den ersten Blick erscheint es logisch, dass negative Gedanken dem Glück im Wege stehen. Doch kann ausschließliche Positivität auch toxisch – also schädlich bzw. sogar gefährlich – sein?

AUFGABENSTELLUNG für den G-Kurs

Die erfolgreiche Influencerin Posy wirbt auf ihrem Instagram-Kanal unter den Hashtags #goodvibesonly und #thinkpositive für Positivität. Sie fordert das Verdrängen von negativen Gedanken und Gefühlen, um das wahre Glück zu erreichen. Nur mit positiven Gedanken könne man glücklich werden.
Stelle in einer Nachricht an Posy auf der Grundlage von M1 bis M3 dar, inwiefern ausschließlich positive Gedanken und Gefühle auch schädlich sein können. Erläutere ihr das Konzept der toxischen Positivität.

1. Werte M1 bis M3 aus und fasse in einer Stoffsammlung stichwortartig die Informationen zur toxischen Positivität zusammen, die du anschließend für Aufgabe 2 nutzen kannst. Finde gegebenenfalls weitere eigene Aspekte und Beispiele aus deinen Erfahrungen.

2. Verfasse die informierende Nachricht an die Influencerin. Gehe so vor:
   - Leite in die Problematik ein, indem du Bezug zu ihrem Instagram-Kanal nimmst.
   - Informiere über die wichtigsten Aspekte zur toxischen Positivität, die du M1 bis M3 entnommen bzw. selbst ergänzt hast.

AUFGABENSTELLUNG für den E-Kurs

Die erfolgreiche Influencerin Posy wirbt auf ihrem Instagram-Kanal unter den Hashtags #goodvibesonly und #thinkpositive für Positivität. Sie fordert das Verdrängen von negativen Gedanken und Gefühlen, um das wahre Glück zu erreichen. Nur mit positiven Gedanken könne man glücklich werden.
Nimm auf der Grundlage von M1 bis M3 in einer Nachricht an Posy Stellung zu ihren Aussagen. Gehe dabei auf das Konzept der toxischen Positivität ein.

1. Werte M 1 bis M 3 aus und fasse in einer Stoffsammlung stichwortartig die Informationen zur toxischen Positivität zusammen, die du anschließend für Aufgabe 2 nutzen kannst. Sammle die Argumente für deine Stellungnahme in einer Tabelle. Finde weitere eigene Aspekte und Beispiele.

2. Verfasse die Nachricht an die Influencerin mit deiner Stellungnahme zu ihren Aussagen. Ist Glück tatsächlich nur durch reine Positivität zu erreichen? Stelle sowohl Pro- als auch Kontra-Argumente dar, bevor du dich positionierst. Denke an Lösungsvorschläge am Ende.

M1 Warum wir das Unglück brauchen *Arnd Pollmann*

[...] Stellen Sie sich vor, Sie dürften sich an eine „Glücksmaschine" anschließen lassen. Diese gaukelt Ihnen fortan intravenös[1] einen Zustand völliger Befriedigung vor. Würden sie sich anschließen lassen? Oder würde Ihnen der Kontrast fehlen? [...] In einer berühmten Studie der Northwestern University
5 in den USA wurde die Lebensqualität von Lottogewinnerinnen und -gewin-

nern mit der von querschnittsgelähmten Unfallopfern verglichen. Kurz nach dem Lottogewinn waren die Menschen, wie erwartet, sehr glücklich, beziehungsweise kurz nach dem Unfall sehr unglücklich. Mit zeitlichem Abstand ließ sowohl das Glück der Ersteren als auch das Unglück der Letzteren nach. Und mit großem Abstand erwiesen sich die Unfallopfer insgesamt sogar als zufriedener. [...]

Erstens: Nur wer das Unglück kennt, weiß auch das Glück zu schätzen. Zweitens: An einzelnen Episoden des Unglücks können Menschen wachsen. Drittens: Viele Menschen wollen ihr Glück nicht einfach nur geschenkt bekommen, sie wollen es sich verdienen. Viertens: Das Unglück mag uns antreiben, ein jeweils besseres Leben zu erstreben oder zu erstreiten. Und fünftens: Insgesamt wird das Unglück so zu einem Motor gesellschaftlichen Fortschritts, und zwar in Richtung eines besseren Lebens für alle. [...]   (462 Wörter)

1 **intravenös:** (Injektion) in eine Vene hinein

Quelle: https://www.deutschlandfunkkultur.de/philosophie-des-guten-lebens-warum-wir-das-unglueck-brauchen-100.html (vom 4.4.2021, aufgerufen am 15.5.2022)

M2 Zwei Vorteile
Thomas Lust

Quelle: http://cartoonalarm.de/vorteile/ (vom 03.11.2020, aufgerufen am 15.5.2022)

M3 Toxische Positivität: Der Zwang zum Glück   *Anna Miller*

Alles immer super? Dann sind Sie vielleicht dem Zwangsoptimismus erlegen. Dabei ist der Mensch zufriedener, wenn er auch mal Wut und Trauer zulässt.

80 Millionen Mal. So oft wurde der Hashtag #positivevibes[1] auf Instagram mittlerweile gepostet. #goodvibesonly[2] schafft immerhin 15 Millionen. Bitte nur gute Laune. Bitte bloß keinen Zusammenbruch. Bitte Sonne jetzt, draußen und im Herzen und überhaupt.

Während wir alle nach Glück und Zufriedenheit streben, gibt es Menschen, die das so absolut und zwanghaft tun, dass die Psychologie dafür nun einen eigenen Begriff hat: „toxic positivity", auf Deutsch: toxische Positivität. Die Psychologie aber, im deutschen Raum allen voran die deutsche Autorin Anna Maas, warnt vor allzu viel guter Laune. Laut Maas basiert toxische Positivität, oder salopper gesagt, Zwangsoptimismus, auf der Annahme, dass ein Leben nur dann gelungen ist, wenn es durch und durch aus positiven Erlebnissen und Gefühlen besteht.

Doch Leiden gehört zum Menschsein dazu. Wer sich selbst keinen Raum gibt, zu trauern, wütend zu sein oder auch mal lethargisch[3], der kann in einer echten, psychischen Erkrankung enden. Denn: Gefühle sind im Grunde erstmal neutral. Sie sind dazu da, uns Informationen über uns selbst und die Welt zu vermitteln. Haben wir Angst, ist da vielleicht Gefahr oder wir übernehmen uns, plötzliche Lethargie kann ein Hinweis darauf sein, dass wir auftanken müssen, und das Zulassen echter Trauer hilft, Verluste zu verarbeiten.

Die Mär von der Individualität: Wir sind keine Insel
Doch in der heutigen Kultur, vor allem in den Sozialen Medien, werden vermehrt bloß die guten Seiten des Lebens dargestellt. Auf der einen Seite meckern wir gerne – über den Chef, den verspäteten Zug oder die nervige Nachbarin von nebenan. Echte Gefühle lassen wir aber nur ungern zu.
Männer weinen nicht, Frauen sollen nicht so hysterisch sein – und wenn wir dann mal bei einer Cocktail-Party damit um die Ecke kommen, dass wir uns vor einer großen Reise ängstigen oder in unserer Beziehung nicht glücklich sind, hören wir oft Dinge wie „Immerhin bist du in einer!" oder „Ich wünschte, ich hätte deine Probleme!". Auch wird uns von Klein auf beigebracht, dass es gute und schlechte Gefühle gibt – und, dass wir anderen mit unseren „schlechten" Gefühlen nicht zur Last fallen sollen. Das sitzt tief, in der gesamten Gesellschaft. Und paart sich hervorragend mit der Ideologie, dass wir allein unser Glück in der Hand haben. Es ist nicht mehr Gott, der uns ein Schicksal aufbürdet, sondern wir allein sind unser Glückes Schmied. Die Folge: unglaublicher Leistungsdruck. Und tiefe Scham darüber, wenn es uns nicht gut geht, obwohl wir doch alles in der Hand hätten, um es uns gut zu machen. In unserer Leistungsgesellschaft gilt die Regel: Heul nicht rum, arbeite lieber an dir und deinem Mindset.
Das gilt nicht bloß in Bezug auf uns selbst, sondern auch im Umgang mit anderen: Antworten wir mit „hey, Kopf hoch" auf die Probleme unserer Freunde, statt einfach mal zuzuhören und ihr Empfinden ernst zu nehmen, sind wir Teil des Problems. Und ist per se toxisch: Weil wir unser eigenes Wohlbefinden über die Realität des anderen stellen.

Posttraumatisches Wachstum als Vorbote von Glück
Die Positive Psychologie, die Wissenschaft des Glücks, musste sich in ihren Anfängen vor dreißig Jahren die Kritik gefallen lassen, dass sie oberflächlich sei – und den Kult um toxische Positivität befeuere. Inzwischen befasst sich auch dieser Zweig der Wissenschaft mit der Wichtigkeit von vermeintlich schlechten Gefühlen für unser Glück. Und kommt zum Schluss: Aus unglaublichem Leid kann erst recht Glück wachsen.
Forscherinnen nennen das „posttraumatisches Wachstum". Und meinen damit: Wer durch ein Tal geht, der lernt, der wächst, der kommt gestärkt wieder da-

raus hinaus. Und ist um eine Erfahrung reicher, die ihn langfristig glücklicher machen kann, als wenn nie etwas Schlimmes passiert wäre, das man hätte verarbeiten müssen. Das heißt jedoch nicht, dass wir uns nun im Elend suhlen sollen. Wiederkehrende, negative Gedanken zu stoppen, die Aufmerksamkeit umzulenken oder die Situation auch auf das Positive hin zu analysieren, sind bewährte Konzepte der Verhaltenstherapie, die helfen sollen, Erlebnisse im richtigen Licht zu sehen und schädliche Gedankenmuster zu durchbrechen. Gerade im Zusammenhang mit Angst- und Depressionserkrankungen ist es wichtig, sich negative Glaubenssätze und Gedanken näher anzuschauen. Auch Übungen wie, ein Dankbarkeitstagebuch zu führen oder sich an das Positive in einem Menschen zu erinnern, sind bewährte Konzepte für mehr Zufriedenheit, deren Wirksamkeit in zahlreichen Studien bewiesen wurde. Den Fokus auf das Positive zu lenken, ist aber etwas anderes, als seine negativen Gefühle mit aller Kraft außen vor zu lassen.

Gefühle zulassen geht auch ohne Handeln
Denn man kann sich Gefühle und Gedanken vorstellen wie einen Fluss: Sie kommen und gehen. Sie bestehen aus Energie, die wir im Körper speichern und festhalten. Oder eben fließen lassen. Das, was in der Meditationslehre schon lange en vogue[4] ist, nämlich, einfach mal sein zu lassen, was ist, wird auch im therapeutischen Setting immer wichtiger. Wer seine negativen Gedanken und Gefühle ständig wegdrückt und sie ablehnt und toxisch positiv bleibt, der heilt nicht.
Weil verschiedene Anteile, vor allem diejenigen, die vom Individuum als belastet oder unschön erlebt werden, nicht anerkannt werden. Das bedeutet nicht, dass man jedes schlechte Gefühl aussprechen, im Streit Dinge werfen oder jedem negativen Impuls nachgeben sollte. Doch man kann die Gefühle fühlen, ohne danach zu handeln. Ein Stück weit zuzulassen, dass sich ein schwarzes Loch auftut und ein innerer Anteil rauskommt, der hässlich ist und vor dem man sich fürchtet, ist Teil des Prozesses, psychisch stabil zu werden und sich annehmen zu können, wie man ist.
Auch ist erst dann überhaupt echte Verbundenheit zu sich selbst und anderen Menschen möglich: Weil echte Bindung dann entsteht, wenn man sich verletzlich und authentisch[5] zeigt. Mit all seinen Facetten[6]. Es geht also am Ende nicht bloß um die alles übertrumpfende Positivität, sondern vielmehr um eine positive Einstellung gegenüber unserem Menschsein in seiner ganzen Komplexität – also Mitgefühl, Hoffnung und Verständnis. Diese Gefühle können wir fühlen, auch wenn wir anerkennen, dass die Situation gerade alles andere als einfach ist.

(974 Wörter)

1 **positive vibes** (engl.): gute Laune/Stimmung
2 **good vibes only** (engl.): nur gute Laune/Stimmung
3 **lethargisch**: ohne Interesse, gleichgültig, antriebslos
4 **en vogue** (frz.): angesagt
5 **authentisch**: echt
6 **die Facette**: Teilaspekt

Quelle: https://www.luzernerzeitung.ch/leben/psychologie-toxische-positivitaet-der-zwang-zum-glueck-ld.2289598 (vom 13.05.2022, aufgerufen am 19.05.2022)

F Original-Abschlussarbeiten 2022

Prüfungsaufgabe 1: Inhaltsbereich Epik

Text: Irmgard Keun: Das kunstseidene Mädchen (1932)

QUELLE der Aufgabenstellung

Niedersächsisches Kultusministerium. Hinweis: Die Musterlösungen zu den Aufgaben sind nicht amtlich, sondern wurden vom Autor des Bandes „FiNALE-Prüfungstraing" erstellt.

AUFGABENSTELLUNG E-Kurs

1 Fasse den vorliegenden Textauszug aus Elke Naters Roman „Königinnen" mit eigenen Worten zusammen.

2 Charakterisiere die Ich-Erzählerin Gloria, beachte dabei auch Widersprüchlichkeiten. Belege deine Ausführungen am Text.

3 Vergleiche Gloria mit Doris aus Irmgard Keuns Roman „Das kunstseidene Mädchen", indem du folgende Aspekte berücksichtigst:
- ihre Lebensumstände und ihre Vorstellungen vom Leben,
- ihr Selbstbild und ihr (gesellschaftlich-soziales) Verantwortungsbewusstsein,
- ihre Sprache.

M1 Königinnen (1998, gekürzter Auszug) *Elke Naters*

Gloria

Ich gehe die Straße lang, und mir ist ganz schwach vor Hunger. Ich habe mich nicht verabschiedet. Von niemandem. Da stehen die rum und tun sich wichtig, und mir wird klar, dass ich dort nichts verloren habe. Plötzlich stellt sich alles
5 in Frage. Meine Freunde und meine Nächte, und ich gehe. So schnell ich kann. Vorbei an Marie, die mich blöde anschaut. Beim Rausgehen kommt mir auch noch Susan entgegen. Sie grüßt mich überschwänglich, dabei haben wir uns schon lange nichts mehr zu sagen, aber ich drehe mich weg und trete ihr in den Arsch. Tue ich natürlich nicht, leider, und gehe raus ins Freie.
10 Manchmal stelle ich mir vor Sachen zu machen, die niemand von mir erwartet. Wie Susan in den Arsch zu treten oder mit Kleidern herumzulaufen, die völlig daneben sind. Zu dumm, dass man immer so bemüht ist, einen guten Eindruck zu machen. Aber jetzt will ich keinen guten Eindruck mehr machen. Ich will sofort etwas zu essen. Weil ich alleine bin, will ich schnell essen. Ich will
15 mich nicht alleine in ein Lokal hineinsetzen. Den Falafel[1] esse ich im Gehen. Wenn ich so alleine unterwegs bin und mich ärgern muss, und das muss ich mich immer, ärgern, über dumme Menschen oder Hunde, rede ich mit mir selbst. Das heißt, meistens rede ich nur im Kopf mit mir, aber oft auch richtig. Ich möchte so richtig viel Geld haben. So viel Geld, dass man es nie ausgeben
20 kann.
Dann würde ich an Tagen, an denen ich sonst nichts anzufangen weiß, Marie anrufen, und wir würden durch die Stadt ziehen und jeden Mist kaufen, der uns gefällt. Das meiste hätten wir gleich über, weil es bei den meisten Sachen nicht darum geht, sie zu haben, sondern weil nur das Kaufen die richtige
25 Befriedigung verschafft. Wenn uns die Tüten zu schwer werden, würden wir sie einfach stehen lassen. Wir müssten nichts aufheben, weil wir genug Geld

hätten, wieder etwas Neues zu kaufen, wenn wir das brauchten. Das befreit enorm. Wenn man richtig viel Geld hat, braucht man gar nichts mehr. Ein Zustand absoluter Freiheit.

Aber davon sind wir weit entfernt. So was erreicht man auch nicht mit anständiger Arbeit. Es macht keinen Spaß, Geld auszugeben, für das man gearbeitet hat. Da wird das Geld zu kostbar, als dass man es durch die Gegend schmeißen kann. Und dazu soll das Geld da sein, um es durch die Gegend zu schmeißen. Wenn man das Geld erarbeiten muss, klebt man noch mehr am Geld, als wenn man keins hat. Geld, das man nicht hat, gibt man auch gerne aus. Je weniger Geld ich habe, desto mehr halte ich es zusammen. Mit Arbeit viel Geld zu verdienen, ist das Gegenteil von Freiheit. Kein Geld zu haben, kommt dem Zustand, unendlich viel Geld zu haben, näher. Was die Freiheit betrifft. Das bestätigt die Erfahrung.

Nachdem wir uns das klar gemacht haben, dass es keinen Sinn hat, mit ehrlicher Arbeit Geld zu verdienen, beschließen wir ins KaDeWe[2] zu gehen und das Geld auszugeben, das wir nicht haben. Marie hat nämlich eine goldene Kundenkarte vom KaDeWe. Mit der kann man immer einkaufen. Auch wenn man kein Geld hat. Weil wir heute beide traurig darüber sind, dass wir kein Geld haben, lädt mich Marie ein, auf einen Einkaufsbummel im KaDeWe. Wir gehen zuerst in die Parfümerieabteilung. Zum Chanel-Stand. Obwohl die Lippenstifte von Chanel[3] so schnell schmierig werden und andere Lippenstifte, von anderen Firmen, eine viel bessere Konsistenz haben und auch viel länger haften, kaufe ich immer die von Chanel. Weil die am schönsten sind. Weil es nicht nur wichtig ist, welche Farbe man auf den Lippen hat, sondern auch welchen Lippenstift man aus der Tasche holt, um sich die Lippen nachzumalen. Obwohl ich schon dreißig Jahre alt bin, komme ich mir in Parfümerieabteilungen immer vor wie ein Schulmädchen beim Schuleschwänzen. Das liegt daran, dass ich immer schmutzige Fingernägel habe und nie anständige Strümpfe. Die haben entweder ein Loch, oder sie gehören Lorenz[4] und sind mir viel zu groß, dass immer die Ferse raushängt, hinten am Schuh. Marie geht das genauso. Aber weil wir die goldene Kundenkarte haben, beschließen wir, uns wie Königinnen zu fühlen und nicht wie Schulmädchen. Dann kaufe ich die Nummer 36, die ich immer kaufe.

Marie erzählt, dass sie sich einsam fühlt und gerne wieder einen Freund hätte. Wir gehen gemeinsam alle Männer durch, die wir kennen und stellen fest, dass kein passender dabei ist. Das ist nichts Neues. Marie fängt an zu jammern, über die Männer, und ich sage ihr, dass ich das Gejammer über die Männer nicht mehr hören kann. Vor allem nicht von Frauen, die sich ständig in offensichtliche Deppen verlieben und sich dann darüber beschweren, dass er ein Depp ist. Das sind diese Frauen, die dann immer mit einem Seufzer sagen, ach ich verliebe mich eben immer in die falschen Männer. Als wären sie zwölf und in ihren Mathelehrer verliebt. Marie sagt, ich hätte gut reden, schließlich hätte ich einen Freund und einen anständigen dazu. Da muss ich ihr recht geben. Auch darin, dass es verdammt wenige von solchen Männern gibt, wie ich einen habe. Darüber bin ich plötzlich heilfroh, und ich sage zu Marie, wirst sehen, wir finden noch einen für dich, obwohl ich nicht daran glaube. Aber meiner ist auch einfach so aus dem Nichts aufgetaucht, als ich noch nicht daran geglaubt habe. Und jetzt gehen wir nie mehr auseinander. So einfach ist das.

Ich erinnere mich an die Zeiten, als ich keinen Freund hatte und einen ge-

M1

sucht habe. Keinen Freund und jede Nacht unterwegs. Oft verzweifelt und unglücklich, aber immer das pralle Leben. So wie man sich das vorstellt, als junger Mensch. Nicht so, wie es wirklich ist.

80 Das pralle Leben, so wie es wirklich ist, das habe ich jetzt. Mit dem Kind und dem Mann. Meiner Familie. Da kann man keinen Tag einfach auslassen, so wie man das früher gemacht hat. Wenn alles zu viel wurde, hat man eine Runde ausgesetzt. Man hat sich ins Bett gelegt und ist erst wieder aufgestanden, wenn man wieder dazu in der Lage war. Das war auch anstrengend und leidvoll,
85 weil man meistens voller Selbstmitleid im Bett lag und sich über das eigene Leid viele Gedanken gemacht hat, aber man hatte immerhin die Wahl. Die habe ich heute nicht mehr. Ich würde auch gerne an manchen Tagen heulend im Bett liegen. Für niemanden zu sprechen. Zurückgezogen von der Welt und dem prallen Leben. Das geht nicht mehr.
90 Nur weil es einem besser geht als den meisten, weil man glücklich ist und einen wunderbaren Mann hat und ein reizendes Kind, geliebt wird und die liebt, heißt das noch lange nicht, dass es einem besser geht. Weil man immer der gleiche Mensch bleibt. Deshalb kann ich auch mal unglücklich sein, obwohl ich keinen gültigen Grund dafür habe. (1167 Wörter)

1 **Falafel:** (Kichererbsen-)Bällchen.
2 **KaDeWe:** Kurzform für Kaufhaus des Westens; ein bekanntes Warenhaus in Berlin mit luxuriösem Sortiment.
3 **Chanel:** ein bekannter französischer Modekonzern aus dem Luxussegment, der neben Mode auch Kosmetik, Parfum u. a. produziert.
4 **Lorenz** ist Glorias Freund.
Quelle: Elke Naters: Königinnen. Kiepenheuer & Witsch, Köln 1998

Prüfungsaufgabe 2: Inhaltsbereich Umgang mit Sachtexten
Thema: Jugend zwischen Freiheitsdrang und Verantwortung

AUFGABENSTELLUNG E-Kurs

An deiner Schule wird eine Projektwoche für den 10. Jahrgang geplant, die sich mit dem Thema „Chancen und Grenzen des digitalen Engagements" beschäftigt. Du bist aufgefordert, für die Onlinezeitung deiner Schule einen Kommentar zu diesem Thema zu verfassen.

1 Gib die wesentlichen Aspekte zum Thema „Chancen und Grenzen des digitalen Engagements", die den Materialien (M1–M4) zu entnehmen sind, in einer strukturierten Stoffsammlung wieder.

2 Verfasse einen Kommentar zum Thema „Chancen und Grenzen des digitalen Engagements" für die Onlinezeitung deiner Schule, indem du dich begründet positionierst. Nutze dazu deine Ergebnisse aus Aufgabe 1 und dein Vorwissen. Formuliere abschließend eine geeignete Überschrift für deinen Kommentar.

M1 **Engagiert und gut vernetzt (2019)** *Kim Berg*

Sie packen an und wollen die Zukunft mitbestimmen: Viele Jugendliche engagieren sich bei sozialen und ökologischen Themen. Ein Überblick.

M1

Jeder kennt die jungen Menschen, die mit Fridays for Future für mehr Klimaschutz demonstrieren. Doch nicht immer ist jugendliches Engagement auch auf der Straße sichtbar. Viele Jugendliche in Deutschland engagieren sich online. [...]

Naturschutz als Königsdisziplin
Der Wunsch nach einer sozialen und ökologischen Veränderung ist vor allem bei jungen Deutschen stark verankert. [...] 17 Prozent der engagierten Jugendlichen tun dies in einer Natur- oder Umweltschutzgruppe, 14 Prozent in einer Menschenrechtsgruppe. Das Internet löst diese Form des aktiven Engagements in einer Gruppe jedoch zunehmend ab. Vor allem dient es als Plattform, auf der sich engagierte Jugendliche vernetzen, austauschen und organisieren.

Das Internet nutzen, um die Welt zu verbessern
Ob Spenden sammeln, Petitionen[1] starten oder Demonstrationen organisieren – Jugendliche sind bestens vernetzt. Rund 30 Prozent von ihnen haben bereits an einer Onlineaktion teilgenommen, noch mal so viele können es sich in Zukunft vorstellen. [...] Durch den Einsatz sozialer Medien verbessern Organisationen ihre Reichweite und Bekanntheit. Online können sie die Teilnahme Jugendlicher an Aktionen deutlich erhöhen, da Internet-Kampagnen dem Kommunikationsstil junger Menschen entsprechen.

Politisches Engagement
Während sie sich vor allem sozial und ökologisch engagieren, kommt die Arbeit in einer politischen Partei nur für wenige Jugendliche in Frage. Nur rund elf Prozent finden es sehr wichtig, sich politisch zu engagieren, während sich doppelt so viele umweltbewusst verhalten.

(248 Wörter)

[1] **Petition:** Auflistung von Forderungen an eine Behörde oder eine Regierung.
Quelle: https://www.deutschland.de/de/topic/leben/jugendliche-in-deutschland-engagiert-und-gut-vernetzt (zuletzt abgerufen am 24.01.2022)

M2 Wie wirkungsvoll ist digitaler Protest? (2022) *Lisa Santos*

Die Journalistin Lisa Santos hat Christopher Schmitz vom Göttinger Institut für Demokratieforschung gefragt, was Online-Aktivismus bringt.

Lisa Santos: *Manche bezeichnen Proteste im Netz abwertend als „Slacktivism"[1] oder „Hashtag-Aktivismus"[2], weil man mit nur einem Klick oder Like schon vermittelt, sich politisch zu engagieren.*
Christopher Schmitz: Tatsächlich ist es im Internet relativ leicht, sich an Diskussionen zu beteiligen und bequem vom Sofa aus eine Petition zu unterzeichnen. Die Schwelle zur Teilhabe ist also niedriger geworden. Aber das muss nicht automatisch schlecht sein. Bei politischem Aktivismus war es schon immer so, dass nur wenige Leute Zeit, Energie oder die Fähigkeiten hatten, sich aktiv einzubringen, indem sie auf Demonstrationen gehen [...]. Manche Menschen können aber gar nicht auf die Straße gehen, etwa aus körperlichen oder gesundheitlichen Gründen. Für all diese Menschen ist das Internet eine Chance, sich einzubringen. [...]

Lisa Santos: *Was gibt es sonst noch für Unterschiede zwischen digitalem und „traditionellem" Aktivismus?*

Christopher Schmitz: Das kann man gar nicht so streng trennen. Viele Formate wurden einfach weiterentwickelt: Früher habe ich eine Petition in der Fußgängerzone unterzeichnet, jetzt geht viel davon online. Früher wurden Straßen blockiert, heute auch Webseiten. Was sich eher geändert hat, ist die Geschwindigkeit, mit der sich Proteste verbreiten. Das liegt auch daran, dass wir heute stärker vernetzt sind. Durch das Internet ist es viel leichter, Gleichgesinnte zu finden und sich zu organisieren.

Lisa Santos: *Ist Online-Aktivismus durch diese Vernetzung auch wirkungsvoller?*

Christopher Schmitz: Interessant ist, dass sich zwar die Form des Protests geändert hat, aber nicht unsere Wahrnehmung. Bis heute messen wir den Einfluss von politischen Gruppen hauptsächlich in Menschen auf der Straße. Dass die Gruppen im Internet aktiv sind, wird oft nur in einem Nebensatz erwähnt. Denn Bilder von Demonstrierenden sind medial wirkmächtiger als abstrakte Zahlen wie Retweets[3] oder Interaktion zu einem Hashtag.

Lisa Santos: *Wie hat es den Online-Aktivismus verändert, dass er mittlerweile überwiegend in sozialen Medien stattfindet?*

Christopher Schmitz: Soziale Netzwerke wollen, dass Nutzer möglichst lange auf ihrer Plattform bleiben – also viel liken, teilen, kommentieren oder selbst posten. Als Nutzer haben wir dadurch eine riesige Auswahl an Inhalten, gleichzeitig wird unsere Aufmerksamkeitsspanne kürzer, weil wir nur begrenzt aufnahmefähig sind. Um als Protestbewegung überhaupt wahrgenommen zu werden, muss man also Aufmerksamkeit erzeugen. Ein klassisches Beispiel dafür sind besonders reißerische Überschriften, also Clickbaiting[4]. Aber auch Bilder und Memes[5] funktionieren gut, weil die Nutzer hier im Gegensatz zu Videos oder Texten direkt und ohne viel Aufwand sehen, worum es geht.

Lisa Santos: *Besteht dabei die Gefahr, dass man sich als Nutzer weniger mit den Inhalten auseinandersetzt?*

Christopher Schmitz: Ich ertappe mich selbst manchmal dabei, dass ich durch meinen Twitter-Feed scrolle, ein Posting lese und mir sofort eine Meinung bilde. Dann nehme ich mir vor, den dazugehörigen Artikel zu lesen, aber habe nicht die Zeit oder finde den Beitrag später nicht mehr. Trotzdem bleibt mir mein erster Eindruck langfristig im Gedächtnis. Das muss nicht unbedingt schlimm sein, kann aber problematisch werden, wenn wir das eigene Nutzungsverhalten nicht kritisch hinterfragen und im schlimmsten Fall Vorurteile oder gar falsche Behauptungen unhinterfragt glauben und weiterverbreiten. Man muss aber auch dazusagen, dass das jetzt nichts völlig Neues ist. Die sozialen Medien verstärken diesen Prozess auf jeden Fall, aber Politik hat immer schon besonders gut über Bilder und Emotionalität funktioniert.

(606 Wörter)

1 Petition: Auflistung von Forderungen an eine Behörde oder eine Regierung.

2 Slacktivism: Sogenannter Sofa-Aktivismus; bezeichnet eine Form des Aktivismus, die ohne besondere Anstrengung oder intensivere Beschäftigung mit dem Thema zumeist online ausgeübt wird.

3 Hashtag-Aktivismus: Beteiligung an einer politischen Kampagne auf Twitter, indem man mit einem Klick einer bestimmten Aussage zustimmt.

4 Retweet: Eine Twitternachricht, die geteilt wird.

5 Clickbaiting: Suche nach Aufmerksamkeit mit Hilfe einer übertriebenen Schlagzeile.

6 Memes: Lustige Fotos oder kurze Videos im Internet.

Quelle: https://www.fluter.de/digitaler-protest-interview (zuletzt abgerufen am 24.1.2022)

M3 Politische Mobilisierung durch InfluencerInnen – Like or Dislike? (2019) *Nora Räss*

InfluencerInnen können mit einem Post zehn- oder gar hunderttausende Menschen erreichen. Meist sind diese Beiträge den Themen Mode, Lifestyle oder Reisen gewidmet. Vereinzelt äußern sich InfluencerInnen jedoch auch zu politischen Inhalten. [...]
Instagram-Profile haben meist eine klare thematische Ausrichtung. Als NutzerIn der Plattform wählt man in der Regel aus einem breiten Angebot die Profile aus, welche den persönlichen Interessen entsprechen. So stellen sich die NutzerInnen einen Feed[1] zusammen, der ihr eigenes Denken widerspiegelt und der sie kaum dazu anregt, ihre mentale Komfortzone zu verlassen. Auf diese Weise schaffen sie sich selbst eine Filterblase[2], in der sie in ihren eigenen Ansichten bestärkt werden. Werden politische Posts gemacht, fügen sich diese meist gut in den Grundtenor der Profile ein. [...]
Doch ist es überhaupt ein Problem, wenn man von seinem Insta-Feed nicht dazu angeregt wird, die eigenen Positionen zu hinterfragen? [...] Für das Funktionieren einer Demokratie ist es wichtig, dass man sich auch mit den Meinungen und Ansichten andersdenkender Personen auseinandersetzt. Die monothematischen[3] Inhalte der Instagram-Profile fördern diese Kompetenz kaum. [...]
Indem junge Menschen auf Instagram mit politischen Inhalten konfrontiert und so politisch mobilisiert werden, kann zwar der Grundstein für den Aufbau politischer Einstellungen und Kompetenzen gelegt werden. Doch in dem Haus, das auf diesem Grundstein gebaut wird, fehlt ein wichtiges Zimmer: die demokratische Diskussionskultur. Zur politischen Sozialisation[4] gehört auch, dass man sich abweichende Meinungen anhört, sich auf Konflikte einlässt und diese ausdiskutiert. Kurz: Dass eine demokratische Diskussionskultur erlernt wird.

1 **Feed:** Sammlung von Beiträgen, die auf dem Profil zu sehen sind.
2 **Filterblase:** Es werden einem Internetnutzer zunehmend Seiten präsentiert, die thematisch zuvor besuchten Internetseiten ähnlich sind. Dadurch entsteht der Eindruck, es gäbe nichts anderes.
3 **monothematisch:** Nur ein einzelnes Thema behandelnd.
4 **politische Sozialisation:** Entwicklung oder Aneignung politischer Wertehaltungen und Überzeugungen.

Quelle: https://www.berliner-zeitung.de/kultur-vergnuegen/vernetzt-und-allein-die-einsamkeit-auffacebook-li.6504 (zuletzt abgerufen am 11.2.2021)

M4 Dritter Engagementbericht – Zukunft Zivilgesellschaft. Junges Engagement im digitalen Zeitalter (2020)
Bundesministerium für Familie, Senioren, Frauen und Jugend

Das gesellschaftliche Engagement Jugendlicher wird im Auftrag des Bundesministeriums für Familie, Senioren, Frauen und Jugend regelmäßig untersucht. In einer bundesweiten Studie wurden 2020 insgesamt 1006 Jugendliche und junge Erwachsene im Alter zwischen 14 und 28 Jahren nach den Bedingungen für ihr gesellschaftliches Engagement befragt.

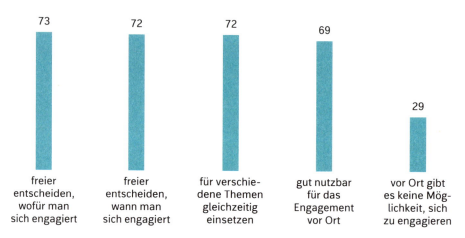

Gründe der Internetnutzung für das Engagement

- 73 freier entscheiden, wofür man sich engagiert
- 72 freier entscheiden, wann man sich engagiert
- 72 für verschiedene Themen gleichzeitig einsetzen
- 69 gut nutzbar für das Engagement vor Ort
- 29 vor Ort gibt es keine Möglichkeit, sich zu engagieren

Quelle: https://www.bmfsfj.de/resource/blob/156652/164912b832c17bb6895a31d5b574ae1d/dritter-engagementbericht-bundestagsdrucksache-data.pdf. S. 52 u. 61. [Daten in Auszügen] (zuletzt abgerufen am 24.1.2022)

Original-Abschlussarbeiten 2022

Prüfungsaufgabe 1: Inhaltsbereich Epik

Text: Irmgard Keun: Das kunstseidene Mädchen (1932)

AUFGABENSTELLUNG G-Kurs

1. Gib den Inhalt des Briefes wieder, den Doris an die Fehbesitzerin schreibt.

2. Charakterisiere Doris – ausgehend von dem vorliegenden Textauszug – auf der Grundlage folgender Fragen:
   - Was gibt Doris über sich selbst und ihre Ziele (im Leben) preis?
   - Welche Einstellung gegenüber der Fehbesitzerin zeigt sie?
   - Welche sprachlichen Auffälligkeiten lassen sich erkennen?
   - Wie steht Doris zu ihrem Diebstahl?

   Belege deine Ausführungen am Text.

M1 Das kunstseidene Mädchen *Irmgard Keun*

Ich tue es jetzt – meine Mutter weiß die Adresse sicher – ich schreibe den Brief: „Geehrte Dame. Ich stahl einmal Ihr Feh. Sie werden naturmäßig eine Wut auf mich haben. Liebten Sie ihn sehr, geehrte Dame? Ich liebe ihn nämlich sehr. Ich wurde manchmal sehr gehoben durch ihn und eine höhere Schule
5 und echte Dame und eine Bühne und ein Anfang von einem Glanz. Und dann liebte ich ihn nur einfach, weil er weich ist und wie ein Mensch mit Seidenhaar am ganzen Körper. Und sanft und gut. Und hatte ich auch verschiedene Schwierigkeiten durch ihn, das können Sie glauben. Und war beinahe so weit,

auf den Strich zu gehen, was doch ein anständiges Mädchen, was auf sich hält, nicht soll. Ich will den Feh Ihnen wiedergeben, es ist nichts drangekommen, ich habe ihn immer vorher ausgezogen, meine Freundin Tilli hat ihn auch geschont. Ich will ja nun glauben, man darf nicht stehlen wegen der Ordnung und so. Wenn ich Ihr Gesicht kennte und es würde mir gefallen, hätte ich Ihnen diese Trauer nicht gemacht oder es hätte mir leid getan. Ich kenne ja aber nicht Ihr Gesicht, sondern denke mir nur etwas Dickes. Somit mache ich mir kein Gewissen, es ist nur wegen der Ordnung und meinen Papieren und wegen dem Opfer, was ich tun muss und weil ich besetzt sein will und aus Liebe. Vielleicht haben Sie noch mehr Pelze und sogar ein Hermelin, es kommt ja immer an die Unrechten. Bitte sein Sie gut zu mein Feh – machen Sie, dass er nicht drunter leidet, wenn Sie ihn ausschwefeln[1]. Und ich sage Ihnen, dass tausend Pelzmäntel auf mich regnen könnten, denn es ist ja immer noch alles möglich bei mir, aber ich würde nie mehr einen so mit mein Herz lieben wie dieses Feh.
Ich behochachte[2] Sie.
Ihre Doris   (323 Wörter)

[1] **ausschwefeln:** Kleidung wurde ausgeschwefelt, um Ungeziefer (Läuse) daraus zu entfernen.
[2] **behochachten:** Ungebräuchliche/falsche Form für „Mit Hochachtung".
Quelle: Irmgard Keun: Das kunstseidene Mädchen. Hrsg. von Jörg-Ulrich Meyer-Bothling. Klett: Leipzig 2004, S. 116f..

Prüfungsaufgabe 2: Inhaltsbereich Umgang mit Sachtexten

Thema: Jugend zwischen Freiheitsdrang und Verantwortung

AUFGABENSTELLUNG G-Kurs

An deiner Schule wird eine Projektwoche für den 10. Jahrgang geplant, die sich mit dem Thema „Digitales Engagement von Jugendlichen" beschäftigt. Du bist aufgefordert, für die Onlinezeitung der Schule einen informierenden Artikel zu diesem Thema zu verfassen.

1. Gib die wesentlichen Aspekte zum Thema „Digitales Engagement von Jugendlichen" aus den Materialien (M1–M3) in einer strukturierten Stoffsammlung wieder.

2. Verfasse auf der Grundlage der Materialien einen informierenden Artikel zum Thema „Digitales Engagement von Jugendlichen" für die Onlinezeitung deiner Schule. Ziel deines Artikels soll es sein, umfassend über folgende Aspekte zu informieren:
   – Wie engagieren sich Jugendliche online?
   – Warum engagieren sich Jugendliche online?
   – Welche Probleme bringt das Online-Engagement mit sich?
   Formuliere abschließend eine geeignete Überschrift für deinen Artikel.

M1 **Engagiert und gut vernetzt (2019)** *Kim Berg*

Der Text entspricht M1 auf Seite 134–135.

M2 **Wie wirkungsvoll ist digitaler Protest? (2022)** *Lisa Santos*

Der Text entspricht M2 auf Seite 135–136.

M3 **Dritter Engagementbericht – Zukunft Zivilgesellschaft. Junges Engagement im digitalen Zeitalter (2020)**
Bundesministerium für Familie, Senioren, Frauen und Jugend

Das gesellschaftliche Engagement Jugendlicher wird im Auftrag des Bundesministeriums für Familie, Senioren, Frauen und Jugend regelmäßig untersucht. In einer bundesweiten Studie wurden 2020 insgesamt 1006 Jugendliche und junge Erwachsene im Alter zwischen 14 und 28 Jahren nach den Bedingungen
5 für ihr gesellschaftliches Engagement befragt.

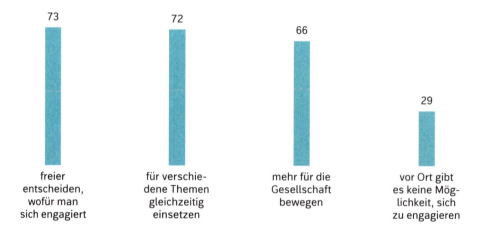

Gründe, sich online zu engagieren

- freier entscheiden, wofür man sich engagiert: 73
- für verschiedene Themen gleichzeitig einsetzen: 72
- mehr für die Gesellschaft bewegen: 66
- vor Ort gibt es keine Möglichkeit, sich zu engagieren: 29

Quelle: https://www.bmfsfj.de/resource/blob/156652/164912b832c17bb6895a31d5b574ae1d/dritter-engagementbericht-bundestagsdrucksache-data.pdf. S. 52 u. 61. [Daten in Auszügen] (zuletzt abgerufen am 24.1.2022)

Glossar

Auktorialer Erzähler: → *Merkmale erzählender Texte*
Bericht: → *Journalistische Textsorten*
Diagramm: → *Grafik*
Direkte Rede: → *Merkmale erzählender Texte*
Drama: Die Handlung der Geschichte wird auf einer Bühne aufgeführt. Der Text besteht vorwiegend aus **Dialogen** (Gespräche zwischen Figuren), aber auch **Monologen** (eine Figur allein spricht ihre Gedanken aus). Es gibt verschiedene **Rollen**, d. h., dass Schauspieler/-innen die handelnden Figuren darstellen. **Regieanweisungen** geben Anregungen für die Umsetzung (Inszenierung) des Stücks auf der Bühne. Tragendes Element einer Dramenhandlung ist (mindestens) ein **Konflikt**.
Dramen sind in mehrere **Akte** unterteilt, die die Handlung gliedern. In einem traditionell angelegten Drama ist jeder Akt in mehrere **Szenen** (Abschnitte der Handlung) unterteilt. Der Anfang einer Szene wird oft durch den Auftritt von Figuren, ihr Ende durch deren Abgang bestimmt.
Epik: Unter diesem Begriff fasst man alle Arten der erzählenden Dichtung zusammen. Es gibt viele epische Kleinformen (→ *Erzählung*, → *Novelle*). Zu den umfangreicheren epischen Texten gehört der → *Roman*.
Erlebte Rede: → *Merkmale erzählender Texte*
Er-/Sie-Form: → *Merkmale erzählender Texte*
Erzählperspektive: → *Merkmale erzählender Texte*
Erzählung: In der Literatur versteht man unter einer Erzählung alle kurzen, erzählenden Texte, die nicht eindeutig einer anderen Kurzform (→ *Fabel, Märchen, Sage, Schwank*) zugeordnet werden können.
Grafik: Grafiken stellen statistische Größen und Größenverhältnisse mithilfe von Diagrammen bildlich dar. Man unterscheidet folgende Typen von Diagrammen:
1. **Balkendiagramme** oder **Säulendiagramme,** die absolute Zahlen anzeigen. Die Höhe der Säule oder die Länge des Balkens gibt eine Anzahl an.
2. **Torten- bzw. Kreisdiagramme,** die eine prozentuale Zusammensetzung einer Gesamtmenge verdeutlichen. Die Tortenstücke zeigen jeweils den Anteil an der Gesamtmenge.
3. **Kurvendiagramme** oder **Liniendiagramme,** die eine Entwicklung anzeigen. Die Daten von verschiedenen Zeitpunkten können mithilfe eines solchen Diagramms miteinander verglichen werden.

Ich-Erzählung: → *Merkmale erzählender Texte*
Indirekte Rede: → *Merkmale erzählender Texte*
Innerer Monolog: → *Merkmale erzählender Texte*
Interview: → *Journalistische Textsorten*

Journalistische Textsorten:
Informierende Texte
Die **Meldung** ist die Kurzform der Nachricht. Sie enthält nur die wichtigsten Informationen (Wer? Wo? Was? Wann?). Sie steht häufig auf der ersten Seite und weist meist auf einen ausführlichen Bericht im Innenteil der Zeitung hin.
Der **Bericht** ist die ausführliche Form der Nachricht.
Er liefert eine detaillierte und sachliche Darstellung eines Sachverhalts. Merkmale:
1. Die Überschrift (häufig mit Unterüberschrift) informiert sachlich.
2. Ein halbfett gedruckter Vorspann fasst die wichtigsten Informationen (W-Fragen) zusammen.
3. Im Hauptteil erfolgt eine ausführliche Darstellung der Nachricht mit Erklärung der Zusammenhänge und Hintergründe.
4. Die Darstellung ist sachlich, wertende Äußerungen durch den Berichterstatter fehlen.
5. Aussagen von Personen werden in direkter und indirekter Rede wiedergegeben.
6. Häufig ergänzt ein erklärendes Bild den Text.

Die **Reportage** ist das Ergebnis vielfältiger Nachforschungen (= Recherchen). Die Reportage will nicht nur informieren, sondern die Leser auch durch die lebendige Art der Darstellung in besonderem Maße ansprechen.
Das **Interview** ist das Ergebnis eines Gesprächs, in dem ein Journalist/eine Journalistin gezielte Fragen an eine Person stellt, die von dieser beantwortet werden. Das Ziel kann darin bestehen, aktuelle Informationen über bestimmte Sachverhalte zu erhalten oder jemandes persönliche Meinung zu einem bestimmten Problem zu erfahren.

Kommentierende Texte
Der **Kommentar** argumentiert zu einem Sachverhalt. Dies kann zustimmend oder ablehnend erfolgen. Merkmale:
1. Häufig wird er in Verbindung mit einem Bericht oder einer Meldung geschrieben.
2. In vielen Zeitungen erscheinen die Kommentare an einer bestimmten Stelle (z. B. bei „Politik").
3. Kürzere Kommentare beziehen sich oft auf einen Artikel auf der gleichen Seite.
4. Die Autorin/der Autor wird genannt.
5. In der Regel verwenden Kommentare keine Bilder. Oft haben Kommentare einen typischen Aufbau: Zunächst werden die wichtigsten Informationen dargestellt, die zum Verständnis nötig sind. Als Abschluss wird meist ein Wunsch oder ein Ausblick formuliert.

Glossar

Der (oder das) **Essay** ist eine kürzere, sprachlich lebendige Abhandlung, in der ein Problem von verschiedenen Seiten betrachtet und in der die persönliche Meinung zum Ausdruck gebracht wird.

Kommentar: → *Journalistische Textsorten*

Konjunktiv: Indikativ (Wirklichkeitsform): *Er sagt: „Morgen kommt Paul."*
Der Konjunktiv gibt an, was ein anderer gesagt haben soll. In der indirekten Rede (→ *Merkmale erzählender Texte*) verwendet man meistens den **Konjunktiv I (Möglichkeitsform):** *Er sagt, Paul komme morgen.*

Merkmale erzählender Texte: Der Autor ist *nicht* gleichzusetzen mit dem Erzähler einer Geschichte. Wenn man einen Erzähltext untersucht, analysiert man Erzähltechniken/Merkmale des Erzählens:

1. **Erzählform:** Er-/Sie-Form, Ich-Form
2. **Erzählverhalten (Erzählperspektive):** Ist ein Erzähler **auktorial** (allwissend), dann erzählt er das Geschehen von außen und er weiß mehr als die Figuren. Er kann vorausschauen, Kommentare oder Rückblenden einfügen. Erzählt er **personal,** denn erfährt man aus der Sicht einer Figur, was geschieht und man erfährt auch nur das, was diese Figur weiß oder denkt. Selten ist ein Erzähler **neutral,** dann beschreibt er das Geschehen distanziert und sehr sachlich, wie ein Protokoll.
3. **Form der Darbietung:** Der Erzähler kann unterschiedliche Redeformen verwenden:
   Direkte Rede: In wörtlicher Rede werden Äußerungen und Gedanken wiedergegeben: *Jan war aufgebracht: „Was wissen Sie schon, was geschehen ist!"*
   Indirekte Rede: Äußerungen werden vom Erzähler wiedergegeben, zumeist unter Verwendung des → *Konjunktivs*: *Vollkommen unbeherrscht machte er allen um ihn Stehenden Vorwürfe, dass schließlich niemand gekommen sei, ihm zu helfen.*
   Erlebte Rede: Der Erzähler gibt die Gedanken und Gefühle in der 3. Person und meistens im Präteritum wieder: *Als alle den Raum verlassen hatten, war Jan sehr niedergeschlagen. War es nicht auch sein Fehler, dass es so weit gekommen war?*
   Innerer Monolog: Die Gedanken und Gefühle werden in der Ich-Form dargestellt, häufig im Präsens: *Jan nahm sein Handy und suchte die Nummer von Marion. Ich werde ihr alles erklären. Ich werde um Verzeihung bitten.*
4. **Zeitverhältnisse:** Wenn ein Erzähler ein Geschehen, das in der Realität sehr kurz ist, sehr ausführlich darstellt und kommentiert, spricht man von **Zeitdehnung:** *In diesem Augenblick des Fallens liefen die Ereignisse der letzten Tage in seinem Kopf wie in einem Film ab: die Begegnung mit seinem Vater und sein unbeherrschtes Verhalten Marion gegenüber.*
   Von **Zeitraffung** hingegen spricht man, wenn der Erzähler ein Geschehen, das in der Realität länger dauert, zusammenfasst, nur andeutet oder überspringt: *Als Jan Stunden später im Krankenhaus aufwachte, hatte er Mühe, sich zurechtzufinden.*
5. **Satzbau:** Man unterscheidet:
   – **Satzreihe (Parataxe):** Es werden nur Hauptsätze aneinandergereiht. Häufig sind sie kurz: *Jan schwieg. Sein Puls raste. Dann sprang er auf.*
   – **Satzgefüge (Hypotaxe):** Verbund von Haupt- und Nebensätzen: *Als er die Tür öffnete* (NS), *blies ihm ein kalter Wind entgegen* (HS), *der schon vor geraumer Zeit begonnen hatte zu wehen* (NS).
   – **Ellipse:** → *Sprachliche Mittel* (S. 131) Die Wirkung dieser Satzformen kann sehr unterschiedlich sein und kann nur aus dem Zusammenhang des Textes erschlossen werden.
6. **Sprachliche Mittel:** → *Sprachliche Mittel* (S. 131)

Personaler Erzähler: → *Merkmale erzählender Texte*
Redeformen: → *Merkmale erzählender Texte*
Roman: Der Roman ist eine lange → *Erzählung*, die zwischen hundert und mehreren tausend Seiten umfassen kann. Im Zentrum steht oft die problematische Situation eines Einzelnen. Beschrieben wird, wie er in seiner Umgebung und mit seinen Mitmenschen lebt, sich verändert und entwickelt. Es können aber auch Familiengeschichten erzählt, geschichtliche Szenarien entworfen oder experimentelle Themen gewählt werden.

Rückblick: Vor allem in der → *Epik* (Erzählung, Roman) gibt es solche Einschübe, die vor der Zeit der eigentlichen Handlung spielen. Sie dienen dazu, die jetzige Situation oder das Handeln einer Figur aus der Vergangenheit heraus zu erklären.

Sachtext: Ein Sachtext informiert über Tatsachen, Vorgänge und Sachverhalte. Er kann z. B. über die Tier- oder Pflanzenwelt informieren oder über bedeutsame Ereignisse. Sachtexte findet man in Zeitungen, Zeitschriften, in Sach- oder Schulbüchern oder im Internet.

Satzgefüge: → *Merkmale erzählender Texte*
Satzreihe: → *Merkmale erzählender Texte*
Sprachliche Mittel: Nahezu in allen Texten werden gezielt sprachliche Mittel eingesetzt, um bestimmte Wirkungen zu erzielen.

Zeitdehnung: → *Merkmale erzählender Texte*
Zeitraffung: → *Merkmale erzählender Texte*

Sprachliche Mittel

Sprachliche Mittel	Erläuterung	Beispiel	mögliche Wirkung
Alliteration, die	Wiederholung von Anfangslauten bei aufeinanderfolgenden Wörtern	*Milch macht müde Männer munter.*	emotionale Verstärkung des gewünschten Eindrucks
Anapher, die	Wiederholung derselben Wortgruppe an Satzanfängen	*Worte sind verletzend. Worte sind unersetzlich.*	Eindringlichkeit; Rhythmisierung erreichen
Antithese, die	Gegenüberstellung gegensätzlicher Begriffe	*heiß und kalt*	innere Zerrissenheit, Zwiespalt, Steigerung der Spannung
Ellipse, die	unvollständiger Satz, der sinngemäß leicht zu ergänzen ist	*Feuer! / Je früher der Abschied, desto kürzer die Qual.*	der wichtigste Aspekt soll hervorgehoben werden
Euphemismus, der	Beschönigung	*vollschlank* statt *dick* / *eingeschlafen* statt *gestorben*	taktisch abgemilderte Negativbotschaft
Hyperbel, die	starke Unter- oder Übertreibung	*Es ist zum Haareausraufen! / ein Meer von Tränen*	Dramatisierung; starke Veranschaulichung
Ironie, die	Äußerung, die durchblicken lässt, dass das Gegenteil gemeint ist	*Das hast du ja ganz toll hinbekommen! / Vier Wochen Regen. Super!*	Herabsetzung; kritische Anmerkung; Stellungnahme
Klimax, die	Steigerung; meist dreigliedrig	*Er kam, sah und siegte.*	Dramatisierung
Metapher, die	verkürzter Vergleich, Verwendung eines Wortes in übertragener Bedeutung	*Geldwäsche / Er war ein Löwe in der Schlacht. / Du bist meine Sonne.*	Veranschaulichung
Neologismus, der	Wortneuschöpfung	*Mobbing / Gammelfleisch / unkaputtbar* (Werbesprache)	Hervorhebung
Paradoxon, das	Zusammenstellung von Wörtern, die sich eigentlich widersprechen	*Bittersüß / Vor lauter Individualismus tragen sie eine Uniform.*	starker Anreiz zum Nachdenken
Parallelismus, der	Wiederholung gleicher Satzstrukturen	*Ein Blitz leuchtete, der Donner folgte, ein Gewitter setzte ein.*	Dramatisierung, Intensivierung
Personifikation, die	Vermenschlichung; Gegenstände oder Tiere erhalten die Eigenschaften oder Fähigkeiten von Menschen	*Die Sonne lacht. / Die Smileys haben uns fest im Griff. / Mutter Natur*	lebendige und anschauliche Darstellung
rhetorische Frage, die	scheinbare Frage, deren Antwort jeder kennt; das Einverständnis der Leser und Zuhörer wird vorausgesetzt	*Gibt es den idealen Menschen? / Wer ist schon perfekt? / Wer glaubt denn das noch?*	Auslösen einer bestätigenden Reaktion der Leser
Vergleich, der	Verknüpfung zweier Begriffe mit *wie*	*Der Kämpfer ist stark wie ein Löwe.*	anschauliche Darstellung

Operatoren

Hier findest du eine Operatorenliste, die dir bei der Bearbeitung der Aufgaben helfen kann:

Stufe 1: Hier musst du Wissen wiedergeben.

Stufe 2: Hier musst du Fragen und Probleme selbstständig erfassen. Fertigkeiten, die du hast, müssen in einem anderen Zusammenhang angewandt werden.

Stufe 3: Hier musst du eigene Lösungsansätze finden, d. h. Themen reflektieren und/oder bewerten.

Stufe	Operator	Was ist zu tun?
1	nennen, beschreiben, wiedergeben, zusammenfassen, darstellen	Hier musst du einen Zusammenhang/ein Ergebnis/eine Problemstellung/den Inhalt eines Textes sachlich und geordnet in eigenen Worten sinnvoll formulieren. Dabei sind nur die wichtigsten Fakten zu nennen. Deine Meinung/dein Kommentar ist nicht gefragt.
2	erklären, erläutern	Hier müssen die Textaussagen durch zusätzliche Informationen/Beispiele veranschaulicht und/oder durch andere Kenntnisse belegt werden.
2	vergleichen	Hier müssen vorgegebene Materialien unter ausgewählten Gesichtspunkten verglichen werden, d. h. es müssen Gemeinsamkeiten, Unterschiede und Abweichungen ermittelt werden.
2	deuten	Hier musst du sprachliche Mittel/formale Mittel in literarischen Texten beschreiben, ihre Bedeutung verstehen und wiedergeben.
2	einordnen	Hier muss ein Textauszug/eine Aussage/ein Problem/ein Sachverhalt in einem vorgegebenen oder selbst gewählten Zusammenhang dargestellt werden.
2	untersuchen	Hier werden ein Text/ein Sachverhalt/verschiedene Materialien unter einer bestimmten Fragestellung bearbeitet (z. B.: Welche Absicht verfolgt eine Hauptfigur mit ihrem Verhalten?).
2	überprüfen, prüfen	Hier soll mit dem vorhandenen Wissen zu einem Text festgestellt werden, ob Aussagen/Inhalte logisch und sinnvoll sind.
2	nachweisen	Hier sollst du bestimmte Merkmale oder Inhalte eines Textes (Sachtext oder literarischer Text) aufzeigen/beschreiben.
3	bewerten, beurteilen	Hier sollst du mithilfe verschiedener Zusatzmaterialien (Diagramme, Karikaturen usw.) ein begründetes Urteil/deine eigene Meinung darstellen.
3	erörtern	Hier sollst du zu einem bestehenden Problem aus verschiedenen Sichtweisen Stellung nehmen, d. h. positive und negative Argumente müssen gegeneinander abgewogen werden. Am Ende muss eine eigene Stellungnahme erfolgen.
3	interpretieren	Hier soll die Bedeutung/die Aussage eines literarischen Textes durch das Stellen von verschiedenen Fragen (W-Fragen) herausgearbeitet werden. Häufig ist dies die Grundlage für eine sinnvolle Weiterarbeit mit diesem Text.
3	begründen	Hier sollst du eine eigene Einschätzung/Meinung sachlich und fachlich belegen.
3	kritisch Stellung nehmen	Hier sollst du nach einer Auseinandersetzung mit einem Sachverhalt eine eigene Einschätzung des Problems verfassen. Dabei kann auch eine Argumentation entwickelt werden, die zu einem logischen Schluss führt.
3	auseinandersetzen mit	Hier sollst du dich mit verschiedenen Gesichtspunkten eines Sachverhalts/eines Textes/einer Problemstellung befassen und schriftlich zu einem eigenen Ergebnis gelangen.
3	verfassen, gestalten	Hier soll ein eigener Text unter Berücksichtigung der geforderten Textmerkmale (Interpretation, Erörterung, Zeitungsartikel, innerer Monolog, Tagebucheintrag …) verfasst bzw. gestaltet werden.